Harriet Goldhor Lerner
Wohin mit meiner Wut?

Harriet Goldhor Lerner

Wohin mit meiner Wut?

Neue Beziehungsmuster für Frauen

Kreuz Verlag

Für
meine Mutter, Rose Rubin Goldhor
meinen Vater, Archie Goldhor
meine Schwester, Susan Henne Goldhor
und für meine Großeltern,
Henne Salkind Rubin und Morris Rubin
Teibel Goldhor und Benny Hazel Goldhor

Die Originalausgabe erschien bei Harper & Row,
Publishers, Inc., New York, N. Y., U.S.A.
unter dem Titel »The Dance of Anger. A Woman's Guide to
Changing the Patterns of Intimate Relationships«

Aus dem Amerikanischen übertragen von Olga Rinne

4. Auflage (22.–31. Tausend) 1988
© Kreuz Verlag AG Zürich 1987
»The Dance of Anger« © Harriet Goldhor Lerner, 1985
Umschlaggestaltung: HF Ottmann
Umschlagbild: »Die Erinnerung« (La mémoire) von René Magritte
© 1986, Copyright by COSMOPRESS, Genf
Gesamtherstellung: Ebner Ulm
ISBN 3 268 00040 1

Inhalt

Wut - eine unbequeme Herausforderung

Wut ist ein starkes Gefühl. Wut ist ein Signal, auf das wir hören sollten. Unsere Wut kann eine Botschaft enthalten: daß wir gekränkt sind, daß unsere Rechte verletzt, unsere Bedürfnisse und Wünsche nicht angemessen befriedigt werden, oder einfach, daß etwas nicht stimmt. Vielleicht sagt uns unsere Wut, daß wir ein wichtiges emotionales Problem in unserem Leben nicht angehen oder daß wir in einer Partnerschaft zuviel von unserer Persönlichkeit – unseren Überzeugungen, Wertvorstellungen, Sehnsüchten – aufgeben. Unsere Aggressionen können ein Zeichen dafür sein, daß wir mehr tun und mehr geben, als wir tun oder geben wollen und eigentlich können. Vielleicht warnt unsere Wut uns auch davor, daß andere zuviel für uns tun, auf Kosten unserer eigenen Kompetenz und unserer persönlichen Entwicklung. So wie der physische Schmerz uns zum Beispiel sagt, daß wir die Hand vom heißen Ofen nehmen müssen, und so den Körper schützt, beschützt der Schmerz, der unsere Wut auslöst, den Kern unserer Ich-Integrität. Unsere Wut kann uns motivieren, zu den Vorstellungen, die andere von uns haben, »nein« zu sagen und die Forderungen unseres inneren Selbst zu bejahen.

Die gesellschaftliche Tradition hält jedoch vor allem Frauen davon ab, sich ihrer Wut bewußt zu werden und ihr offen Ausdruck zu geben. Wir Frauen sind zum Behüten, Schützen, Trösten, Friedenstiften da – wir müssen das Gleichgewicht wiederherstellen, wenn die Dinge ins Wanken geraten sind. Unsere Aufgabe ist es, der Welt zu gefallen, zu beschwichtigen und zu bewahren. Wir sind fähig, Beziehungen aufrechtzuerhalten, als ob unser Leben davon abhinge.

Besonders Frauen, die ihre Aggressionen Männern gegenüber offen äußern, sind verdächtig. Unseren Gleichheitsbestrebungen bringt die Gesellschaft zwar Verständnis entgegen, aber wir sind uns doch alle darüber im klaren, daß diese »Emanzen« jedem auf die Nerven gehen. Im Gegensatz zu unseren glorifizierten männlichen Helden, die für ihre Überzeugungen kämpfen und sogar sterben, werden Frauen schon für den Versuch einer unblutigen, humanen Revolution für ihre eigenen Rechte in Grund und Boden verdammt. Die direkte Äußerung von Zorn, besonders Männern gegenüber, ist nicht damenhaft; sie macht uns unweiblich und unattraktiv. Frauen, die Aggressionen offen zeigen, sind »hysterische Weiber«, »Drachen«, »Furien«, »Giftspritzen«, »Zimtzicken« oder »Kneifzangen«. Sie sind liebesunfähig und kein bißchen liebenswert.

Es ist ein interessanter Nebenaspekt, daß unsere Sprache nicht einen einzigen unschmeichelhaften Begriff zur Bezeichnung von Männern besitzt, die ihre Wut auf Frauen entladen.

Die Tabus, denen unser Zorn und seine Äußerung unterliegen, sind so mächtig, daß es uns schon schwerfällt, auch nur zu merken, daß wir wütend sind. Wenn eine Frau ihre Aggressionen zu zeigen wagt, muß sie mit »Bestrafung« rechnen. Auf einer Tagung, an der ich kürzlich teilnahm, hielt eine junge Akademikerin einen Vortrag über mißhandelte Frauen. Ihre Darstellung enthielt viele neue und interessante Gesichtspunkte, und an der Art, wie sie sprach, zeigte sich auch, wie tief sie persönlich von dem Thema Gewalt gegen Frauen betroffen war. Mitten in ihrem Vortrag erhob sich ein bekannter Psychiater, der hinter mir saß, um zu gehen. Im Gehen wandte er sich an seinen Sitznachbarn und verkündete seine Diagnose: »Mein Gott, was für eine emanzipierte Frau!« Der Tatbestand, den er ermittelt hatte – oder ermittelt zu haben glaubte –, ein zorniger Tonfall, in dem sie sprach, wertete nicht nur ab, was sie zu sagen hatte, sondern stellte auch ihre Art, Frau zu sein, in Frage.

Warum sind wütende Frauen so bedrohlich? Wenn wir schuldbewußt, deprimiert oder voller Selbstzweifel sind, ist die Welt in Ordnung. Wir unternehmen nichts, außer gegen uns selbst, und es ist unwahrscheinlich, daß wir persönliche oder soziale Veränderungen auslösen. Zornige Frauen dagegen können unser aller Leben verändern und in Frage stellen, das hat die Frauenbewegung bewiesen. Und Veränderung macht angst, selbst denen, die sie aktiv voranzutreiben suchen.

Deshalb fürchten wir unsere Wut; nicht nur, weil sie die

Ablehnung anderer hervorruft, sondern auch, weil sie uns an die dringende Notwendigkeit von Veränderungen erinnert. Vielleicht versuchen wir dann auszuweichen und stellen uns Fragen, die nur den einen Sinn haben: uns am bewußten Erleben unserer Wut zu hindern, oder sogar, sie gegenstandslos zu machen.

»Ist mein Ärger überhaupt berechtigt?« – »Was nützt es mir schon, wenn ich wütend werde?« – »Was kann ich mit meiner Wut ändern?« Mit solchen Fragen können wir uns wunderbar selbst beschwichtigen und unsere Wut – und alle Wünsche nach Veränderung – beiseite schieben. Wir wollen diese Fragen ruhig stellen, aber wir wollen sie auch genauer betrachten. Wut ist weder berechtigt noch unberechtigt, weder legitim noch illegitim, weder bedeutungsvoll noch sinnlos. Wut gibt es einfach. Wenn ich frage: »Ist meine Wut berechtigt?«, ist das ähnlich, als würde ich fragen: »Darf ich Durst haben? Ich habe ja erst vor einer Viertelstunde ein Glas Wasser getrunken. Sicher ist mein Durst nicht angebracht. Und außerdem, was nützt es, durstig zu werden, wenn ich jetzt ohnehin nichts zu trinken bekomme?«

Wut ist ein Gefühl. Sie hat immer ihre Gründe und verdient immer unsere Achtung und unsere Aufmerksamkeit. Wir alle haben das Recht auf alles, was wir fühlen – und dabei ist unsere Wut mit Sicherheit keine Ausnahme.

Es gibt auch sinnvolle Fragen im Hinblick auf die Wut: »Worüber bin ich wirklich wütend?« – »Wo liegt das Problem – und wessen Problem ist es überhaupt?« – »Wie kann ich herausfinden, wer für welche Dinge verantwortlich ist?« – »Wie kann ich lernen, meine Wut so auszudrücken, daß ich mich dabei nicht hilflos und ohnmächtig fühle?« – »Wie kann ich meinen Standpunkt klarmachen, wenn ich wütend bin, ohne in die Verteidigungs- oder Angriffsstellung zu gehen?« – »Welche Risiken und welche Verluste muß ich befürchten, wenn ich eindeutiger und bestimmter auftrete?« – »Was kann ich anders machen, wenn es mir nichts einbringt, wütend zu werden?« Auf diese Fragen werden wir in den folgenden Kapiteln eingehen, mit dem Ziel, nicht etwa unsere Wut loszuwerden oder ihre Berechtigung in Zweifel zu ziehen, sondern uns mehr Klarheit über ihre Ursachen zu verschaffen und in unserem eigenen Interesse neue und andere Verhaltensweisen zu entwickeln.

Nun gibt es allerdings noch die andere Seite der Medaille. Wutgefühle signalisieren zwar ein Problem, aber dadurch, daß man der Wut freien Lauf läßt, hat man noch lange kein Problem gelöst. Das Entladen der Wut kann auch dazu dienen, die alten Verhaltensregeln und -muster in einer Beziehung aufrechtzuerhalten, sie sogar zu zementieren und damit sicherzustellen, daß keine Veränderung eintritt. In unserer Erbitterung und unserem Zorn wenden wir oft unsere gesamte Energie für die – unproduktiven – Bemühungen auf, den anderen zu verändern – und versäumen darüber, unsere Kraft für die eigene Bewußtwerdung und den eigenen Veränderungsprozeß einzusetzen. Die alte Wut-raus-Theorie, die besagt, daß das Ordentlich-Dampf-Ablassen vor den psychologischen Gefahren schützt, die auftreten, wenn man alles aufstaut, ist schlicht falsch. Depression, geringe Selbstachtung, das Gefühl, sich selbst zu verraten und sich dafür zu hassen, sind unvermeidlich, wenn wir zwar streiten, aber uns weiterhin unhaltbaren Lebensumständen unterwerfen, wenn wir uns beklagen, aber trotzdem eine Lebensweise aufrechterhalten, in der wir all unseren Hoffnungen, Werten und Entwicklungsmöglichkeiten zuwiderleben und nicht mehr und nicht weniger tun, als das gesellschaftliche Stereotyp der unausstehlichen, verbitterten, destruktiven Frau zu erfüllen.

In beiden Fällen leiden wir: wenn wir nicht wagen, unsere Aggressionen zu zeigen, und wenn wir feststellen müssen, daß unsere Wut absolut nichts bewirkt.

Die nutzlose Wut

Wenn unser altvertrauter Umgang mit Aggressionen uns überhaupt nichts einbringt, fallen wir wahrscheinlich unter eine – oder beide – der folgenden Kategorien: Die »nette Frau« versucht, Ärger und Auseinandersetzungen um jeden Preis zu vermeiden; die »Furie« wird mühelos wütend, läßt sich aber auf fruchtlose Auseinandersetzungen, Beschwerden und Vorwürfe ein, die zu keinem konstruktiven Ergebnis führen. Diese beiden Arten, mit der Wut umzugehen, mögen so unterschiedlich erscheinen wie Tag und Nacht. Aber der Schein trügt: Beide sind gleichermaßen gut dazu geeignet, andere zu schützen, unsere klare Selbsteinschätzung zu vernebeln und zu gewährleisten, daß keine Veränderung eintritt.

Wie verhalten wir uns, wenn wir eine »nette Frau« sind? In Situationen, in denen Protest gerechtfertigt und angebracht wäre, schweigen wir, statt wütend zu sein – dann sind wir traurig, depressiv, selbstkritisch und »verletzt«. Wir verwandeln unsere Gefühle des Widerstands, der Wut und der Aggression in weniger »gefährliche« Gefühle, um die Gefahr eines offenen Konflikts zu vermeiden. Wir verschleiern unsere wirklichen Gefühle, weil wir befürchten müssen, andernfalls bei unserem Gegenüber Unbehagen auszulösen oder Differenzen zwischen uns zu enthüllen. Wenn wir uns so verhalten, setzen wir unsere Energie in erster Linie dafür ein, den anderen zu schützen, zu »verstehen« und die Harmonie unserer Beziehung zu erhalten – auf Kosten einer klaren persönlichen Abgrenzung. Mit der Zeit kann uns dabei unsere klare Selbsteinschätzung abhanden kommen; weil wir soviel Mühe darauf verwenden, die Reaktionen anderer zu deuten und sicherzustellen, daß nichts in Unordnung gerät, nimmt unsere Fähigkeit, unsere eigenen Gedanken, Gefühle und Bedürfnisse zu erkennen, immer mehr ab. Wir beginnen, uns selbst zu verlieren. Je »netter« wir sind, desto größer wird das Vorratslager an unbewußter Wut und Aggression, das wir ansammeln. Wut ist unvermeidlich, wenn unser Leben aus Nachgiebigkeit und Anpassung besteht, wenn wir die Verantwortung für die Gefühle und Reaktionen anderer übernehmen, wenn wir unsere Hauptverantwortung preisgeben, nämlich die, für unsere eigene Entwicklung und für eine befriedigende Gestaltung unseres Lebens zu sorgen; wenn wir uns verhalten, als sei eine Beziehung wichtiger als ein Ich. Aber die »nette Frau« ist nicht barsch und aggressiv und sie stellt keine Ansprüche, die andere stören könnten.

Damit beginnt ein Kreislauf selbstzerstörerischer und sich ständig selbst reproduzierender Verhaltensweisen. Je mehr wir nachgeben und uns anpassen, desto mehr staut sich unsere Wut. Je intensiver wir uns bemühen, Wut zu unterdrücken, desto stärker wird die Angst vor einem Vulkanausbruch, falls unsere Wut einmal mit uns durchgehen sollte. Je verzweifelter wir also Wut unterdrücken... und so weiter. Wenn wir dann wirklich einmal »explodieren«, können sich unsere schlimmsten Ängste bestätigen, und unsere Wut kann tatsächlich »irrational« und

»destruktiv« sein. Für die Umwelt sind wir dann »neurotisch«; die Kernprobleme bleiben unangesprochen, und der Kreislauf beginnt von neuem.

»Nette Frauen« haben kein großes Talent zum Wütend-Werden, dafür aber um so mehr Begabung, Schuldgefühle zu entwickeln. Wie die Depressionen und das Gekränktsein dienen Schuldgefühle dazu, das Bewußtsein unserer eigenen Wut aus-zulöschen. Wut und Schuldgefühle sind absolut unvereinbar. Wenn wir uns schuldig fühlen, weil wir anderen nicht genug geben oder wir nicht genug für andere da sind, ist es unwahr-scheinlich, daß wir wütend werden, weil wir selbst nicht genug bekommen. Falls wir uns schuldig fühlen, weil wir unsere vorgeschriebene weibliche Rolle nicht ordentlich ausfüllen, werden wir weder die Energie noch den Scharfblick haben, die Rollenvorschriften selbst zu hinterfragen oder uns zu überlegen, wer sie erlassen hat. Nichts, aber auch gar nichts kann die Wahrnehmung von Wut so erfolgreich unterdrücken wie Schuldgefühle und Selbstzweifel. Und unsere Gesellschaft hat alles dazu beigetragen, Schuldgefühle bei Frauen zu kultivieren, wenn sie nicht mit Leib und Seele emotionale Großtankstellen für andere sind.

Es ist schwierig und es erfordert Mut, auf die eigenen Schuld-gefühle zu verzichten und uns mit Hilfe unserer Aggressionen darüber klarzuwerden, was für unser eigenes Leben richtig und angemessen ist. Gerade an dem Punkt, wo wir es mit der Veränderung ernst meinen, verdoppeln andere manchmal ihre taktischen Anstrengungen, um unser Schuldbewußtsein wieder auf Trab zu bringen. Vielleicht nennt man uns »egoistisch«, »unweiblich«, »unbescheiden«, »penetrant«, »neurotisch«, »verantwortungslos«, »uneinfühlsam« und »kalt«. Solche Schandflecke auf unserer Weiblichkeit und unserem Charakter sind für viele von uns absolut unerträglich. Da uns beigebracht wird, daß wir unseren Selbstwert in liebender Selbstaufgabe und im Geliebtwerden zu finden haben, ist es wirklich niederschmet-ternd, wenn unsere Attraktivität und unsere – traditionell verstandene – Weiblichkeit in Frage gestellt werden. Wie verlok-kend kann es sein, reumütig zu unserem »richtigen Platz« zurückzuschleichen und damit die Anerkennung der anderen zurückzugewinnen.

Im Gegensatz zu den »wildgewordenen Weibern« unter uns,

die dazu verurteilt sind, in Popularitätswettbewerben zu unterliegen, wird die »nette Frau« von der Gesellschaft belohnt. Der Preis, den sie dafür zahlt, ist allerdings hoch, und jeder Aspekt ihres emotionalen und intellektuellen Lebens wird dadurch beeinträchtigt. Wir müssen Schlafwandler werden, die nicht klar wahrnehmen, präzise denken oder sich frei erinnern können. Das Ausmaß an kreativer, intellektueller und sexueller Energie, das durch den Zwang, Wut zu unterdrücken, gebunden ist, läßt sich gar nicht abschätzen.

Die »Furie«

Frauen, die keine Hemmungen haben, wütend zu werden und ihre abweichenden Meinungen zu äußern, werden in unserer Gesellschaft als »unweiblich« oder Schlimmeres abgestempelt. Die Folge sind Wut- und Ohnmachtsgefühle, die aus der Etikettierung eine selbsterfüllende Prophezeiung machen können. Aber damit nicht genug. Die negativen Bezeichnungen und Typisierungen, mit denen Frauen belegt werden, die kein Blatt vor den Mund nehmen, sind mehr als nur grausame sexistische Stereotypen; sie verweisen auf eine schmerzhafte Realität. Wörter wie »keifen«, »nörgeln«, »jammern« und »zetern« beschreiben Hilflosigkeit und Ohnmacht, sie implizieren nicht einmal die Möglichkeit einer Veränderung. Diese Wörter – und die Verhaltensweisen, die mit ihnen verbunden sind – spiegeln das Verfahrene einer Lebenssituation, in der ein großes Maß von Emotionen freigesetzt wird und doch alles beim alten bleibt. Wenn wir unsere Wut zwar entladen, aber nicht die mindeste Wirkung damit erzielen, entsteht auch hier ein negativer Kreislauf. Wir haben vielleicht wirklich Grund, wütend und unzufrieden zu sein; unsere Beschwerden sind aber unklar und verschwommen – und wir lösen bei anderen Menschen eher Ablehnung als Mitgefühl aus. Das verstärkt unser Gefühl von Bitterkeit und Ungerechtigkeit nur noch mehr, und die tatsächlichen Probleme bleiben weiterhin ungeklärt. Darüber hinaus sind wir so die idealen Sündenböcke für Männer, denen vor weiblichen Wutausbrüchen graut, und für Frauen, die ihrer eigenen Wut ausweichen wollen.

Unwillentlich liefern wir mit unseren Wutausbrüchen dem anderen die Argumente, während uns unsere eigenen Wünsche vielleicht gar nicht richtig klar sind und wir unser Ziel aus den Augen verlieren. Haben Sie je beobachtet, wie jemand immer gelassener, ruhiger und intellektueller reagierte, während Sie immer gereizter und »hysterischer« wurden? Hier kann die Art unseres Streitens oder unserer wütenden Anschuldigungen dem anderen tatsächlich die Sache leichtmachen.

Diejenigen unter uns, die sich wirkungslos herumstreiten, haben sich gewöhnlich auf den erfolglosen Wunsch versteift, jemanden zu verändern, der sich nicht verändern will. Wenn unsere Versuche fehlschlagen, die Überzeugungen, Gefühle, Reaktionen oder Verhaltensweisen des anderen zu verändern, neigen wir meistens dazu, unsere Bemühungen nur noch zu intensivieren, und reagieren damit in einer voraussagbaren, schematischen Weise, die genau die Probleme, über die wir uns beklagen, immer weiter eskalieren läßt. Wir können dann so sehr von Gefühlsregungen beherrscht sein (und von dem Drang, den anderen zu überzeugen, daß er sein Verhalten ändern muß), daß wir an Wahlmöglichkeiten in bezug auf unser eigenes Verhalten gar nicht mehr denken – vielleicht auch schon nicht mehr glauben, daß neue Entwicklungen möglich sind. So schützt unser Streiten die altvertrauten Verhaltensmuster in unseren Beziehungen ebenso unfehlbar wie das Schweigen und das Harmoniestreben der »netten Frau«.

Wir alle haben mit beiden Formen dieses problemstabilisierenden und sich permanent selbst reproduzierenden Verhaltens unmittelbare Erfahrungen gesammelt. Und tatsächlich sind, wie schon gesagt, die »nette Frau« und die »Furie« ganz einfach die beiden Seiten der Medaille, trotz ihres radikal unterschiedlichen Auftretens. Nachdem alles gesagt und getan – oder nichts gesagt und getan ist, bleibt das Endergebnis immer das gleiche: Wir bleiben mit dem Gefühl der Hilflosigkeit und Ohnmacht zurück. Wir haben nicht das Gefühl, über unser Leben wirklich selbst zu bestimmen.

Die meisten von uns haben wenig Lernhilfen für einen konstruktiven Umgang mit Aggressionen erhalten. Die Lektionen, die wir bekamen, haben uns vielmehr darin bestärkt, unsere Wut zu fürchten, sie abzulehnen, sie auf ungeeignete Objekte zu verschieben oder sie gegen uns selbst zu richten. Wir lernen, zu verleugnen, daß es überhaupt Gründe gibt, wütend zu werden, unsere Augen vor den wahren Ursachen zu verschließen oder die

14

Wut wirkungslos abzulassen, in einer Weise, die den Status quo eher erhält als in Frage stellt. Wir sollten anfangen, diese Gewohnheiten zu verlernen, damit wir die Energie, die in unserer Wut gebunden ist, in den Dienst unserer eigenen Würde und unserer persönlichen Entwicklung stellen können.

Der Weg, der vor uns liegt

Dieses Buch möchte Frauen helfen, Umgangsweisen mit Aggressionen aufzugeben, die auf lange Sicht nichts einbringen. Dazu gehören schweigendes Ertragen der Situation, unproduktiver Streit, Vorwürfe und emotionaler Rückzug. Ich möchte die Einsichten (und ihre praktischen Umsetzungsmöglichkeiten) vermitteln, die wir brauchen, wenn wir unsere alten, vorhersehbaren Reaktionen aufgeben und unsere Aggressionen in neuer Weise einsetzen wollen, um in wichtigen Beziehungen einen klaren Standort zu finden.

Das Thema Aggression berührt jeden Aspekt unseres Lebens; ich habe daher eine Auswahl getroffen und mich entschlossen, mich weitgehend, wenn auch nicht ausschließlich, auf die Familie zu konzentrieren. Wir erleben unsere heftigsten Aggressionen und unsere tiefsten Liebesgefühle in unseren Rollen als Töchter, Schwestern, Geliebte, Ehefrauen und Mütter. Familienbeziehungen sind die bedeutsamsten – und die schwierigsten Beziehungen in unserem Leben. Hier führt Nähe oft zu völlig festgefahrenen Situationen, und unsere Bemühungen, die Dinge zu verändern, verstärken diese Blockierungen häufig noch. Wenn wir lernen, unsere Wut-Energie einzusetzen, um in unseren engsten und heikelsten Beziehungen mehr Handlungsspielraum zu schaffen, werden wir uns allmählich in jeder Art von zwischenmenschlichen Beziehungen mit größerer Klarheit, Entschiedenheit und Freiheit bewegen, sei es mit Freunden, Arbeitskollegen oder mit dem Kaufmann an der Ecke. Konflikte in unserer Herkunftsfamilie, die wir unbearbeitet lassen, geben für Probleme in anderen Beziehungen den Brennstoff ab.

Ich habe dieses Buch vor allem unter dem Gesichtspunkt der Brauchbarkeit geschrieben. Theorie, so interessant sie auch sein mag, habe ich immer dann geopfert, wenn ich keinen Bezug zum realen Leben realer Frauen sah. Während ich mich mit dem Thema Aggression beschäftigte, wurde mir jedoch klar, daß ich es nicht nur eingrenzen, sondern auch erweitern mußte. Mit »Gebrauchsanweisungen« ist es nicht getan; die Fähigkeit, Wut als Mittel zur Veränderung einzusetzen, erfordert ein tieferes Verständnis und genauere Kenntnis der Prozesse, die in Beziehungen ablaufen.

Wir werden uns also ansehen, wie wir uns selbst untreu werden und uns aufgeben, um die Harmonie in Beziehungen aufrechtzuerhalten; wir werden uns mit dem empfindlichen Gleichgewicht zwischen individuellen Interessen und dem Bedürfnis nach Zusammengehörigkeit beschäftigen; wir werden gesellschaftliche Rollenvorschriften und Regeln überprüfen, die unser Leben prägen, die oft heftige Wut in uns auslösen und gleichzeitig deren Äußerung verbieten; wir werden analysieren, wie es zu verfahrenen Beziehungssituationen kommt und wie man sich daraus lösen kann. Wir werden erkennen, wodurch gerade in engen Beziehungen Kreisläufe entstehen, wie das Verhalten jedes Partners das des anderen provoziert und aufrechterhält. In einem Wort: Dieses Buch geht davon aus, daß wir lernen können, unsere Wut zum Ausgangspunkt von Veränderungen zu machen, statt uns über andere zu beklagen.

Wie nutzen wir neue Einsichten, wie setzen wir sie um? Sehr langsam! Ganz gleich, wie inadäquat oder falsch unser gegenwärtiges Verhalten erscheinen mag, es gibt gute Gründe dafür, und vielleicht hat es sogar eine positive, schützende Funktion für uns selbst und andere. Wenn wir uns verändern wollen, sollten wir langsam vorgehen und uns Gelegenheit geben, den Effekt einer kleinen, aber bedeutsamen Verhaltensänderung auf ein Beziehungsgefüge zu beobachten und auszuprobieren. Wenn wir allzu ehrgeizig werden und versuchen, zu viel in zu kurzer Zeit zu erreichen, treten wir vielleicht nur auf der Stelle. Möglicherweise lösen wir sogar in uns selbst und in anderen so heftige Emotionen und so viel Angst aus, daß die alten Mechanismen nicht aufgelöst, sondern erst recht verfestigt werden. Oder es kommt zu einer Kurzschlußhandlung, und wir brechen eine wichtige Beziehung übereilt ab – nicht unbedingt eine gute Lösung.

Alle in diesem Buch geschilderten Beziehungsstrukturen sind von allgemeinem Interesse. Überspringen Sie die Diskussionen über Kinder nicht, weil Sie selbst keine haben, oder das Kapitel über Eheprobleme, weil Sie allein leben oder geschieden sind. Es geht in allen angesprochenen Fällen weniger um die jeweils beteiligten Personen; es geht vor allem darum, wie ein Kreislauf ineinander verflochtener Verhaltensweisen entsteht und nach welchen Gesetzmäßigkeiten er abläuft. In jedem Kapitel geht es um grundlegende Probleme in Beziehungen; die Informationen, die man daraus entnehmen kann, sind übertragbar.

Um mit Hilfe unserer Aggressionen Veränderungen in Beziehungen zu erreichen, müssen wir lernen, eine präzisere Wahrnehmung zu entwickeln:

1. Wir können lernen, uns in die *wahren Ursachen unserer Wut* einzufühlen und unseren *eigenen Standort* zu finden. »Was macht mich wirklich wütend an der Situation?« – »Was ist hier wirklich das Problem?« – »Was will ich erreichen?« – »Wer ist für welche Entscheidungen verantwortlich?« – »Was genau will ich verändern?« – »Was werde ich tun – und womit werde ich Schluß machen?« Diese Fragen mögen simpel erscheinen, aber wir werden feststellen, wie komplex ihre Auswirkungen sein können. Es ist schon verblüffend, wie oft wir in voller Rüstung zum Kampf antreten, ohne zu wissen, was eigentlich ausgefochten werden soll. Vielleicht versuchen wir mit der ganzen Energie unserer Aggressionen, jemanden zu verändern, der sich nicht ändern will, statt diese Energie zur Klärung unseres eigenen Standpunktes und unserer Alternativen zu nutzen. Das gilt besonders für unsere intensivsten Beziehungen; wenn wir hier nicht lernen, unseren Zorn zuerst zur Klärung unserer eigenen Gedanken, Gefühle, Prioritäten und Wahlmöglichkeiten zu nutzen, können wir leicht in einen endlosen Kreislauf von sinnlosen Streitigkeiten und Vorwürfen hineingeraten. Ein bewußter Umgang mit Aggressionen ist eng mit einer klarer umrissenen Ich-Vorstellung und einer besseren Selbsteinschätzung verbunden.

2. Wir können unsere *Kommunikationsfähigkeit weiterentwickeln*. Damit erhöhen sich die Chancen, daß man uns zuhört und daß Konflikte und Differenzen offen ausgetragen werden können. Manchmal kann es nicht schaden, die Wut spontan herauszulassen, so, wie man sie im Augenblick fühlt, und ohne daß Überlegungen dazwischentreten. Das hilft in manchen Situationen – in anderen ist es sogar notwendig; vorausge-

setzt, die Wutausbrüche haben nicht nur das Ziel, zu verletzen. Das »Explodieren« schafft aber meistens nur zeitweilig Erleichterung; wenn der Sturm sich gelegt hat, stellt man fest, daß alles beim alten geblieben ist. Bei bestimmten Beziehungsstrukturen ist es außerdem ausschlaggebend, eine gelassene, tolerante Haltung einzunehmen, wenn man bleibende Veränderungen erreichen will.

3. Wir können lernen, *unproduktive Interaktionsmuster* zu beobachten und *zu unterbrechen*. Es ist schon unter günstigen Umständen schwierig, sich klar und zielgerichtet mitzuteilen. Wenn wir wütend sind, wird es noch schwieriger. Mitten in einem Tornado kommt man kaum dazu, Selbstbetrachtung zu üben und sich Alternativen zu überlegen. Es gibt aber Möglichkeiten, einen Schritt zurückzutreten, wenn wir von heftigen Gefühlen bewegt sind, und, mit etwas Abstand, herauszufinden, welche Rolle wir selbst in den Handlungsabläufen spielen, über die wir uns beklagen. Wenn wir beobachten lernen, wie wir selbst zur Entwicklung bestimmter Mechanismen in Beziehungen beitragen, entwickeln wir ein stärkeres Verantwortungsgefühl, das sich generell auf unser Verhalten in Beziehungen auswirkt. Damit meine ich nicht Selbstanklagen oder Schuldbekenntnisse, sondern das Bewußtsein, daß wir selbst zur Gestaltung einer Beziehung beitragen – und daß wir auf eingefahrene Muster in neuer und anderer Weise »antworten« können. Wenn in einer Beziehung bestimmte Abläufe fest eingefahren sind, ist es aussichtslos, den anderen »zur Einsicht« bringen zu wollen; nur wenn wir selbst neue Schritte machen, können wir den alten Tanz verändern.

4. Wir können lernen, *Abwehrreaktionen vorauszusehen* und offenen oder verhüllten *Forderungen, unsere Veränderung zurückzunehmen*, wirksam *zu begegnen*. Jeder von uns ist in größere Gruppen oder Beziehungsgefüge eingebunden, die einen gewissen Druck auf uns ausüben, genau die Rolle beizubehalten, die wir bisher darin gespielt haben. Wenn wir von unseren gewohnten Reaktionsweisen – schweigendem Rückzug, Unklarheit, unproduktivem Streit – abzuweichen beginnen, werden wir unweigerlich mit heftiger Abwehr oder Gegenreaktionen konfrontiert. Die Forderung, die Veränderung rückgängig zu machen, wird aus unserem eigenen Inneren wie auch von Menschen in unserer Umgebung kommen, die uns wichtig sind.

Wir werden erleben, daß gerade die, die uns am nächsten stehen, das stärkste Interesse daran haben, daß wir uns keinesfalls verändern, ganz unabhängig davon, wie vorwurfsvoll und kritisch sie uns bewußt gegenüberstehen. Auch wir selbst setzen genau den Veränderungen, die wir anstreben, Widerstand entgegen. Der Widerstand gegen Veränderungen ist genauso natürlich und allgemein verbreitet wie der Wunsch nach Veränderung – beide Aspekte gehören zum Menschen und sind Bestandteil aller menschlichen Einrichtungen und Systeme.

In den folgenden Kapiteln werden wir uns eingehend mit den starken Ängsten befassen, die unvermeidlich auftreten, wenn wir mit Hilfe unserer Aggressionen uns selbst und unsere Lebensvorstellungen klarer zu definieren beginnen. Einige von uns sind anfangs durchaus zu klaren Mitteilungen und konsequenten Veränderungen fähig, weichen aber sofort zurück, wenn andere defensiv reagieren oder unsere Äußerungen und Entschlüsse abzuwerten versuchen. Wenn es uns mit unseren Veränderungswünschen ernst ist, können wir jedoch lernen, die Angst- und Schuldgefühle zu bewältigen, die die Abwehr der anderen in uns auslöst. Wesentlich schwieriger ist es allerdings, uns selbst einzugestehen, daß ein Teil in uns Veränderungen fürchtet und ihnen Widerstand entgegensetzt.

Noch einmal möchte ich betonen, wie schwierig es ist, alte Verhaltensmuster wie schweigenden Rückzug oder unproduktiven Streit aufzugeben und sie durch die ruhige Klarstellung unserer Wünsche, Bedürfnisse, Abneigungen und Vorlieben zu ersetzen. Unsere Angst, anderen klarzumachen, was wir wirklich denken und fühlen, ist sicher in unseren engsten und damit wichtigsten Beziehungen am stärksten. Wenn wir uns offen und direkt äußern, kann es sein, daß andere uns ebenso offen und direkt mit ihren Ansichten und Gefühlen konfrontieren – oder mit der Tatsache, daß sie sich nicht zu verändern gedenken. Wenn wir diese Realität akzeptieren, müssen wir manchmal schmerzhafte Entscheidungen treffen. Entscheiden wir uns, eine bestimmte Beziehung oder Situation aufrechtzuerhalten, oder entschließen wir uns zu einer Trennung? Müssen wir uns selbst verändern – und in welche Richtung? Auf solche Fragen findet man nur schwer eine Antwort; es ist schon schwierig, sie überhaupt zu stellen. Im Augenblick mag der gewohnte Weg viel einfacher sein, auch wenn wir wissen, daß wir mehr als unzufrieden damit sind.

Dieses Buch möchte dazu anregen, auf längerfristige Veränderungen hinzuarbeiten. Wir können lernen, mit unseren gewohnten Aggressionen anders umzugehen und darüber hinaus ein klarer definiertes und stärkeres Ich zu entwickeln; damit schaffen wir erst die Grundlagen für ein »Wir«, das wirkliche Nähe erlaubt. Unsere Aggressionen werden besonders dann zum Problem, wenn wir uns vor die Wahl gestellt sehen, entweder ein Ich oder eine Beziehung zu haben. In diesem Buch soll es darum gehen, ob und wie man beides vereinbaren kann.

Warum ändert sich nichts?

Veränderungswünsche
und Abwehrreaktionen

Am Vorabend eines Aggressions-Workshops, den ich leiten sollte, rief mich eine Frau zu Hause an, um abzusagen. Zorn und Kummer klangen in Barbaras Stimme mit, als sie sagte:

»Ich wollte so gern an Ihrem Workshop teilnehmen, aber mein Mann hat ein Machtwort gesprochen. Ich habe mich mit ihm gestritten, bis ich schwarz wurde, aber er will mich auf keinen Fall hingehen lassen.«

»Was hat er denn dagegen?« fragte ich.

»Es ging um Sie! – Er sagt, Sie seien eine radikale Feministin und der Workshop sei rausgeschmissenes Geld. Ich sagte, daß Sie eine bekannte Psychologin sind und daß der Workshop mit Sicherheit sehr gut sei. Ich bin sicher, daß der Workshop sein Geld wert ist, aber ich konnte ihn nicht davon überzeugen. Sein letztes Wort war Nein.«

»Das tut mir leid«, sagte ich. »Ja, mir auch«, fuhr sie fort, »und ich hatte furchtbare Kopfschmerzen, und dann habe ich erst mal richtig losgeheult. Aber ich habe wirklich einen Riesenstreit angezettelt. Mein Mann hat sogar zugegeben, daß ich mit meinen Aggressionen irgendwie Hilfe nötig hätte, weil ich mich so schlimm aufgeführt habe.«

Ich legte den Hörer auf und machte mir Gedanken über das kurze Gespräch, das gerade stattgefunden hatte. Es ist klar, daß diese Frau ihre Teilnahme an dem Workshop nicht unbedingt hätte absagen müssen. Sie hätte auch eine andere Entscheidung treffen können, allerdings nicht ohne Konsequenzen. Die Konsequenz, die sie fürchtete, war vermutlich der Verlust ihrer wichtigsten Beziehung.

Wie reagieren Sie auf dieses Telefongespräch?

Denken Sie: »Ein echter Chauvi, Barbaras Mann!« Oder: »Der Mann ist ja unglaublich verunsichert!«

Denken Sie: »Die arme Frau tut mir wirklich leid.« Oder: »Die Frau ist doch masochistisch! Psychotherapie könnte ihr wirklich nicht schaden.« Oder: »Warum hat sie sich nicht aufgerafft und ist einfach zu dem Workshop gegangen?«

Denken Sie: »Das ist seine Schuld. Wie kann er bloß so mit ihr umgehen!« Oder: »Das ist ihre Schuld. Wie kann sie sich das bieten lassen, daß er die Entscheidungen für sie trifft.« Oder: »Die Gesellschaft ist schuld. Es ist doch wahrhaftig ein Trauerspiel, daß Männer zu solchen Machos erzogen werden und daß Frauen beigebracht wird, das auch noch alles zu schlucken!« Denken Sie: »Sie ist wütend, weil ihr Mann sie nicht zu dem Workshop gehen läßt.« Oder: »Sie ist wütend, weil sie nachgegeben hat.« Denken Sie: »Ich kann mich in ihr wiedererkennen.« Oder: »Das kann ich überhaupt nicht nachvollziehen.«

Jeder reagiert wahrscheinlich anders auf das, was Barbara sagte. Viele von uns werden sich mit ihrem Verhalten nicht gern identifizieren. Ihr Verhalten und ihre Gefühle sind aber gar nicht so überholt oder untypisch, wie man annehmen sollte:

Sie nimmt es hin, daß über sie verfügt wird;
sie bestimmt nicht selbst über ihr Leben;
sie ist dem wirklich anstehenden Problem ausgewichen;
sie ist sich über ihren eigenen Beitrag zu ihrem Problem
nicht im klaren;
sie opfert ihre eigene Entwicklung,
damit ihr Mann sich stark fühlen kann;
sie erhält den Status quo in ihrer Ehe auf Kosten
ihrer eigenen Persönlichkeit;
sie probiert nicht aus, wieviel Toleranz es in ihrer Ehe
für ihre eigenen Veränderungen gibt;
sie fühlt sich hilflos und ohnmächtig;
sie wandelt ihre Wut in Tränen um;
sie bekommt Kopfweh;
sie kann sich selbst nicht leiden;
sie glaubt, daß sie sich furchtbar aufgeführt hat.

Ist Ihnen das alles völlig unbekannt? Wahrscheinlich nicht. Einige – oder alle – dieser Gefühle und Verhaltensweisen tauchen auch bei uns auf, wenn wir uns auf sinnlose Streitereien und Vorwürfe einlassen oder wenn wir überhaupt Angst vor Streit haben.

Im Unterschied zu manchen anderen Frauen ist es für Barbara überhaupt kein Problem, wütend zu werden. Ihr Problem ist, daß sie den Konflikt auf eine Art austrägt, die sicherstellt, daß keine Veränderung eintritt – und dabei schützt sie ihren Mann und den Status quo in ihrer Beziehung auf Kosten ihrer eigenen Entwicklung. Wie wütend Barbara auch wird, die Grundregel der Beziehung stellt sie nicht in Frage – und die besteht darin, daß ihr Mann die Regeln festlegt. Für ihren Mann gibt Barbara sich selbst auf.

Was heißt das, sich aufgeben? Natürlich läuft in einer Beziehung nicht immer alles so, wie wir wollen, und wir tun nicht immer das, was uns gefällt. Wenn zwei Menschen zusammenleben, kommt es unweigerlich zu Konflikten, die Kompromisse, Auseinandersetzungen und ein gewisses Maß von Nehmen und Geben erfordern. Barbaras Mann war wütend darüber, daß sie an dem Workshop teilnehmen wollte; wenn der Workshop nun für Barbara nicht wirklich wichtig gewesen wäre, hätte sie sich einfach entschließen können, die Idee fallenzulassen. Die Frage der Teilnahme als solche hätte nicht unbedingt zum Problem werden müssen. Das eigentliche Problem liegt darin, daß jemand – in aller Regel die Frau – ein Übermaß an Nachgiebigkeit und Anpassungsbereitschaft aufbietet, ambivalent in den Entscheidungen ist und sich über Alternativen nicht klarwerden kann. Selbstaufgabe bedeutet, daß zuviel von der eigenen Persönlichkeit (die eigenen Gedanken, Gefühle, Bedürfnisse, Überzeugungen und Ziele eingeschlossen) unter dem Druck der in der Beziehung herrschenden Regeln »veräußerbar« wird. Selbst wenn der sich unterordnende Partner sich seiner Zugeständnisse gar nicht bewußt ist, fordert die Selbstaufgabe ihren Tribut. Der Partner, der am meisten von sich selbst aufgibt, staut auch das größte Maß von unterdrückter Wut an und wird dadurch besonders anfällig für Depressionen und andere psychische Störungen. Dieser Partner (in den meisten Fällen wird es die Frau sein – manchmal ist es aber auch der Mann) landet vielleicht schließlich im Sprechzimmer eines Arztes, eines Psychotherapeuten, im Krankenhaus oder in der Nervenklinik und fragt sich: »Was läuft bei mir falsch?«, statt sich zu fragen: »Was läuft in der Beziehung falsch?« Vielleicht äußert diese Person ihre Wut tatsächlich, aber zum falschen Zeitpunkt, bei nichtigen Anläs-

sen, und in einer Art, die andere geradezu auffordert, sie einfach
zu ignorieren oder sie als irrational oder »krank« zu betrachten.

Eine für Frauen typische Form der Selbstaufgabe ist ein
kindlich-regressives Verhalten. Das Wechselspiel von kindlich-
regressivem und erwachsen-progressivem Verhalten ist bei
Ehepaaren ein vertrautes Phänomen. Wie kommt es dazu?
Untersuchungen über die Struktur von Ehen haben gezeigt,
daß Frauen und Männer, die sich zu einem Zusammenleben
entschließen, im allgemeinen über das gleiche Niveau von
Selbständigkeit und emotionaler Reife verfügen. Im Prozeß des
Zusammenlebens kann es aber zu einer Entwicklung kommen,
die man mit der Bewegung einer Kinderwippe vergleichen
kann: Wenn sich der eine nach unten bewegt (regrediert),
bewegt sich der andere nach oben. Das regressive Verhalten des
einen Partners führt zum überkompensierenden Verhalten des
anderen. Man spricht in diesem Zusammenhang auch von
»Unterfunktionieren« und »Überfunktionieren«. Die Ehefrau
übernimmt vielleicht die Rolle des schwachen, verletzlichen,
abhängigen oder sonst unterlegenen Teils in der Beziehung; in
demselben Maß, wie sie das tut, unterdrückt ihr Mann diese
Eigenschaften in sich selbst. Statt seine eigenen emotionalen
Probleme zu erkennen, reagiert er auf die Probleme seiner
Partnerin. »Unterfunktionierende« und »überfunktionierende«
Partner provozieren und verstärken ihr Verhalten wechselseitig; dadurch wird es immer schwieriger, die Wippe wieder ins
Gleichgewicht zu bringen. Wenn der Mann seinen eigenen
Gefühlen von Schwäche, Bedürftigkeit und Verletzlichkeit immer mehr ausweicht, wird sich seine Frau vermutlich immer
schwächer und verletzbarer erleben und zeigen, als sie wirklich
ist. Wenn die Frau immer mehr darauf verzichtet, ihre Stärke
und ihre Kompetenz zu zeigen, wird sich bei ihrem Mann das
Gefühl der Stärke immer mehr aufblähen. Und wenn es dem
»unterlegenen« Partner einmal besser geht, wird es dem andern
gleich schlechter gehen.

Mein kurzes Telefongespräch mit Barbara läßt vermuten, daß
sie in ihrer Ehe der »unterlegene« Partner ist. Natürlich hocken
nicht alle Frauen in ihren Partnerschaften ganz unten auf der
Wippe. In der Realität gibt es alle denkbaren glücklichen und
weniger glücklichen Arrangements. Auch ein Mann kann »unten sitzen«; ein Ehepaar kann die Wippe in ständiger Bewegung

24

halten, oder die Partner konkurrieren miteinander um die unterlegene Position.

Dabei soll aber nicht übersehen werden, daß die unterlegene Rolle der Frauen ein festgeschriebenes Kulturmuster ist. Wenn sich einige Frauen auch darüber hinwegsetzen oder sogar die Verhältnisse umkehren, bestimmt dieses Kulturmuster doch die gesellschaftliche Definition von »Weiblichkeit« und zeigt das Dominieren des männlichen Bewußtseins in unserer Kultur. Frauen werden bewußt dazu erzogen, alle jene Qualitäten und Eigenschaften zu entwickeln, die Männer in sich selbst fürchten und die ihnen als »schwach« erscheinen. Die gesellschaftlichen Übereinkünfte und Verbote, die uns Frauen davon abhalten sollen, mit Männern in Wettbewerb zu treten, enthalten eine paradoxe Warnung: Die »schwachen« Frauen könnten den »starken« Männern äußerst gefährlich werden, wenn sie sich auf ihr eigentliches Wesen besännen. Sicher, die alten Ratschläge, sich dumm zu stellen, den Mann Sieger sein zu lassen oder ihm das Gefühl zu geben, daß er der Boß ist, sind aus der Mode gekommen. Aber das, was diesen Ratschlägen zugrunde liegt, ist eine gültige Verhaltensregel geblieben – ein »inneres Gesetz«, das im Unbewußten der meisten Frauen lauert: Frauen dürfen Männern ihre Stärke nicht zeigen, denn dann fühlen die Männer sich bedroht und werden schwach. Wir lernen durch unsere Erziehung, unsere eigene Stärke preiszugeben und mehr Schwäche zu zeigen, als wir eigentlich empfinden, damit Männer sich stärker fühlen können.

Ein solches »Unterlegensein« kann alle möglichen Formen annehmen; eine Frau nimmt zum Beispiel eine berufliche Chance nicht wahr oder verzichtet auf eine höhere Qualifikation, weil ihr Mann ihr in verhüllter Form zu verstehen gibt, er sähe das nicht gern, oder weil sie selbst befürchtet, er könne sich dadurch bedroht fühlen. Oder eine Frau schützt ihren Mann dadurch, daß sie von vornherein nur die Arbeiten übernimmt, die er nicht tun würde, und vermeidet, auf »seinen« Gebieten Fähigkeiten auszubilden oder zu zeigen. Diese Form von Unterdrückung eigener Wünsche und Impulse führt dann vielleicht dazu, daß sie Symptome physischer oder psychischer Störungen entwickelt. Hinter ihren häufigen Klagen und Beschwerden verbirgt sich die unbewußte Überzeugung, daß sie eine Position relativer Schwäche aufrechterhalten muß, damit ihre wichtigste Beziehung überlebt. Wenn die Frau außerdem davon überzeugt ist, daß sie selbst ohne diese Beziehung nicht leben kann, wird sie – wie Barbara – ihren Aggressionen in einer Weise Luft machen, die genau die Mechanismen, die ihre Wut auslösen, nur weiter verstärkt.

Nutzlose Vorwürfe – entschiedene Klarstellung

Wie kommt es, daß Streit und Vorwürfe Veränderungen eher verhindern als vorantreiben? Nehmen wir Barbaras Situation als Beispiel. Zunächst einmal führte Barbara einen aussichtslosen Kampf um ihre Teilnahme an dem Workshop und setzte ihre gesamte Energie ein, um ihren Mann von ihrer Sicht der Dinge zu überzeugen. Damit stößt man aber immer auf Probleme, denn natürlich hat Barbaras Mann, genau wie sie selbst, ein Recht auf seine eigene Meinung und auf seine Spekulationen über den Workshop. Außerdem ist die Wahrscheinlichkeit, daß sie ihn von ihrer Meinung überzeugen wird, sehr gering. Aus der Erfahrung des Zusammenlebens wird Barbara wissen, daß dieser Workshop genau das ist, was ihr Mann ablehnt. Sie drückte es am Telefon selbst so aus: »Ich konnte ihn nicht überzeugen.«

Dadurch, daß sie sich auf einen von vornherein aussichtslosen Kampf einließ, gab sie die Macht auf, die sie wirklich hat; nämlich, ihre Angelegenheiten selbst in die Hand zu nehmen. Wenn Barbara in ihrem eigenen Interesse gehandelt hätte, wäre ihr ein bedeutsamer Schritt aus ihrer unterlegenen Position heraus gelungen. Sie hätte es ablehnen können, überhaupt über das Thema zu streiten, und ihrem Mann sagen können: »Ob der Workshop nun gut oder schlecht, radikal oder nicht radikal ist, spielt keine Rolle, mir liegt sehr viel daran. Wenn ich absage, weil du es willst, bin ich am Schluß gereizt und wütend. Ich freue mich auf den Workshop und ich habe vor, hinzugehen.«

Was hielt Barbara davon ab, die unproduktiven Auseinandersetzungen zu beenden und zu einer entschiedenen Formulierung ihres Anspruchs überzugehen? Vielleicht fürchtete sie, für diesen Schritt einen zu hohen Preis zahlen zu müssen. Viele von uns, die entweder an der falschen Linie kämpfen oder Streit überhaupt vermeiden, sind unbewußt davon überzeugt, daß ein klares und konsequentes Auftreten den anderen in große

26

Schwierigkeiten bringen würde. Unsere Angst vor dem möglichen Verlust einer Beziehung und unsere Schuldgefühle können es uns ohnehin schon schwermachen, uns zu verändern – und sie erweisen sich erst recht als Fußangeln, wenn der Partner auf unser verändertes Verhalten heftig reagiert.

Veränderungschancen

Was würde geschehen, wenn Barbara ihrem Mann mit einer ganz anderen Haltung gegenübertreten würde? Wie würde das Gespräch ablaufen, wenn sie einen Zeitpunkt dazu wählte, wo er bereit wäre, ihr zuzuhören, und ihm dann, ohne Wut und ohne Tränen, ganz ruhig und eindeutig ihren Standpunkt klarmachte? Zum Beispiel so: »Ich weiß, daß dieser Workshop für dich rausgeworfenes Geld ist – und ich verstehe auch, wie du zu dieser Meinung kommst. Aber ich bin ein erwachsener Mensch und muß meine Entscheidungen selbst treffen. Du mußt den Workshop nicht gut finden, und du mußt auch nicht froh sein, daß ich hingehe, aber ich muß wirklich für mich selbst entscheiden.«

Stellen wir uns vor, Barbara könnte konsequent bei dem wirklichen Problem bleiben (ich muß für mich selbst entscheiden) und ließe sich nicht durch die Diskussion anderer, nebensächlicher Punkte – wie meinen Charakter und meine beruflichen Qualifikationen als Psychotherapeutin – ablenken. Nehmen wir an, daß sie ohne Streit und ohne den Versuch, ihren Mann von der Richtigkeit ihrer Ansichten zu überzeugen, einfach sagen kann, was sie zu tun gedenkt: »Egal, was es mit dem Workshop nun wirklich auf sich hat, ich werde meine Wahl jedenfalls selbst treffen!« Damit hätte sie den Status quo ihrer Ehe in Frage gestellt. Wie würde sich das auf ihr Eheleben auswirken? Wie würde ihr Mann reagieren? Würde er mürrisch schweigen, auf Sauftouren gehen, sich eine Freundin zulegen oder in irgendeiner anderen Form Rache üben? Oder würde er gemäßigter reagieren und einfach ein paar Tage lang deprimiert oder schlecht gelaunt sein?

Das läßt sich natürlich nicht vorhersagen. Eins ist jedoch ganz sicher: Wenn ein Partner einen neuen Zug macht, macht der andere Partner einen Gegenzug. Falls Barbara eine völlig veränderte Haltung einnähme, würde ihr Mann sie durch irgendein

Manöver zu ihrem alten Verhalten zurückzubringen versuchen, um dadurch seine eigene Angst zu mindern und die gewohnten Beziehungsstrukturen wiederherzustellen. Dieser Gegenzug wäre kein Ausdruck davon, daß er seine Frau nicht mehr liebt, auch kein Zeichen seiner Furcht vor diesem speziellen Workshop, sondern ein Anzeichen dafür, daß er sich durch Barbaras neugewonnene Entschiedenheit, Eigenständigkeit und Reife bedroht fühlt.

Barbaras veränderte Haltung hätte Folgen, die über die Frage der Teilnahme an einer Gruppe weit hinausgingen. Sie hätte damit grundsätzlich ausgedrückt, daß es ihre – und nicht seine – Verantwortung ist, über ihr Tun und Lassen zu entscheiden. Nach der grundsätzlichen Klarstellung dieser wichtigen Frage in der Beziehung wäre sie nicht mehr dieselbe Frau, die er geheiratet hat und mit der er sich bisher wohl und sicher fühlte. Auch Barbara selbst wäre zunächst ängstlich und unsicher in ihrem neuen Verhalten. Nichts ist furchterregender, als in einer Beziehung ein höheres Maß an Selbstbestimmung und Eigenständigkeit zu erkämpfen – und diese Errungenschaften trotz der Gegenreaktionen des anderen aufrechtzuerhalten.

Wenn Barbara ihre Illusion aufgibt, sie könne ihren Mann verändern, und sich mit Hilfe ihrer Wut über ihre Alternativen klar wird, wenn sie in ihrem eigenen Interesse anders handelt, wird sie weniger Probleme mit unterdrückter Aggression haben, die aus ihrer unterlegenen Rolle resultieren und die sich vielleicht in Kopfschmerzen, chronischer Unzufriedenheit und Mangel an Selbstwertgefühl äußern. Vermutlich wird sie dafür in Kauf nehmen müssen, daß ihre Ehe, zumindest eine Zeitlang, schwieriger sein wird als je zuvor. Alle möglichen Probleme, die vorher verdeckt waren, werden an die Oberfläche kommen. Vielleicht wird sie sich wichtige Fragen zu stellen haben: »Wer trifft eigentlich meine Lebensentscheidungen?« – »Wie sind Macht und Entscheidungsfreiheit in unserer Beziehung verteilt?« – »Was wird aus meiner Ehe, wenn ich stärker und entschiedener auftrete? Wenn ich vor die Wahl gestellt werde, entweder mich zu opfern und die Ehe harmonisch zu halten oder mich weiterzuentwickeln und den Verlust der Beziehung zu riskieren – wofür werde ich mich dann entscheiden?«

Vielleicht ist Barbara zur Zeit nicht bereit, sich mit solchen bedrohlichen Fragen auseinanderzusetzen; vielleicht würde sie bei einem solchen Wagnis auch wenig Unterstützung finden. Vielleicht glaubt sie, es sei besser, eine unbefriedigende als gar keine Beziehung zu haben. Vermutlich hatte Barbara selbst Angst vor dem Workshop und brachte unbewußt ihren Mann dazu, ihr die Entscheidung abzunehmen und außer seinen eigenen negativen Gefühlen stellvertretend auch noch die ihren auszudrücken.

Es ist wichtig, sich bewußtzumachen, daß die Gefahren, von denen wir sprechen, reale Gefahren sind. Wäre Barbara in bezug auf den Workshop bei ihrem Plan geblieben, hätte sie nicht mehr hinter diese Entscheidung zurückfallen können, und auch bei anderen Problemen würde sie sich zu einer eindeutigeren Haltung gedrängt sehen.

Während ihr Mann und sie bisher vielleicht zusammenpaßten wie zwei Teile eines Puzzles, würde Barbara durch ihr verändertes Verhalten aus dieser »Einheit« herausfallen und in einen Prozeß eintreten, der ihre Persönlichkeit verändert. Wird ihr Mann fähig sein, »mitzuziehen«, so daß es zu einer Vervollständigung auf einer anderen Ebene kommt, oder würde er sie letztendlich verlassen? Oder käme sie vielleicht sogar dazu, ihn zu verlassen? Barbara hat – zunächst einmal – die Wahl getroffen, ihren Mann zu schonen und in der gewohnten, eingefahrenen Weise weiterzuleben. Das ist nicht unbedingt ein Akt »passiver Unterwerfung«; es kann durchaus die bewußte Entscheidung dahinterstehen, die gewohnte Vertrautheit und Sicherheit ihrer wichtigsten Beziehung – ihrer Ehe – aufrechtzuerhalten und zu schützen.

Harmonie um jeden Preis

Barbara ist in mancher Hinsicht nicht so »unemanzipiert«, wie es scheinen mag. Sie äußert Ansichten, die sich von denen ihres Mannes unterscheiden, und erkennt sehr wohl, daß sie für sich etwas anderes will, als ihr Mann für sie wünscht. Sie kennt auch ihre Prioritäten. Sie zieht es, zumindest im Augenblick, vor, den Wünschen ihres Mannes entgegenzukommen und den ehelichen Frieden nicht aufs Spiel zu setzen.

Wir treffen häufig solche Entscheidungen, ohne daß wir uns über die Gründe völlig bewußt sind. Wir gestehen uns bestimmte Wünsche nicht ein; neue Denkweisen und Ideen, die in unseren wichtigsten Beziehungen zu Konflikten und Widersprüchen führen könnten, ziehen wir lieber gar nicht erst in Erwägung. Über die Fragwürdigkeit bestimmter Arrangements, in denen wir leben, wollen wir uns vielleicht auch keine Gedanken machen. Auch wir sagen vielleicht unsere Teilnahme an neuen, interessanten Unternehmungen ab, sind uns aber der Opfer nicht bewußt, die wir bringen, um keine schlafenden Hunde zu wecken und um sicherzustellen, daß die Harmonie erhalten bleibt.

Wie wäre wohl eine Frau, die um jeden Preis Harmonie stiften muß, mit der Workshop-Situation umgegangen? Höchstwahrscheinlich hätte sie sich nicht mit ihrem Mann gestritten, denn es hätte keinen Anlaß zum Streit gegeben. Sie hätte gar nicht in Erwägung gezogen, an einem Workshop über Aggressionen teilzunehmen. Sie würde nicht wagen, für etwas, was ihren Partner bedrohen oder den Status quo der Beziehung in Frage stellen könnte, ernsthaftes Interesse zu entwickeln. Falls sie doch begonnen hätte, sich für den Workshop zu interessieren, hätte sie vermutlich die Reaktion ihres Partners vorsichtig getestet, ehe sie sich in die Teilnahmeliste eingetragen hätte. Vielleicht hätte sie gesagt: »Du, ich überlege mir, ob ich an dieser Gruppe teilnehmen soll . . .« und dann seine verbalen und nichtverbalen Reaktionen sensibel ausgewertet. Falls sie irgendwelche Signale seiner Angst oder Mißbilligung aufgefangen hätte, würde sie sich schnell etwas einfallen lassen, um sich abzulenken und um ihn zu schonen. Vielleicht würde sie sich sagen: »Na ja, wahrscheinlich ist der Workshop nicht besonders gut.« Oder: »Jetzt haben wir kein Geld dafür«, oder: »Ich habe sowieso keine richtige Lust, hinzugehen.«

Eine Frau kann auch dadurch Konflikte vermeiden, daß sie ihre Wünsche und Bedürfnisse dem Bild anpaßt, das ihr Partner von ihr hat. Sie definiert sich selbst so, wie er sie definiert. Sie opfert die Vorstellung, die sie von sich selbst hat, dem Bemühen, mit seinen Wünschen und Erwartungen übereinzustimmen. Dieser Prozeß der Selbstverleugnung vollzieht sich unbewußt; vielleicht glaubt sie sich in vollkommener Harmonie mit ihrem Mann. Wenn sie physische oder psychische Krankheitssymptome entwickelt, bringt sie diese Störungen vermutlich nicht mit dem Selbstopfer in Verbindung, das sie gebracht hat, um den Partner zu schonen oder die Scheinharmonie in der Beziehung zu wahren.

Eine Frau, die ihr Interesse an dem Workshop aufrechterhält, obwohl sie erkennt, daß sie und ihr Partner nicht übereinstimmen, ist in einer weniger extremen Position. Sie gesteht sich ein, daß sie anders ist als er, eine andere Persönlichkeit, mit Vorstellungen und Bedürfnissen, die genausoviel Achtung verdienen wie die ihres Mannes. Vielleicht vermeidet sie trotzdem, die Widersprüche zwischen ihr und ihrem Partner scharf hervortreten zu lassen und seine Mißbilligung auf sich zu ziehen. Sie könnte sich sagen: »Eigentlich habe ich große Lust, an der Gruppe teilzunehmen, aber ich weiß genau, wenn ich darauf bestehe, gibt es ein Riesentheater, und es lohnt sich einfach nicht, deswegen Streit anzufangen.«

»Es lohnt sich nicht, darüber zu streiten«, das ist ein vertrauter Satz, der viele von uns davor schützt, ihr Verhalten zu ändern. Wie Barbaras Situation zeigt, ist der Streit an sich nicht das Problem. Es geht darum, wie weit wir in der Lage sind, uns in der Beziehung abzugrenzen, eine eindeutige Haltung einzunehmen und in einer Weise zu handeln, die mit unseren wirklichen Überzeugungen übereinstimmt.

Frauen, die immer »nett« und stets bestrebt sind, die Harmonie zu bewahren, sind durchaus keine passiven, schwächlichen Wesen ohne Rückgrat. Ganz im Gegenteil; wir Frauen haben äußerst komplexe zwischenmenschliche Fähigkeiten entwickelt, die ein hohes Maß an psychischer Aktivität und Sensibilität erfordern. Wir sind darauf trainiert, die Reaktionen anderer Menschen vorauszuahnen und andere vor unangenehmen Gefühlen zu bewahren. Diese hochentwickelte soziale Fähigkeit – Einfühlung in andere – trifft man bei Männern leider seltener an. Wenn wir uns dieser wertvollen Fähigkeit nur wirklich bewußt wären! Wenn wir sie nur nach innen umleiten und auf uns selbst anwenden könnten!

Im Spannungsfeld von Abgrenzung und Zusammengehörigkeit

Wenn wir eine langfristige Beziehung lebendig erhalten wollen, müssen wir lernen, zwischen dem Bedürfnis nach Abgrenzung und dem Bedürfnis nach Gemeinsamkeit einen Ausgleich herzustellen. Starke Kräfte wirken in beide Richtungen: Wir möchten eigenständige, unabhängige Persönlichkeiten sein und suchen doch auf der andern Seite das Gefühl von Verbundenheit und Nähe mit einem oder mehreren Menschen, mit einer Gruppe, einer Familie. Wenn im Zusammenleben eines Paares das Pendel in der einen oder der anderen Richtung zu stark ausschlägt, gibt es Probleme.

Was geschieht, wenn das »Wir« in einer Beziehung zu schwach ausgeprägt ist? Eine Art »emotionaler Scheidung« kann die Folge sein. Die Partner leben isoliert und einsam in einer Ehe, die nur noch eine hohle Form ist; keiner nimmt mehr Anteil an den Gefühlen und Erfahrungen des anderen. Wenn der Drang nach Unabhängigkeit überwiegt, wenn die Grundhaltung eines Partners oder beider Partner sich in dem Satz »Ich brauche dich nicht« ausdrückt, ist eine Situation geschaffen, die von echter Autonomie himmelweit entfernt ist. In einer solchen Beziehung gibt es wahrscheinlich wenig Streit – aber auch wenig Nähe.

Was geschieht, wenn dem »Ich« in einer Beziehung nicht genügend Raum gelassen wird? In diesem Fall opfern wir unsere Ich-Integrität, die Verantwortung für und die freie Verfügung über unser eigenes Leben. Wenn der Zusammengehörigkeitsanspruch überwiegt, geht zuviel Energie in den Versuch, »für den anderen« zu leben und die Ansichten oder das Verhalten des Partners zu ändern. Statt Verantwortung für uns selbst zu übernehmen, neigen wir dazu, uns für das seelische Wohlbefinden des anderen verantwortlich zu fühlen und ihn für unser Wohlbefinden verantwortlich zu machen. Wenn diese Umkehrung einmal in Gang gesetzt ist, reagiert jeder Partner übertrieben empfindlich auf alles, was der andere sagt oder tut, und es kommt häufig zu Streit.

Ein anderes Resultat zu großer Gemeinsamkeitswünsche ist ein pseudoharmonisches »Wir«; offene Konflikte treten selten auf, weil der sich unterordnende Ehepartner die Realitätssicht des dominierenden Partners übernimmt. Die Partner leben wie in einem Organismus, als wären sie an einen gemeinsamen Blutkreislauf und ein gemeinsames Gehirn angeschlossen. Vermutlich ist der Wunsch, in die Symbiose mit einem Menschen zurückzukehren, in uns allen vorhanden; wenn dieser Wunsch jedoch extreme Formen annimmt, führt er zu Verschmelzungsprozessen, die äußerst verletzlich machen können. Wenn zwei Menschen zu einer Persönlichkeit verschmelzen, kann eine Trennung wie ein psychischer oder physischer Tod erlebt werden. Dem »Abgetrennten« bleibt nichts, worauf er zurückgreifen kann – nicht einmal ein eigenes Ich.

Wir alle brauchen ein »Ich« und ein »Wir«, die einander Nahrung und Bedeutung geben. Es gibt kein Patentrezept für das richtige Maß von Unabhängigkeit und Gemeinsamkeit, das für alle Paare gültig wäre. In einer Paarbeziehung überwacht jeder Partner auf seinem inneren Monitor ständig das Gleichgewicht dieser beiden Kräfte und schafft instinktiv den Ausgleich, in Richtung Unabhängigkeit, wenn die Angst vor Vereinnahmung einsetzt – und in Richtung Gemeinsamkeit, wenn die Angst vor Isolation aufkommt. Das Gleichgewicht dieser Kräfte ist bei jedem Paar in ständiger Bewegung. Häufig finden wir einen Kräfteausgleich im Sinne einer »Arbeitsteilung«; eine unbewußte Vereinbarung zwischen den Partnern, nach der die Frau den Wunsch nach Gemeinsamkeit, der Mann den Wunsch nach Unabhängigkeit auszudrücken hat. Darauf werden wir in den folgenden Kapiteln noch zurückkommen.

Wenn wir in einer Partnerschaft dauernd unzufrieden oder resigniert sind, kann das ein Zeichen dafür sein, daß wir die eigene Identität klarer definieren und stärken müssen. Wir müssen unser Selbstbild überprüfen, im Hinblick darauf, was wir wirklich denken, fühlen, wünschen und was wir an unserem Leben verändern wollen. Je mehr wir zu unserer Identität finden, desto intensiver können wir die Freude an unserer Unabhängigkeit – und an der Vertrautheit und Nähe mit dem Partner erleben und genießen. Vertrautheit muß nicht Symbiose oder Selbstverlust bedeuten – Unabhängigkeit muß nicht mit Distanz und Isolation identisch sein.

Warum ist es so schwierig, in einer Partnerschaft die eigene Unabhängigkeit zu bewahren oder gar erst auszubilden? Dafür sind viele Faktoren verantwortlich. Barbaras Situation zeigt das wesentliche Problem: Der Weg zu mehr Entschiedenheit und mehr Einsicht in sich selbst ist mit ungeheuer starken Angstgefühlen verbunden. Barbara könnte ihre vertrauten Verhaltensweisen nicht aufgeben und neue Wege ausprobieren, ohne auch ein furchterregendes Gefühl von Einsamkeit und Isolierung zu erfahren und ohne in ihrer Ehe Verwirrung zu stiften. Mit diesen Ängsten, die in allen Beziehungen auftreten können, wollen wir uns näher befassen.

Identität und Verlustangst

Wenn Barbara sich ihrer Identität sicherer wäre, würde sie ihr Problem nicht so ausdrücken: »Mein Mann will mich nicht zu dem Workshop gehen lassen.« Mit besserer Selbsteinschätzung würde sie vielleicht sagen: »Mein Problem sieht so aus: Wenn ich meine Teilnahme an dem Workshop absage, bin ich unzufrieden und enttäuscht. Wenn ich hingehe, wird mein Mann unzufrieden und enttäuscht sein. Was ist mir lieber?« Nach einigem Nachdenken würde sie vielleicht zu dem Schluß kommen, daß der Workshop nicht lebenswichtig für sie ist und daß es nicht der richtige Zeitpunkt ist, um in ihrer Ehe Probleme aufzuwerfen. Oder sie könnte beschließen, daß die Teilnahme an der Gruppe eine Frage ist, über die sie nicht verhandelt und in der sie keine Kompromisse macht. Im letzteren Fall könnte sie sich überlegen, wie sie ihrem Mann diese Entscheidung mitteilen und den Machtkampf auf ein Minimum reduzieren kann. Oder sie könnte sich dazu durchringen, ihn schlicht vor den Kopf zu stoßen: »Ich gehe, und damit basta!« Später, wenn sich die Wogen geglättet hätten, könnte sie versuchen, mit ihrem Mann über die Frage von Entscheidungen in ihrer Ehe zu sprechen und ihm erklären, daß sie zwar grundsätzlich an seiner Meinung interessiert sei, daß es aber einzig und allein ihre Sache sei, über ihr Tun und Lassen zu entscheiden.

Was hielt Barbara davon ab, mit solcher Entschiedenheit zu reagieren? Was bringt uns Frauen überhaupt dazu, lieber ständig zu streiten und zu jammern (oder zu schweigen), als uns unseren Problemen und unseren Wahlmöglichkeiten wirklich zu stellen? Nein, es ist keineswegs so, daß Frauen eine geheime masochistische Befriedigung daraus ziehen, zum Opfer gemacht und unterdrückt zu werden. Ganz im Gegenteil, eine Frau, die ständig in der unterlegenen Rolle ist, sammelt ein Maß von Wut an, das in direkter Proportion zum Grad ihrer Unterwerfung und ihrer Selbstaufgabe steht.

Das Dilemma ist, daß wir davon überzeugt sind, wir könnten unsere wichtigsten Beziehungen nur dadurch am Leben erhalten, daß wir »unten« bleiben. Vielleicht setzen wir ein eigenständiges, stärkeres, klareres Verhalten unbewußt mit einem destruktiven Akt gleich, der den Partner herabwürdigt und bedroht und ihn dazu bringt, sich zu rächen, indem er uns verläßt. Manchmal bedeutet die Entwicklung einer klareren Identität auch die Auseinandersetzung mit dem eigenen Wunsch, aus einer unbefriedigenden Ehe auszubrechen. Diese Möglichkeit kann genauso erschreckend sein wie die Angst, verlassen zu werden.

Vielleicht schreckt Barbara vor dem Risiko zurück, sich selbst und ihren Mann dem Test zu unterwerfen, wieviel Veränderung die Beziehung aushalten kann. Vielleicht ist sie auch schon davon überzeugt, daß dieser Test negativ ausfallen würde. Sie sitzt vermutlich zwischen zwei Stühlen: Weder ist sie bereit, in einer unbefriedigenden Ehe weiterzuleben, noch ist sie fähig, einen Schlußstrich zu ziehen und die Beziehung zu beenden. Wenn wir in einer wichtigen Partnerschaft einen eindeutigeren und unabhängigeren Standpunkt beziehen, überfällt uns oft eine merkwürdige Art von Depression – vielleicht ist Barbara auch einfach noch nicht bereit, sich mit solchen Gefühlen zu konfrontieren. Streit und Vorwürfe machen es uns leicht, in einer ambivalenten Haltung zu verharren, in der wir nicht aktiv werden müssen.

Abwehrreaktionen

Ich möchte hier nicht den trostlosen Eindruck vermitteln, wir müßten an unseren unterlegenen Rollen festhalten, weil unsere Partner – und unsere Beziehungen – sonst zusammenbrächen. In einigen Fällen mag das tatsächlich die Konsequenz der Veränderung sein. Häufiger aber – und abhängig davon, wie wir vorgehen – wird es so sein, daß sich unsere Partner gemeinsam mit uns weiterentwickeln und daß unsere emotionalen Bindungen eher gefestigt werden. Wir können in einer Weise zu unserer Identität finden, die uns die Chance einer reicheren Beziehung gibt, statt sie in Gefahr zu bringen. Nur: Glatt und problemlos vollziehen sich Veränderungen nie.

Wir werden immer mit Abwehrreaktionen des anderen rechnen müssen und mit dem Appell, zu unserem alten Verhalten zurückzukehren, wenn wir unsere alte Unklarheit aufgeben und unsere Bedürfnisse, Wünsche und Überzeugungen freiheraus äußern.

Murray Bowen, der eine Theorie über Beziehungsmuster in Familien entwickelt hat, weist mit Nachdruck darauf hin, daß in allen Familien machtvolle Widerstände auftreten, wenn ein Familienmitglied unabhängiger wird und sich stärker abgrenzt. Nach Bowen baut sich dieser Widerstand stets in einer bestimmten Abfolge von Stufen auf:

1. »Du bist im Irrtum.« – Unzählige Gründe werden angegeben, die das beweisen.

2. »Sei, wie du vorher warst, und wir werden dich wieder akzeptieren.«

3. »Wenn du nicht zu deinem früheren Verhalten zurückkehrst, ziehen wir folgende Konsequenzen...« – die dann aufgelistet werden.

Wie sehen Abwehrreaktionen im allgemeinen aus? Vielleicht werden wir der Gefühlskälte, des Mangels an Loyalität, des Egoismus, der Geringschätzung anderer bezichtigt (»Wie es mir geht, ist dir ganz egal«). Vielleicht droht uns der andere direkt oder indirekt, daß er sich aus der Beziehung zurückziehen oder sie ganz beenden könnte (»Wir können doch nicht miteinander leben, wenn das deine wirkliche Einstellung ist«). Abwehrreaktionen können jede erdenkliche Form annehmen, bis hin zum Asthmaanfall oder zum Herzinfarkt. Diese Reaktionen sind die unbewußten Versuche des anderen, die Beziehung in ihren alten Zustand, in ihr altes Gleichgewicht zurückzuversetzen, wenn die Angst vor Einsamkeit und Veränderung zu groß wird. Der andere ergreift nicht deshalb seine Gegenmaßnahmen, weil er einfach dominierend, reaktionär oder chauvinistisch ist. Es spielt auch fast keine Rolle, ob diese Beurteilungen ein Stück weit zutreffen oder nicht. Gegenreaktionen sind sowohl ein Ausdruck von Angst als auch ein Ausdruck von Anhänglichkeit und Verbundenheit.

Für uns geht es darum, zu unserer Überzeugung zu stehen, wenn wir mit einer Abwehrreaktion konfrontiert sind – und nicht darum, den Gegenzug zu verhindern oder dem Partner ein bestimmtes Verhalten zu diktieren. Meistens wollen wir das Unmögliche: Wir wollen nicht nur über unsere eigenen Entscheidungen, sondern auch über die Reaktionen des anderen bestimmen; wir wollen uns nicht nur verändern, sondern erwarten auch, daß dem anderen die Veränderung gefällt; wir wollen ein höheres Niveau von Entschiedenheit und Selbständigkeit erreichen und gleichzeitig das Lob und die Bestätigung eben der Menschen erhalten, die uns wegen unserer alten Verhaltensweisen gewählt haben.

Doch nicht nur die Alarmsignale und Gegenreaktionen anderer können uns zum Problem werden – auch unser eigener Widerstand gegen Veränderungen wird eine enorme Kraft entwickeln. Die Stellung, die zum Beispiel Barbara in ihrer Ehe einnimmt, kann ihren Ursprung in Verhaltensmustern haben, die über mehrere Generationen weitergegeben worden sind. Vielleicht haben die Frauen in Barbaras Familie, ihre Mutter, ihre Großmutter und andere weibliche Verwandte, sich in ihren Ehen gleich verhalten wie sie. Vielleicht gibt es in ihrer Familiengeschichte keine Vorbilder für Ehen, in denen beide Partner gleichberechtigt sind, klare Entscheidungen treffen und ihre Differenzen offen austragen. Wir alle sind von den Lebenseinstellungen und Verhaltensmustern vergangener Generationen tief beeinflußt, selbst wenn – oder vielmehr besonders wenn – uns diese Verhaltensmuster nicht deutlich bewußt sind. Wie viele Frauen fühlt sich vielleicht auch Barbara schuldig, wenn sie für sich selbst Freiheiten anstrebt, die ihrer Mutter versagt geblieben sind. Tief in ihrem Unbewußten beurteilt Barbara ihr Streben nach Selbständigkeit vielleicht als Mangel an Loyalität, als Verrat, nicht nur an ihrem Mann, sondern an Generationen von Frauen in ihrer Familie. Wenn das der Fall ist, wird ihr Unbewußtes den Veränderungen, die sie bewußt doch so sehr anstrebt, heftigen Widerstand entgegensetzen.

Es gibt noch einen anderen Grund dafür, daß Veränderungsprozesse so schmerzhaft sind: Ungelöste Probleme aus unserer Vergangenheit kommen in unseren gegenwärtigen Beziehungen unweigerlich an die Oberfläche. Wenn Barbara auf ein Muster ständiger Streitigkeiten und Vorwürfe festgelegt ist, kann das ein Zeichen dafür sein, daß sie den Kampf um ihre Unabhängigkeit in ihrer Herkunftsfamilie nicht oder nicht vollständig ausgetragen hat und daß sie an diesem Problem noch arbeiten muß. Wie weit mag Barbara in der Lage sein, bei wichtigen Problemen zum Beispiel mit den eigenen Eltern eine konsequente, klare Haltung einzunehmen? Kann sie ihrer eigenen Familie gegenüber ihre wirklichen Ansichten und Gefühle ausdrücken und vertreten? Ist sie im Zusammensein mit ihren Eltern und Geschwistern sie selbst – oder die Person, die jene in ihr sehen wollen? Gestattet sie auch den anderen, sie selbst zu sein? Wenn Barbara in ihrer eigenen Familie Schwierigkeiten hat, ihr eigenes Ich klar abzugrenzen, wird sie vermutlich damit auch in ihrer Ehe Schwierigkeiten haben. In meiner Arbeit als Therapeutin geht es oft darum, daß die Frauen, die zu mir kommen, lernen, ihre Beziehungen zu Geschwistern, Eltern und Großeltern zu klären und zu verändern, um so zu verhindern, daß verdrängte Familienprobleme und -konstellationen sich in ihren Partnerschaften wiederholen. Ängste und Aggressionen, die aus unserer Kindheit stammen, lassen uns oft in unseren Beziehungen als Erwachsene schmerzhaft leiden und uns äußerst verletzlich werden.

Der Stand der Dinge

Barbaras Anruf war ein wunderbares Beispiel für unproduktiven Streit. Sie hat etwas getan, was wir alle machen, wenn wir nicht mehr weiterwissen und uns ohnmächtig in unserer Wut fühlen.

Erstens: Sie stritt sich mit ihrem Mann über ein Scheinproblem. Zweitens: Sie wendete ihre ganze Energie auf, um ihren Partner zu ändern.

Scheinprobleme

Barbara und ihr Mann setzten eine Menge Energie ein, um über den Wert meines Workshops zu streiten, dessen Beurteilung, wie die der meisten Dinge im Leben, von der persönlichen Meinung abhängig ist. Genauer gesagt: Die Frage nach dem Wert des Workshops ist ein Scheinproblem. Mit Barbaras wirklichem Problem hatte diese Frage nichts zu tun; ihr Problem ist die Ambivalenz zwischen dem Wunsch, Verantwortung für ihre eigenen Entscheidungen zu übernehmen, und dem Wunsch, das Zusammengehörigkeitsgefühl und den gegenwärtigen Zustand in ihrer Ehe zu erhalten.

Alle Paare streiten sich von Zeit zu Zeit über Scheinprobleme – und dann oft aufs heftigste. Ich werde nie das allererste Paar vergessen, das zu mir in die Paartherapie kam. Da saßen sie nun in meinem Arbeitszimmer und stritten sich erbittert darüber, ob sie in einem Hamburger-Restaurant oder in einem Fischlokal zu Abend essen sollten. Jeder dieser beiden intelligenten Menschen brachte die scharfsinnigsten Argumente für die relativen Vorzüge von Fisch oder Frikadellen vor, und keiner gab auch nur einen Zentimeter weit nach. Da ich mit Paartherapie gerade erst anfing, wußte ich nicht, wie ich diesen beiden helfen sollte; aber eins wußte ich mit Sicherheit: Die leidenschaftliche Auseinandersetzung, deren Zeuge ich war und die in zwei Menschen ganz offensichtlich ein großes Maß von Schmerz auslöste, hatte mit dem Wert von Hamburgern und Fisch nicht das mindeste zu tun.

Ich will damit nicht sagen, es sei einfach, die wirklichen Probleme herauszufinden. Besonders schwierig ist das in Familien; wenn zwei Erwachsene einen Konflikt austragen, ziehen sie oft eine dritte Partei (ein Kind, die Schwiegermutter oder ein anderes Familienmitglied) mit hinein und schaffen so eine Dreieckssituation, die es den Betroffenen noch schwerer macht, ihre eigentlichen Probleme zu erkennen und zu bearbeiten. Einige Beispiele sollen das verdeutlichen: Eine Frau sagt zu ihrem Ehemann: »Ich bin furchtbar wütend über die Art, wie du deinen Sohn ignorierst. Ich habe das Gefühl, er wächst ohne Vater auf.« Das wirkliche, aber nicht ausgesprochene Problem ist: »Ich fühle mich vernachlässigt, und ich bin wütend, daß du nicht mehr Zeit mit mir verbringst.«

Eine Frau überlegt sich, ob sie einen neuen, anspruchsvolleren Job übernehmen soll. Ihr Mann sagt: »Ich bin wirklich sehr dafür, daß du berufstätig bist, aber ich möchte nicht, daß die Kinder und der Haushalt deswegen vernachlässigt werden.« Das wirkliche, aber unterdrückte Problem lautet: »Ich habe Angst vor deiner beruflichen Veränderung. Ich weiß nicht, wie sich dein beruflicher Erfolg auf unsere Beziehung auswirken könnte – und außerdem bringt deine Begeisterung über diese neue Arbeit mir meine eigene Unzufriedenheit mit meinem Beruf zu Bewußtsein.«

Eine Frau sagt zu ihrem Mann: »Deine Mutter geht mir unheimlich auf die Nerven. Sie mischt sich in alles ein, und sie behandelt dich wie eine Mischung von kleinem Jungen und Ehemann.«

Hinter diesem Satz steht das nicht ausgesprochene Problem:

»Ich wünschte, du könntest deiner Mutter gegenüber entschiedener auftreten und ihr auch gewisse Grenzen setzen. Ich frage mich manchmal, ob du mit mir oder mit ihr verheiratet bist.«

Wir werden auf die Dreieckssituationen noch zurückkommen. Aber schon an diesen Beispielen sehen wir, daß es nicht nur schwierig ist, herauszufinden, *worüber*, sondern auch auf *wen* wir wütend sind.

Du mußt dich ändern!

Wie die meisten von uns versuchte Barbara mit ihrer gesamten Aggressions-Energie ihren Mann zu ändern, seine Gefühle, Ansichten und Reaktionen zu beeinflussen. Er sollte so empfinden wie sie. Wir sind oft überzeugt, daß wir die »Wahrheit« gepachtet haben und daß die Welt bedeutend besser wäre, wenn alle so dächten und reagierten wie wir. Ein Hauptmerkmal emotionaler Reife ist jedoch die Fähigkeit, unterschiedliche Ansichten zu tolerieren. Wir verhalten uns oft so, als ob Nähe absolute Gleichheit bedeuten müsse. Ehepaare und Familien neigen ganz besonders dazu, nur eine, alles andere ausschließende »Wahrheit« zu akzeptieren.

Es ist unglaublich schwer, mit Kopf und Herz zu lernen, daß wir auf alles, was wir fühlen, ein Recht haben – und daß dieses Recht auch für alle anderen gilt. Jeder ist selbst dafür verantwortlich, seine Gefühle und Überzeugungen klar zum Ausdruck zu bringen und seine Entscheidungen zu treffen. Für das Denken und Fühlen des anderen sind wir aber nicht zuständig, und es ist nicht unsere Sache, jemanden zu dem zu bekehren, was wir für ihn gutheißen. Versuchen wir es trotzdem, landen wir vielleicht in einer Beziehung, in der wir uns emotional verausgaben und die dennoch stagniert.

An dem bloßen Wunsch, daß jemand sich ändern möge, ist nichts auszusetzen. Das Problem ist nur, daß sich dieser Wunsch in aller Regel nicht erfüllt. Ganz gleich, wie gut wir lernen, mit unseren Aggressionen umzugehen – sicher können wir nie sein, daß der andere sich so verhalten wird, wie wir möchten, oder daß er die Dinge sehen wird, wie wir sie sehen. Es gibt auch keine Garantie für das Obsiegen der Gerechtigkeit in der Beziehung. Gewißheit können wir nur in einem Punkt erlangen: Wenn wir die Phantasie aufgeben, den anderen verändern zu können, gewinnen wir die einzige Form von Macht zurück, die wir wirklich haben – die Macht, uns selbst zu verändern und in unserem eigenen Interesse zu handeln.

In den folgenden Kapiteln werden wir uns fragen, wie wir Einsichten über uns selbst in die Praxis umsetzen können.

Bisher können wir folgendes festhalten:

Erstens: »Dampf ablassen« ist nicht immer sinnvoll; oft werden festgefahrene Verhaltensmuster in Beziehungen dadurch eher gefestigt als erschüttert.

Zweitens: Der einzige Mensch, den ich verändern und dessen Leben ich bestimmen kann, bin ich selbst.

Drittens: Es ist äußerst schwierig, sich aus alten Verhaltensmustern zu lösen, weil die eigene Veränderung starke Angstgefühle auslöst.

Viertens und letztens: Selbstaufgabe ist die schmerzhafteste Folge unterdrückter Aggression.

Kampf und trotzdem keine Lösung

Sechs Monate nach der Geburt meines ersten Sohnes machte ich mit meiner Familie in Kalifornien Urlaub. In Berkeley geriet ich eines Tages in ein Buchantiquariat. Beim Herumstöbern fiel mir das Buch eines bekannten Autors über die Entwicklung von Kindern in die Hände. Ich kaufte es, begann zu lesen und war sofort beunruhigt, als ich feststellte, daß mein Kind nicht die Verhaltensweisen zeigte, die das Buch als »normal« für die Altersstufe beschrieb. »O Gott, mein Kind ist retardiert«, dachte ich. Gleich fielen mir die Komplikationen ein, die während meiner Schwangerschaft aufgetreten waren. Stimmte mit meinem Kind etwas nicht?

Später erzählte ich meinem Mann aufgeregt von meinen Befürchtungen. Er reagierte mit ungewohnter Heftigkeit. »Reg' dich nicht so auf«, sagte er in gewollt lässigem Tonfall. »Kinder entwickeln sich nicht alle gleich schnell. Er ist völlig normal!« Ich faßte seine Antwort als Versuch auf, mich zum Schweigen zu bringen, und regte mich nun noch mehr auf. Jetzt versuchte ich ihm zu beweisen, daß ich recht hatte. Ich gab in allen Einzelheiten wieder, was ich gelesen hatte, und erinnerte ihn an die Komplikationen während meiner Schwangerschaft. Steve warf mir vor, maßlos zu übertreiben und überbesorgt zu sein. Es gebe überhaupt kein Problem. Ich antwortete mit dem Vorwurf, er leugne und bagatellisiere das Problem. Schließlich könne sehr wohl etwas nicht in Ordnung sein. Kühl wies er mich auf die ständige Besorgtheit meiner Mutter hin; die höre immer das Gras wachsen, und ich trete genau in ihre Fußstapfen, das sei klar! Daraufhin erinnerte ich ihn daran, daß es in seiner Familie überhaupt nicht gestattet sei, sich Sorgen zu machen, weil Probleme nicht wahrgenommen werden durften. Und in dieser Art ging es noch eine ganze Weile weiter.

Während der nächsten sechs Monate wiederholten wir diesen Streit mit geringen Variationen unzählige Male. Unser Sohn tat in geradezu auffälliger Weise nicht, was er dem Buch nach hätte tun sollen. Die Psychologin, die ihn (auf mein Betreiben hin) mit neun Monaten testete, meinte, er sei wirklich in einigen Bereichen recht langsam, aber es sei noch zu früh, daraus Schlüsse zu ziehen. Sie schlug uns vor, noch etwas abzuwarten und später, falls wir uns immer noch Sorgen machten, einen Kinder-Neurologen zu konsultieren.

Steve und ich bezogen bei unseren Streitigkeiten immer rigidere gegensätzliche Positionen – und wir stritten uns immer häufiger. Wie Roboter nahmen wir immer wieder dieselbe vorprogrammierte Haltung ein, und der Streit lief mit der Präzision eines Uhrwerks ab. Je eindringlicher ich Angst und Besorgnis ausdrückte, desto mehr spielte Steve das Problem herunter – je mehr Steve abwiegelte, desto mehr übertrieb ich. Jedesmal stritten wir uns bis aufs Blut – und wenn die Situation ganz unerträglich geworden war, beschuldigten wir uns voller Wut gegenseitig, »angefangen« zu haben.

Wir saßen total fest. Unsere psychologische Ausbildung und unsere gesamte intellektuelle Differenziertheit gingen bachab. Es war völlig klar, daß jeder von uns mit seinem Verhalten beim anderen immer vehementeren Widerstand provozierte. Dennoch waren weder Steve noch ich in der Lage, uns anders zu verhalten.

»Ihr Kind ist völlig normal«, stellte ein berühmter Kinder-Neurologe fest, als unser Sohn fast ein Jahr alt war. »Seine Entwicklung verläuft atypisch. Es gibt Kinder, die kaum Aktivität zeigen, ehe sie laufen.« Tatsächlich begann unser Sohn (genau zum richtigen Zeitpunkt) zu laufen, ohne daß er vorher gekrabbelt wäre oder sich sonst in irgendeiner Weise fortbewegt hätte. Und so endeten unsere chronischen Streitigkeiten.

Erst später fanden wir heraus, wie wir unbewußt von diesen ständigen Auseinandersetzungen profitiert hatten. Während wir miteinander stritten, waren wir beide etwas weniger um unseren Sohn besorgt, und außerdem lenkte der Streit unsere Aufmerksamkeit von anderen Problemen ab, die wir mit unserer neuen Rolle als Eltern hatten. Trotzdem ist es zum Staunen, wie festgefahren wir damals waren. Wir verhielten uns beide so, als gäbe es nur eine einzige »richtige« Art, auf diese Streßsituation in

der Familie zu reagieren. Wir führten einen Tanz auf, bei dem
jeder die Schritte des anderen, aber nicht die eigenen verändern
wollte. Das Resultat war, daß wir völlig blockiert stehenblieben.

Festsitzen – und wieder loskommen

Wie entstehen solche verfahrenen Situationen? Nicht immer
durch die Unfähigkeit, Aggressionen zu äußern. Viele Frauen
werden, wie ich selbst auch, leicht wütend und haben keine
Schwierigkeiten, das auch zu zeigen. Das Problem liegt eher
darin, daß es zu nichts führt, aggressiv zu werden, oder daß die
Situation sich dadurch noch verschlimmert.

Eigentlich wäre es logisch, wenn wir mit unseren Aggressionen nicht das gewünschte Resultat erreichen, etwas anderes
auszuprobieren. Was mich betrifft, hätte ich durchaus verschiedene Möglichkeiten gehabt, mein Verhalten Steve gegenüber zu
ändern. Ich hätte mich zum Beispiel eine Zeitlang mit meinen
Sorgen an eine enge Freundin wenden und Steve gegenüber
schweigen können. Vielleicht hätte Steve dann genügend Zeit
und Spielraum gehabt, sich über seine eigene Besorgnis klarzuwerden. Ich hätte ihm in einem Augenblick großer Vertrautheit
vielleicht sagen können, wie groß meine Angst um unser Kind
war und daß ich bei diesen Schwierigkeiten auf seine Hilfe und
seine Unterstützung hoffte. Eine solche Form der Annäherung
hätte sich von meinem gewohnten Verhalten damals sehr unterschieden; ich machte mir nämlich Luft, wenn meine Angst den
Höhepunkt erreicht hatte, und gab Steve dann zu verstehen, daß
es ein Fehler von ihm sei, nicht auch so zu reagieren wie ich.
Auch Steve hätte das festgefahrene Muster unserer Streitigkeiten
leicht durchbrechen können, wenn er zum Beispiel einmal von
sich aus ein Gespräch begonnen hätte, in dem er seine Sorge um
unseren Sohn ausdrückte.

Intellektuell erkennen wir durchaus, daß die ständige Wiederholung solcher unproduktiven Auseinandersetzungen sinnlos ist
und daß wir die Situation dadurch nur verschlechtern. Merk-
würdigerweise halten wir, besonders wenn wir unter Streß
stehen, gerade an diesem Verhalten eisern fest.

Nehmen wir an, eine Frau macht ihrem Mann Vorwürfe, weil
er seine Diät nicht einhält. Er wird weiterhin zuviel essen, und

sie wird ihn immer heftiger und immer häufiger über seine Fehler belehren. Nehmen wir an, eine Frau hat Probleme mit ihrem Freund, der sich allzu kühl und abweisend verhält. Wenn sie wütend wird und ihn drängt, Gefühle zu zeigen, zieht er sich noch weiter zurück und sie bedrängt ihn noch heftiger. Es ist nicht ihr Problem, daß sie nicht aggressiv werden kann, sondern daß sie mit ihrer Wut in einer Weise umgeht, die ihr nichts einbringt – ohne in der Folge davon abzulassen.

Ratten in einem Futter-Labyrinth lernen, ihr Verhalten zu ändern, wenn sie immer wieder in einer Sackgasse landen. Wir offenbar nicht. Die Wiederholung der immer gleichen Streitigkeiten schützt uns vor der Angst, die wir unweigerlich empfinden, wenn wir eine Veränderung vollziehen. Im sinnlosen Streit können wir die Zeit anhalten, und in Panik ziehen wir die Notbremse, wenn sich eine wirkliche Einsicht in unsere Probleme bedrohlich abzuzeichnen beginnt.

Auch solche Zeiten des Streitens können ihren Sinn haben. Manchmal brauchen wir die festgefahrene Situation – so lange, bis wir genügend innere Kraft spüren, unserem wirklichen Problem ins Auge zu sehen, und bis wir das Gefühl haben, daß wir nun loslassen können.

Und selbst wenn wir bereit sind, das Risiko einer Veränderung einzugehen, halten wir manchmal noch lange an unseren sinnlosen Auseinandersetzungen fest. Wenn wir wütend sind, konzentrieren wir uns mit Vorliebe darauf, was der andere uns antut; dabei verlieren wir die Fähigkeit, unseren eigenen Anteil am Konflikt wahrzunehmen. Selbstwahrnehmung hat überhaupt nichts mit Selbstvorwürfen zu tun, auf die manche Frauen regelrecht spezialisiert sind. Selbstwahrnehmung ist die Fähigkeit, die Wechselwirkungen in der Kommunikation zwischen uns und anderen zu beobachten und zu erkennen, daß unser Verhalten das Verhalten der anderen beeinflußt – und umgekehrt. Wir können einen anderen Menschen nicht dazu bringen, anders zu sein als er ist; wir können uns aber selbst anders verhalten und damit den eingefahrenen Kreislauf durchbrechen.

An der Geschichte von Sandra und Larry, einem Paar, das zu mir in die Praxis kam, läßt sich verdeutlichen, wie man aus anscheinend unlösbaren Situationen herauskommen kann. Der Inhalt ihrer Streitigkeiten ist weniger wichtig, es geht mir um die Form ihres »Beziehungsspiels«, das sozusagen universell verbreitet ist. Sobald wir Teil einer etablierten Zweierbeziehung sind – ob verheiratet oder unverheiratet, ob homosexuell oder heterosexuell –, können wir leicht und ohne es zu merken in ein solches Beziehungsspiel hineingeraten. Seine Spielregeln sind so angelegt, daß die Beziehung immer verrammelter wird, je mehr jeder Partner versucht, sie zu ändern.

Sandra und Larry

»Können Sie mir beide sagen, wie Sie das Problem in Ihrer Ehe sehen?« fragte ich. Es war meine erste Begegnung mit Sandra und Larry, die, auf Sandras Initiative hin, eine Paartherapie machen wollten. Ich sah zuerst Larry, dann Sandra an, die meine Aufforderung rasch aufnahm. Sie wandte sich in meine Richtung und stützte das Kinn in die Hände. Wie durch Scheuklappen schirmte sie sich mit den Händen gegen Larry ab.

Mit unverhülltem Zorn in der Stimme zählte Sandra ihre Beschwerden auf. Es war offensichtlich, daß sie ihre Geschichte nicht zum ersten Mal erzählte. Offensichtlich war auch, daß sie davon ausging, ihr Mann sei »das Problem«.

»In erster Linie ist er ein Arbeitstier«, begann sie. »Er vernachlässigt die Kinder und mich. Ich glaube, er hat überhaupt keine Beziehung mehr zu uns. Er ist in seiner eigenen Familie ein Fremder.« Sandra machte eine kurze Pause, holte tief Luft und fuhr fort: »Er erwartet von mir, daß ich mich ganz allein um den Haushalt und die Kinder kümmere, und wenn dann mal was schiefgeht, sagt er, ich sei verrückt und viel zu emotional. Er ist nie da, wenn ich ihn brauche, und er zeigt nie Gefühle bei Dingen, die ihm eigentlich Sorgen machen sollten.«

»Wie bitten Sie Larry um Unterstützung, wenn er nach Hause kommt und Sie haben sich über irgend etwas aufgeregt?« fragte ich. »Ich sage ihm, daß ich völlig erledigt bin, daß ich mir über unsere finanzielle Situation Sorgen mache, daß Jeff krank ist und daß mich das Baby heute völlig fertigmacht. Aber er sieht mich nur an und beschwert sich, daß das Essen nicht fertig ist, oder er sagt mir, daß ich übertreibe. Er sagt immer: Warum regst du dich bloß über alles so furchtbar auf? Er bringt mich so weit, daß ich losschreien möchte.«

Sandra hörte auf zu sprechen – Larry äußerte sich nicht zu

dem, was sie gesagt hatte. Nach einigen Minuten fuhr Sandra fort zu sprechen. Sie war immer noch wütend, doch jetzt kamen ihr auch die Tränen. »Ich habe es satt, immer an letzter Stelle zu stehen. Fast nie geht er von sich aus auf mich zu, und um die Kinder kümmert er sich auch nicht. Und dann, wenn es ihm irgendwann mal einfällt, daß er Vater spielen möchte, führt er sich auf, als wenn er der einzige ist, der das Sagen hat.«

»Können Sie ein Beispiel nennen?« fragte ich. »Ja, er geht zum Beispiel los und kauft Lori, unserer ältesten Tochter, ein furchtbar teures Frisiertischchen, auf das sie ein Auge geworfen hatte, und fragt mich nicht mal nach meiner Meinung. Er stellt mich einfach vor die vollendete Tatsache.« Jetzt funkelt Sandra ihren Mann wütend an, aber er weicht ihrem Blick aus.

»Wenn Larry etwas tut, was Sie nicht gutheißen, wie bei der Sache mit dem Frisiertischchen, wie sagen Sie ihm das?«

»Es ist unmöglich«, antwortete Sandra mit Emphase, »es ist einfach unmöglich!«

»Was ist unmöglich?« beharrte ich auf meiner Frage.

»Mit ihm zu reden! Sich mit ihm auseinanderzusetzen! Er spricht nie über seine Gefühle. Er kann überhaupt nicht über Probleme diskutieren. Er reagiert einfach nicht. Er macht zu wie eine Auster und will in Ruhe gelassen werden. Er kann nicht einmal streiten. Entweder redet er in seiner superlogischen Art oder er weigert sich überhaupt zu reden. Er vergräbt sich in ein Buch oder macht den Fernseher an.«

»Gut«, sagte ich, »ich glaube, ich verstehe jetzt, wie Sie das Problem sehen.« Nun war Larry dran. »Wie sehen Sie das Problem in Ihrer Ehe, Larry?«

Larry begann in einem kontrollierten und bedächtigen Ton zu sprechen, der beinahe verbarg, daß auch er wütend war: »Sandra hat nicht genug Verständnis für meine Lage; sie ist egoistisch und hackt ständig auf mir herum. Ich glaube, das ist das Hauptproblem.« Damit schwieg er, als hätte er nun für heute genug gesagt.

»Wo im besonderen fehlt Ihnen Sandras Verständnis, in welcher Hinsicht ist sie zu egoistisch? Können Sie ein genaueres Beispiel geben?«

»Das ist schwer zu sagen. Erstmal nörgelt sie dauernd an mir herum. Wenn ich um sechs Uhr nach Hause komme, müde bin und nur etwas Ruhe und Entspannung haben will, redet sie unentwegt auf mich ein, über die Probleme der Kinder, über ihre eigenen Probleme, oder sie beschwert sich einfach über dies und jenes. Wenn ich mich hinsetze und mich einfach mal fünf Minuten ausruhen will, geht sie auf mich los und besteht darauf, ein weltbewegendes Problem zu diskutieren – den kaputten Mülleimer zum Beispiel.«

Larry war nun wirklich wütend, aber er brachte es fertig, so zu sprechen, als handelte es sich um ein Börsengeschäft.

»Wollen Sie damit sagen, daß Sie mehr Spielraum brauchen?« fragte ich. »Nicht unbedingt«, antwortete Larry. »Ich finde, daß Sandra übertrieben reagiert. Sie ist viel zu emotional. Sie schafft Probleme, wo eigentlich keine sind. Sie macht aus einer Mücke einen Elefanten. Und – ja – ich glaube doch, daß ich mehr Spielraum brauche.«

»Was ist mit den Kindern? Haben Sie...« Ich hatte meinen Satz noch nicht beendet, als Larry mich unterbrach: »Sandra ist eine überbeschützende Mutter«, erklärte er ernsthaft, als beschriebe er in einer ärztlichen Diskussionsrunde eine Patientin. »Sie macht sich total übertriebene Sorgen um die Kinder; das hat sie von ihrer Mutter geerbt. Sie würden sofort verstehen, was ich meine, wenn Sie Sandras Mutter kennenlernen könnten.«

»Machen Sie sich Sorgen um die Kinder?«

»Nur wenn es wirklich Anlaß zur Besorgnis gibt. Bei Sandra ist das anders. Es ist ihre Hauptbeschäftigung, sich Sorgen zu machen.«

Sandra und Larry hatten sich wirklich gern und hingen sehr aneinander, wenn man das nach dieser ersten Sitzung auch nicht vermutet hätte. Bei unserem ersten Treffen schien es, als hätten sie nur eins gemeinsam: ihre verbitterte und vorwurfsvolle Haltung. Wie das bei vielen Paaren der Fall ist, nahm auch hier jeder der Partner an, das Problem liege ausschließlich beim anderen. Mit dem Entschluß, in eine Paartherapie zu gehen, verfolgten beide dasselbe unausgesprochene Ziel: Der andere sollte »zur Vernunft« gebracht werden und endlich einsehen, was er täglich verbrach.

Sehen wir uns Sandras und Larrys Geschichte im einzelnen an, weil man daraus viel lernen kann. Paare unterscheiden sich zwar außerordentlich in ihrer Selbstdarstellung, aber die Art, wie sie sich ineinander verhaken, ist überraschend ähnlich.

»Er reagiert einfach nicht!«
»Sie ist viel zu emotional!«

Hört sich das nicht wundersam vertraut an? Bei den Vorwürfen, die Sandra und Larry einander machen, werden vermutlich vielen Paaren die Ohren klingeln. Seine unterkühlte Haltung, seine Unzulänglichkeit und Distanziertheit sind die Hauptauslöser ihrer Aggressionen: »Mein Mann weicht Auseinandersetzungen aus und kann seine Gefühle nicht zeigen.« – »Mein Mann ist wie ein Roboter.« – »Mein Mann weigert sich, über Probleme zu reden.« – »Mein Mann hat mehr Interesse für seinen Beruf als für seine Familie.« Es ist natürlich kein Zufall, daß die Männer die umgekehrten Klagen äußern: »Meine Frau ist überempfindlich.« – »Sie reagiert furchtbar irrational.« – »Ich wollte, sie würde mich mal in Ruhe lassen und aufhören, ständig zu nörgeln und zu meckern.« – »Meine Frau muß immer alles totreden.«

Es ist typisch, daß genau die Persönlichkeitsmerkmale des anderen, über die sich jeder Partner nun beklagt, anfangs dafür gesorgt hatten, daß sie sich ineinander verliebten. Sandra zum Beispiel hatte sich durch Larrys ruhiges, ausgeglichenes Temperament angezogen gefühlt, und Larry hatte ihre Fähigkeit bewundert, spontan und emotional zu sein. Ihre aufgeschlossene, gefühlsorientierte Lebenseinstellung war der Ausgleich zu seiner distanzierten, vernunftbetonten Haltung. Gegensätze ziehen sich an – oder? Gegensätzliche Partner ziehen sich tatsächlich an, aber sie leben nicht, wie im Märchen, in Frieden und Seligkeit. Einerseits ist es beruhigend, mit einem Partner zu leben, der die uneingestandenen Anteile der eigenen Persönlichkeit stellvertretend auslebt; andererseits hat ein solches Arrangement unweigerlich einen Preis: Die Frau, die nicht nur ihre eigenen Gefühle ausdrückt, sondern auch die ihres Mannes übernimmt, wird am Ende wirklich »hysterisch« und »irrational« reagieren. Der Mann, der sich darauf verläßt, daß seine Frau die »Gefühlsarbeit« für ihn leistet, wird zunehmend die Verbindung zu seinen Gefühlen, diesem wichtigen Teil seiner Persönlichkeit, verlieren – und wenn mal ein Zeitpunkt kommt, wo er den Anschluß an seine Gefühlswelt dringend braucht, stellt er vielleicht fest, daß er vor verschlossenen Türen steht.

Wenn es um Kompetenz in Gefühlsdingen geht, sitzen bei den meisten Paaren die Männer am unteren Ende der Wippe. Wir alle kennen den Typ Mann, der ungemein praktisch ist und alles reparieren kann, dem es aber gar nicht auffällt, wenn seine Frau deprimiert ist. Oft hat er nur wenig emotionalen Kontakt zu seiner Familie, oft hat er nicht einen einzigen engen Freund, mit dem er einmal völlig offen über sich selbst sprechen kann. Das einseitige Bild von »Männlichkeit«, das in unserer Gesellschaft herrscht, bringt den Mann hervor, der in der Welt der Dinge, der Logik und der abstrakten Ideen zu Hause ist, der aber wenig Einfühlungsvermögen in andere und keine Beziehung zu seiner eigenen Innenwelt hat. Wenn eine Beziehung konfliktgeladen und anstrengend wird, bringt er wenig Bereitschaft auf, »dranzubleiben«, oder verfügt gar nicht über die Fähigkeit dazu. Die traditionelle Arbeitsteilung zwischen den Geschlechtern bestärkt Männer darin, eine »sachliche« Intelligenz zu entwickeln, die Entwicklung der ebenso wichtigen »intuitiven« Intelligenz aber zu vernachlässigen. Die Mehrzahl der Männer ist im Umgang mit Gefühlen inkompetent – und dieser Mangel steht in enger Beziehung zum »Überkompensieren« von Frauen im Gefühlsbereich. Es ist kein Zufall, daß eine »hysterische«, emotional überempfindliche Frau in aller Regel mit einem gefühlsarmen, distanzierten Mann Tisch und Bett teilt.

Es ist schwierig, die Kräfteverhältnisse in einer Ehe auszugleichen. Wenn Paare um ein Gleichgewicht von Distanz und Nähe ringen, werden die Lösungen, die sie finden, oft selbst zum Problem – besonders dann, wenn die Partner unter Streß stehen. Die emotionale, gefühlsorientierte Frau, die ihren Mann mit allen Mitteln drängt, sich zu öffnen und Gefühle zu zeigen, wird feststellen, daß er immer kühler und unzugänglicher wird. Der gefühlsmäßig unterkühlte, intellektuelle Mann, der versucht, seine »hysterische« Frau mit logischen Argumenten zu beruhigen, wird erleben, daß sie darauf mit noch größerem Gefühlsaufruhr reagiert. Ganz dem Rollenstereotyp entsprechend, hält jeder Partner strikt an seinen Verhaltensgewohnheiten fest, während er vom anderen eine Verhaltensänderung verlangt. Bei dieser Art von Konfliktstrategie ist die angestrebte »Lösung« selbst das Problem.

»Gefühlsarbeit« für den anderen

Sandra war seit langem wütend über Larrys Mangel an Sensibilität; ihren eigenen Anteil an dem Beziehungsspiel hatte sie jedoch nicht erkannt. Es war ihr nicht bewußt, mit welcher Leichtigkeit und Mühelosigkeit sie selbst Gefühle ausdrückte, daß sie »Gefühlsarbeit« für zwei leistete und daß sie damit ihren Mann vor Empfindungen bewahrte, die er sonst selbst gehabt hätte. Mit der »Gefühlsarbeit« verhält es sich ähnlich wie mit der Hausarbeit; beide werden gesellschaftlich als »Domäne der Frauen« definiert, und Frauen tragen diesem Umstand Rechnung, indem sie in beiden Bereichen hervorragende Fähigkeiten an den Tag legen. Genau wie bei der Arbeit im Haushalt ist es auch bei der »Gefühlsarbeit« so, daß Männer erst dann ihren Anteil übernehmen, wenn Frauen ihnen nicht mehr alles abnehmen.

Ärger im Beruf

Eines Abends, als Larry von der Arbeit nach Hause kam, erzählte er Sandra, daß ein Kollege Lob und Anerkennung für eine Idee erhalten hatte, die ursprünglich von ihm, Larry, stammte. Während er den Vorfall in allen Einzelheiten schilderte, regte Sandra sich auf und begann empört über diese Ungerechtigkeit zu schimpfen. Sie ereiferte sich immer mehr, bis sie plötzlich bemerkte, daß Larry kühler und gelassener wurde. »Bist du denn gar nicht wütend?« fragte sie. »Es geht um dein Leben! Hast du keine Gefühle? Macht dich das gar nicht betroffen?«

Natürlich war Larry betroffen. Es war seine Karriere, und die Ungerechtigkeit war ihm angetan worden. Aber Larry reagierte anders als seine Frau; er brauchte mehr Zeit und hatte eine andere Art, Dinge zu verarbeiten. Außerdem hatte er ja Sandra, die für ihn reagierte. Durch ihren raschen Wutausbruch nahm sie ihm die Arbeit ab, sich über den Vorfall aufzuregen. Je mehr Entrüstung Sandra zeigte, desto weniger fühlte Larry in seinem eigenen Inneren.

Bewußt war Sandra wütend und frustriert über Larrys offensichtlichen Mangel an Betroffenheit; unbewußt half sie ihm jedoch, seine starke, gelassene, männliche Haltung zu bewahren. Indem sie ihn kritisierte und ihm das adäquate Maß an

Verzweiflung vorführte, griff sie zu einer Lösung, die genau das Problem, über das sie sich beklagte, weiter verstärkte. Sandra konnte Larry nicht dazu bringen, anders zu reagieren. Aber sie konnte ihr eigenes Verhalten ändern. Als sie aufhörte, stellvertretend für Larry zu fühlen, war der Kreislauf durchbrochen.

Es fiel Sandra nicht leicht, ihre alten Gewohnheiten aufzugeben. Aber einige Zeit später, als Larry ihr wieder von einer beruflichen Krise erzählte, hörte sie ruhig zu, zeigte nicht die Gefühle, die Larry eigentlich hätte zeigen müssen, und bot keine Lösung für ein Problem an, das nicht ihres war. Da er nun genügend Zeit und Spielraum hatte, begann Larry tatsächlich anders auf sein Problem zu reagieren und sich mit seiner Lage auseinanderzusetzen. Konkret: Er wurde furchtbar deprimiert. Wenn das nun auch genau die Reaktion war, die Sandra bewußt erwartet und erhofft hatte (»Wenn dieser Eisbrocken doch nur einmal auf etwas reagieren würde!«), war ihr doch sehr unbehaglich zumute, als sie ihren Mann so verletzlich und unsicher sah. Überrascht stellte sie fest, daß ein Teil in ihr wünschte, Larry möge die Rolle des starken, kühlen, unerschütterlichen Partners beibehalten.

Ein Problem mit Larrys Eltern

Sandra bewahrte Larry auch davor, sich seiner Wut auf seine Eltern bewußt zu werden. Das erreichte sie, indem sie seine Eltern kritisierte und stellvertretend für ihn vor Wut schäumte. Larry blieb die einfachere Aufgabe vorbehalten, seine Eltern zu verteidigen.

Dieses Muster stellte sich zur Zeit der Geburt ihres ersten Kindes ein. Larrys Eltern, ziemlich wohlhabende Leute, verbrachten gerade ein Jahr in Paris. Sie nahmen von ihrer Enkelin ohne offensichtliche Begeisterung Kenntnis und zeigten kein Interesse, sie zu sehen. Sandra reagierte mit Empörung; sie erklärte Larry, seine Eltern seien kalt und egoistisch und dächten nur an sich selbst. Noch Jahre später konnte sie sich über diese gleichgültige Haltung ereifern, aber immer nur Larry gegenüber; mit seinen Eltern sprach sie nicht darüber.

Was tat Larry? Er rechtfertigte die Haltung seiner Eltern und fand logische Gründe für ihr Verhalten, was Sandra nur noch wütender machte. Aus dem ursprünglichen Anlaß entwickelte sich ein Kreislauf von Konflikten; beide provozierten einander, beide insistierten auf ihren Meinungen. Je heftiger Sandra ihre Schwiegereltern kritisierte, desto eifriger verteidigte Larry sie – je mehr Rechtfertigungsgründe Larry einfielen, desto schärfer wurde Sandras Kritik.

Tief in seinem Inneren war Larry natürlich weitaus mehr über das Verhalten seiner Eltern enttäuscht als Sandra, denn schließlich war er ihr Sohn. Durch Sandras Bereitschaft, ihm die »Gefühlsarbeit« abzunehmen, kam er jedoch nur mit seinen Loyalitätsgefühlen seinen Eltern gegenüber in Berührung, die ja unter dem Dauerbeschuß seiner Frau standen.

Sandra dachte nicht über ihre eigene Beziehung zu ihren Schwiegereltern nach; sie konzentrierte sich ausschließlich auf Larrys Verhalten. Damit vernebelte sie ihr eigenes Bedürfnis, die Situation zu verändern, was das Problem komplizierte.

Larrys Eltern, die viel auf Reisen waren, kamen einmal im Jahr zu Besuch. Die Initiative ging immer von Larrys Vater aus, der gewöhnlich einen Brief schrieb, in dem er Sandra und Larry mitteilte, wann sie kommen und wie lange sie bleiben würden. Es machte Sandra rasend, daß sie von den Besuchen schlicht in Kenntnis gesetzt und nicht gefragt wurde. Sie setzte Larry dann unter Druck, er solle sich mit seinen Eltern über dieses Thema auseinandersetzen – und meistens lehnte er das ab. Wenn er mit Sandras Kritik und ihren Aggressionen konfrontiert war, schlug sich Larry grundsätzlich auf die Seite seiner Eltern und brachte logische Argumente vor, warum sie ihre Besuche nur so und nicht anders einrichten könnten.

Sandra empfand dann ohnmächtige Wut. Ihr Gefühl von Hilflosigkeit hatte verständliche Gründe: Erstens wollte sie, daß Larry etwas unternahm – und daraus wurde nie etwas. Und zweitens übernahm sie auch noch seine Gefühle und fand keine eigene Möglichkeit zum Handeln. Im Lauf der Zeit gelang es Sandra, diese Verhaltensmuster zu durchbrechen. Sie sah ein, daß ihre Wut über das Verhalten von Larrys Eltern ihre eigene Angelegenheit war und daß sie sich selbst darum kümmern mußte. Und das tat sie dann auch. In einem Brief, der weder aggressiv noch vorwurfsvoll war, erklärte sie ihren Schwiegereltern, daß es ihr wichtig sei, Besuche zu einem für beide Seiten günstigen Termin zu vereinbaren und dabei auch um ihre Meinung gefragt zu werden. Sie machte ihren Standpunkt freundlich, aber entschieden klar und gab auch nicht klein bei, als Larrys Eltern zunächst mit Ablehnung reagierten. Zu ihrer großen Überraschung begann ihre lange angestaute Wut über ihre Schwiegereltern sich aufzulösen, als sie das Selbstvertrauen gewann, über Dinge, die ihr nicht gefielen, offen zu sprechen. Überrascht war sie auch, als Larrys Eltern später freundlich und positiv reagierten und ihr für ihre Offenheit dankten. Sandra hatte den ersten Schritt getan, sich um ihre Probleme mit ihren Schwiegereltern selbst zu kümmern; damit begann eine Entwicklung, die auch zu einem direkteren und persönlicheren Kontakt zwischen ihnen führte.

Larry, verunsichert durch die neugewonnene Eigenständigkeit seiner Frau, protestierte zunächst gegen Sandras bloße Idee, einen solchen Brief zu schreiben. In seiner typischen Art legte er ihr Dutzende von Argumenten vor, die seiner Mißbilligung Gewicht verleihen sollten. Sandra war jedoch fest entschlossen, ihre Situation zu verändern, und widerstand der Versuchung, mit ihm zu streiten, da sie aus Erfahrung wußte, daß diese Art von Auseinandersetzungen zu nichts führte. Statt dessen erklärte sie Larry, daß sie seinen Standpunkt zwar verstehe, aber doch selbst entscheiden müsse, wann und wie sie Probleme angehe, die ihr wichtig seien.

Als Larry merkte, daß Sandra dabei blieb, ihre Probleme mit seinen Eltern selbst zu lösen, ohne Kritik und Angriffe, kam es zu einer Entwicklung, die vorauszusehen war: Seine eigenen ungeklärten Probleme mit Vater und Mutter brachen mit voller Wucht hervor. Seit Sandra ihm die negativen Gefühle nicht mehr abnahm, sah er sich genötigt, sich um seine Probleme selbst zu kümmern.

Wenn eine Frau ihre Aggressionen wirkungslos verpuffen läßt (wie Sandra, wenn sie sich bei Larry über seine Eltern beschwerte und damit nichts erreichte) oder sie in einer übertrieben emotionalen Art äußert, wirkt das absolut nicht bedrohlich auf ihren Partner. Wenn sie überhaupt etwas damit erreicht, ist es allenfalls eine Stärkung seiner männlichen Gelassenheit, während sie selbst als infantil oder irrational wahrgenommen wird. Erst wenn sie für sich herausfindet, wo ihre Probleme liegen, und mit Hilfe ihrer Aggressionen neue Möglichkeiten entdeckt, vollziehen sich Veränderungen. Wenn sie aufhört, stellvertretend für andere zu fühlen, und beginnt, selbständig zu handeln, wird ihr im Gefühlsbereich unterlegener Mann vermutlich seine eigenen Ängste kennenlernen und sich mit ihnen befassen.

Das Vorwurfsspiel

Sandra und Larry hatten ein enormes Maß von Energie darauf verwendet, sich gegenseitig für ihre endlosen Streitigkeiten verantwortlich zu machen. Ihre Art der Schuldzuweisung dürfte vielen von uns vertraut sein: Sie versuchten zu ermitteln, wer angefangen hatte. Dieses Vorwurfsspiel ist bei Paaren ganz allgemein verbreitet.

Betrachten wir einmal die Dynamik eines Paares, bei dem die Frau sich ständig beschwert und der Mann ständig auf Distanz geht und der Auseinandersetzung ausweicht. Je mehr er sich zurückzieht, desto mehr beschwert sie sich; je mehr sie sich beschwert, desto mehr zieht er sich zurück. Wer hat also Schuld?

»Das ist doch klar«, sagt ein Beobachter. »Sie nörgelt dauernd, und dann zieht der arme Kerl sich natürlich zurück.«

»Völlig falsch«, sagt ein zweiter Beobachter. »Er ignoriert sie, und dann beschwert sie sich natürlich.«

Bei dem Partnerspiel »Wer hat angefangen?« geht es um die Ermittlung der Person, die für das negative Verhalten beider Partner verantwortlich ist. Die Dynamik des Spiels ist die endlose Wiederholung. In letzter Konsequenz ist es völlig unerheblich, wer angefangen hat. Die wichtigere Frage lautet: Wie kann man diesen Kreislauf durchbrechen?

Wenn wir erkennen, wie wir es machen, bestimmte Verhaltensweisen beim anderen zu provozieren oder zu verfestigen, können wir einen Weg finden, aus dem Kreislauf auszusteigen. Selbst wenn wir davon überzeugt sind, daß der Partner zu siebenundneunzig Prozent für die Schwierigkeiten verantwortlich ist, bleiben uns immer noch unsere drei Prozent, die wir verändern können. »Wie kann ich meine eigene Rolle in dem Spiel verändern?« wird also zur zentralen Frage. Das soll nicht heißen, wir könnten für unsere Wut auf den anderen nicht gute Gründe haben. Das soll auch nicht heißen, daß die traditionellen Geschlechterrollen keine Schuld an unseren Schwierigkeiten tragen – sie sind schuld daran. Ich will damit einfach sagen, daß wir nicht die Macht haben, den anderen gegen seinen Willen zu verändern, und daß unsere Überzeugungsversuche ihn vielleicht eher vor der Notwendigkeit einer Veränderung bewahren. Das ist das Paradoxe an den Beziehungsspielen, in die wir alle verstrickt sind!

Ich brauche Nähe – ich brauche Abstand; ein altes Beziehungsspiel

Manche Menschen verringern ihre Angstgefühle dadurch, daß sie ihre Gefühle zeigen und emotionale Nähe suchen. Andere bewältigen ihre Ängste, indem sie rationalisieren und auf Distanz gehen. Wie bei Sandra und Larry ist es in den meisten Fällen die Frau, die nach Nähe strebt, und der Mann, der Abstand haben will.

Wenn die partnerschaftliche Großwetterlage durch ein Hoch bestimmt ist, wirken die »emotionale« Frau und der »distanzierte« Mann vielleicht wie das Paar, das sich vollkommen ergänzt. Sie ist spontan, lebendig und offen; er ist zurückhaltend, ruhig und reflektiert. Wenn aber ein Tief aufzieht, verstärkt jeder Partner seine typische Reaktionsweise – und dann fangen die Schwierigkeiten an.

Was geschieht, wenn ein solches Paar in die unvermeidlichen Streß-Situationen kommt, die das Leben nun einmal bereithält? Es kann sich um eine Krankheit handeln, um Probleme mit einem Kind, finanzielle Sorgen oder einen Berufswechsel. Ganz gleich, worin das Problem besteht – plötzlich stehen die Reaktionsweisen der Partner im Widerspruch zueinander. Sie reagiert spontan, sucht den unmittelbaren Kontakt und möchte im Gefühl der Zusammengehörigkeit Zuflucht finden. Sie zeigt ihre Gefühle und wünscht sich, daß er dasselbe tut. Doch er reagiert »rational« und mit einer Reserviertheit, die sie nicht akzeptieren kann. Also bedrängt sie ihn, denn sie will wissen, was er fühlt und denkt – und er zieht sich auf sich selbst zurück. Je mehr er sich zurücknimmt, desto heftiger bedrängt sie ihn – je stärker sie ihn bedrängt, desto mehr geht er auf Distanz. Sie wirft ihm vor, kalt, gefühllos, unmenschlich zu reagieren. Er wirft ihr vor, hysterisch zu sein, ihn unter Druck setzen und kontrollieren zu wollen.

Wie geht diese klassische Szene im allgemeinen aus? Wenn das Wechselspiel von Bedrängen und Zurückweichen, von Nähe und Distanz eskaliert, zieht sich die Frau nach einer Weile auf eine »reaktive Distanz« zurück, wie der psychologische Fachausdruck heißt. Da sie die ständigen Zurückweisungen satt hat, wendet sie sich schließlich ab und kümmert sich um ihre eigenen Angelegenheiten. Der Mann, der nun mehr Spielraum hat, als ihm lieb ist, nähert sich ihr nach einer Weile in der Hoffnung, daß die emotionale Verbindung wiederhergestellt wird. Aber jetzt ist es zu spät! »Als ich dich brauchte, wolltest du nichts von mir wissen!« sagt sie wütend. Wenn dieser Punkt erreicht ist, tauschen die Partner vielleicht eine Zeitlang ihre Rollen.

Menschen, die ein starkes Bedürfnis nach Nähe ausdrücken, schützen ihre emotional distanzierten Partner. Sie übernehmen und zeigen ein Maß an Bedürftigkeit, Abhängigkeit und Sehnsucht nach Nähe, das für zwei reicht und das dem distanzierten Partner erlaubt, der Konfrontation mit seinen eigenen Abhängigkeitswünschen und Unsicherheitsgefühlen auszuweichen. Solange ein Partner die emotional bedrängende Rolle übernimmt, kann der andere den Luxus gelassener Unabhängigkeit genießen und das Bedürfnis nach Freiraum empfinden. Angesichts der in der Erziehung von Frauen herrschenden Normen ist es kaum verwunderlich, daß in den meisten (wenn auch durchaus nicht in allen) Fällen die Frau die Rolle der emotional Bedrängenden übernimmt. Die »Gefühlsarbeit« wird Frauen von Jugend auf antrainiert. Wenn eine Frau, die diese Rolle verinnerlicht hat, lernt, sich zurückzunehmen und ihre Energien in ihr eigenes Leben fließen zu lassen – besonders wenn sie das mit Selbstachtung und ohne Feindseligkeit tun kann –, wird ihr distanzierter Partner vermutlich seine eigenen Kontakt- und Nähebedürfnisse erkennen ... und sie seinerseits zu bedrängen beginnen. Aber Vorsicht! Ganz so einfach ist das nicht. Die meisten Frauen, die in der bedrängenden Rolle sind, verfallen zunächst in eine kalte oder aggressive Art von »reaktiver Distanz«, die nur zeitweilig die Dynamik von Distanz und Nähe bei einem Paar umkehrt oder überhaupt wenig bewirkt.

Das Ende der Wiederholung

Sandra und Larry waren seit Jahren in einen immer weiter eskalierenden Distanz-und-Nähe-Konflikt verstrickt, als sie therapeutische Hilfe suchten. Seit der Geburt ihres ersten Kindes hatte sich Larry zunehmend von Sandra zurückgezogen und seine Energien in seine Arbeit und seine Hobbys gesteckt. Sandras Verhalten schwankte zwischen Forderung nach Zuwendung, zorniger Kritik und mürrischem Rückzug. Es überrascht nicht, daß sich die Beziehung immer weiter verschlechterte.

Fast ein Jahr nach unserer ersten Begegnung, an einem Freitagabend, gelang es Sandra, aus dem Kreislauf der Wiederholungen auszubrechen. Mittlerweile hatte sie ein Gefühl dafür, daß sie sich selbst um ihre Bedürfnisse kümmern mußte, und wurde sich zunehmend der Tatsache bewußt, daß sie ihren Mann nicht ändern konnte; dadurch war sie nun in der Lage, etwas völlig Neues zu tun, was sie nie zuvor getan hatte.

Der bewußte Freitagabend begann wie alle anderen Abende. Die Kinder waren im Bett, Larry kramte in seiner Aktentasche und war dabei, Material für mehrere Stunden Arbeit vor sich auszubreiten. Sandra kam herein und setzte sich neben ihn auf die Couch. Larry nahm eine Abwehrhaltung ein – er erwartete den üblichen Angriff, aber der kam nicht. Sandra sagte:

»Larry, ich glaube, ich muß mich bei dir entschuldigen. Ich habe immer viel auf dir herumgehackt. Mir fällt jetzt auf, daß ich von dir etwas erwartet habe, was ich eigentlich für mich selbst tun muß. Zum Teil liegt das sicher daran, daß du deine Arbeit und die Familie hast – und ich habe nur dich und die Kinder. Das ist mein eigenes Problem, das ist mir klar – und ich werde selbst etwas dafür tun müssen.«

»Oh...«, murmelte Larry mit einem etwas verdutzten Gesichtsausdruck. Ihm schienen die Worte zu fehlen, was gar nicht typisch für ihn war. »Also... das ist nett, daß du das sagst.«

Schon am nächsten Abend fragte Sandra Larry, ob es ihm etwas ausmachen würde, zweimal in der Woche, dienstags und freitags, selbst die Kinder zu Bett zu bringen, da sie an diesen Abenden etwas unternehmen wolle. Larry protestierte – er habe zuviel Arbeit. Statt mit ihm zu streiten, besorgte Sandra einen Babysitter. Dienstags nahm Sandra an einer Yoga-Gruppe teil, die wöchentlich stattfand, freitags ging sie mit Freunden ins

Kino und anschließend ein Glas Wein trinken. Sie bedrängte Larry in keiner Weise mehr, zog sich aber auch nicht von ihm zurück. Im Gegenteil, sie konnte herzlicher mit ihm umgehen als sonst, wenn sie sich auch sichtlich auf ihre eigenen Interessen und Pläne konzentrierte.

Nach drei Wochen wurde Larry, der sich nichts mehr gewünscht hatte, als in Ruhe gelassen zu werden, allmählich nervös. Überrascht stellte er fest, daß ihm unbehaglich zumute war, wenn die ständigen Signale seiner Frau auf seinem inneren Monitor ausblieben. Zuerst versuchte er, Streit zu provozieren, indem er Sandra Vorschriften über die Gestaltung ihrer Freizeit machte. Ohne sich auf die Provokation einzulassen, erklärte sie ihm, sie sei kontaktfreudig und brauche Gesellschaft; sie sei nun nicht mehr bereit, diesen wichtigen Aspekt ihres Lebens zu vernachlässigen. Die unaggressive Festigkeit, mit der sie diese Feststellung traf, machte Larry klar, daß sie etwas für sich – und nicht gegen ihn tat.

Nun begann Larry, sich um Sandras Zuwendung zu bemühen. Er brachte keine Arbeit mehr mit nach Hause, sondern schlug vor, daß sie an den Abenden, wo der Babysitter kam, zusammen ausgehen sollten, was sie normalerweise an Wochentagen nie getan hatten. Als Larry seine eigene Abhängigkeit und Unsicherheit erlebte und zunehmend auch ausdrückte, geschah etwas Seltsames: Sandra kam zum ersten Mal mit ihrem eigenen Bedürfnis, allein zu sein, in Berührung. Eine Zeitlang tauschten sie ihre Rollen in bezug auf Nähe und Distanz, bis sie schließlich zu einem Gleichgewicht fanden. Als sie diesen Punkt erreicht hatten, erkannten sie, daß sie beide starke Abhängigkeitswünsche in sich trugen – und auch beide mit Fluchtimpulsen reagierten, wenn zuviel Nähe da war.

Warum ergriff Sandra die Initiative, aus dem Kreislauf auszubrechen? Weil sie unter größerem Leidensdruck stand; ihre Rolle in der Beziehung als diejenige, die um Zuwendung kämpfen mußte, machte sie viel verletzlicher. Als sie schließlich einsah, daß sie mit ihren alten Verhaltensweisen nie etwas erreichen würde, fand sie die Kraft, etwas Neues zu erproben. Diesen Schritt mußte sie selbst tun; niemand hätte ihn ihr abnehmen können.

Das bloße Durchbrechen des Kreislaufs führte noch nicht zu wirklicher emotionaler Nähe zwischen Sandra und Larry. Es gab noch andere Barrieren, die sie überwinden mußten. Sie konnten jedoch beide mit mehr Gewinn an ihrer Beziehung arbeiten, als ihnen klargeworden war, daß sie das gleiche Problem hatten: Beide sehnten sich nach Nähe und beide hatten Angst vor Nähe. Bevor Sandra aus dem eingespielten Kreislauf ausbrach, hatte Larry die beruhigende Illusion, das ganze Ausmaß an Bedürftigkeit und Sehnsucht nach Nähe liege bei Sandra. Umgekehrt bildete Sandra sich ein, nur Larry habe das Bedürfnis, auf Distanz zu gehen und bei zu großer Nähe die Flucht zu ergreifen.

Wenn eine Frau, die in der bedrängenden Rolle ist, aufhört, Zuwendung zu fordern, und ihre Energie in ihr eigenes Leben zurückleitet – ohne mit Kälte oder Rachegefühlen auf den anderen zu reagieren –, ist der neurotische Zyklus von Nähe und Distanz durchbrochen. Vielleicht riecht das ein bißchen nach einer alten Taktik, die Frauen in ihrer Erziehung vermittelt bekommen: »Mach dich rar, und er läuft dir nach!« Dabei könnte man den Eindruck von Unaufrichtigkeit und Manipulation gewinnen. Aber liegt vielleicht mehr »Wahrheit« und Aufrichtigkeit in dem alten Wiederholungsmuster von Drängen nach Zuwendung und verbittertem Rückzug? Dieses Muster führt tatsächlich nur dazu, daß die Frau Sehnsüchte und Abhängigkeitswünsche für zwei hat, während ihr Partner seine eigenen Abhängigkeitswünsche verleugnen kann. Die Erfahrung einer Beziehung wird viel »echter« und ausgewogener, wenn der bedrängende, fordernde Partner sich selbst den Wunsch nach Unabhängigkeit und Freiraum zugestehen kann, und wenn umgekehrt der sich distanzierende Partner beginnen kann, sich den Wunsch nach Abhängigkeit und Nähe zu gestatten.

Eine Gluckenmutter und ein gleichgültiger Vater

»Sandra ist eine überbeschützende Mutter; das hat sie von ihrer Mutter geerbt.« So beschrieb Larry bei unserer ersten Sitzung Sandras mütterliches Verhalten. Und er hatte recht. Sandra war wirklich übertrieben besorgt um die Kinder, so wie ihre eigene Mutter sich übertrieben um sie gesorgt hatte. Sie regte sich auf, wenn die Kinder unzufrieden oder mürrisch waren, und sie hatte Schwierigkeiten, die Kinder mit ihren Enttäuschungen, ihrer

Traurigkeit und ihrer Wut allein fertig werden zu lassen. Sie war immer auf dem Sprung, »Probleme« bei ihren Kindern zu entdecken, in einer Weise, die geradezu dazu einlud, ihr etwas zu präsentieren, worum sie sich Sorgen machen konnte. Larry sah ganz richtig, daß Sandra sich gluckenhaft verhielt. Was er selbst dazu beitrug, ihre überbeschützende Rolle aufrechtzuerhalten, war ihm allerdings nicht bewußt.

Larry verfolgte seine Berufs- und Karriereziele mit einer Ausschließlichkeit, die ihn seiner Frau und seinen Kindern entfremdet und ihn daran gehindert hatte, erzieherische Fähigkeiten zu entwickeln. Als Sandra sich noch intensiver mit den Kindern beschäftigte, um den Raum zu füllen, den er leer gelassen hatte, fühlte Larry sich ausgeschlossen und zog sich noch weiter zurück. Immer wenn die Wut über seine Randposition in der Familie in ihm hochkam, stieg er mit einem Paukenschlag ins Familienleben ein. Wie Sandra bei unserem ersten Treffen geschildert hatte, handelte er dann völlig eigenmächtig, als sei er der Befehlshaber. Unter diesen sporadischen Äußerungen männlich-väterlicher Dominanz verbargen sich Traurigkeit und Wut über seine tatsächliche Außenseiterrolle in der Familie. Das war ein weiterer Konflikt in Sandras und Larrys Ehe, der in einen Zyklus von Wiederholungen einmündete. Larrys Gleichgültigkeit rief Sandras Überbesorgtheit hervor... diese brachte Larry zu noch größerer Gleichgültigkeit – ein Circulus vitiosus, der nur von Larrys gelegentlichen Zurschaustellungen väterlicher Autorität durchbrochen wurde.

Dieser Wiederholungszyklus war besonders schwer zu durchbrechen, denn die gesamte Familie machte Überstunden, um ihn aufrechtzuerhalten. Larry und Sandra forderten sich gegenseitig auf, ihr Verhalten zu ändern, aber beiden lag viel daran, das alte Spiel weiterzuspielen. Ihre unbewußten Botschaften waren ambivalent: »Verändere dich – verändere dich bloß nicht!« Jeder Partner wünschte die Veränderung und Weiterentwicklung des anderen – und setzte ihr gleichzeitig Widerstand entgegen.

Sandra zum Beispiel beklagte sich unablässig über Larrys Desinteresse an den Kindern. Wenn er aber einen zaghaften Versuch unternahm, der Familie näherzurücken, bekrittelte sie irgend etwas an seinem Verhalten oder gab ihm gute Ratschläge, wie er mit den Kindern umgehen solle. Es fiel ihr extrem schwer, sich einfach herauszuhalten und ihn auf seine Art mit den

Kindern umgehen zu lassen. Sandra wünschte sich zwar, daß Larry sich mehr engagierte, aber gleichzeitig wollte sie ihre Sonderstellung als dominierender und einflußreicherer Elternteil nicht aufgeben. Diesen Sonderstatus brauchte sie, denn sonst wäre das Gefühl der Nutzlosigkeit, das sie bedrohte, unerträglich geworden, und sie hätte die Unzufriedenheit in ihrer Ehe noch intensiver erlebt. So gab sie Larry ambivalente Signale. Sie forderte ihn auf, mehr für die Kinder dazusein, und sabotierte dann seine zögernden Kontaktversuche. Larry verhielt sich Sandra gegenüber genauso zwiespältig.

Gegen Ende der Therapie gelang es Sandra, auch in diesem Bereich neue Verhaltensweisen zu finden. Sie beschäftigte sich jetzt mehr mit ihrer eigenen Persönlichkeitsentwicklung; dadurch war sie weniger auf ihre Kinder fixiert und mußte sie nicht mehr benutzen, um die Leere in ihrem Leben auszufüllen. Sandras frühere ausschließliche Ausrichtung auf Mann und Kinder hatte sie vor der Konfrontation mit schwierigen Fragen bewahrt: »Was will ich mit meinem Leben noch anfangen? Habe ich Interessen und Fähigkeiten, die ich weiterentwickeln kann? Welche persönlichen Ziele habe ich für die nächsten Jahre?«

Als Sandra mehr Aufmerksamkeit auf ihr persönliches Leben richtete, fiel es ihr leichter, sich in Larrys Beziehung zu den Kindern nicht mehr einzumischen. In dem Maß, in dem Sandra sich zurücknahm, gewann Larry die Freiheit, sich mehr einzubringen. Auch die Kinder selbst fühlten, daß ihre Mutter mehr Gedanken auf ihr eigenes Leben richtete; sie fühlten sich nicht mehr gezwungen, dem »Elternteil Nummer eins« ständig ihre Loyalität zu beweisen. Dadurch fiel es ihnen leichter, auch zu ihrem Vater ein liebevolles Verhältnis zu entwickeln, ohne dabei Angst oder Schuldgefühle der Mutter gegenüber zu haben. Dieser Wechsel war besonders schwierig für Larry, denn er stürzte kopfüber in seine eigenen Probleme mit der Vaterrolle und in seine Zweifel über seine Kompetenz auf diesem Gebiet.

Der Versuch, den Partner zu ändern

Sandra hatte jahrelang geglaubt, Larry müsse sich nur verändern, und ihre Ehe würde wieder glücklich sein. Doch je intensiver Sandra versucht hatte, Larry zu beeinflussen und zu erziehen, desto verfahrener war die Beziehung geworden; der Versuch, aus dem Partner einen anderen Menschen zu machen, ist von vornherein zum Scheitern verurteilt. Sandra investierte eine ungeheure Kraft in diese Illusion und übersah, wofür sie diese Kraft eigentlich hätte einsetzen müssen: für ihre eigene Veränderung. Als Sandra den Versuch aufgab, Larry zu ändern, hieß das nicht, daß sie ihre Unzufriedenheit und ihre Aggressionen nun schweigend hinunterschluckte. Im Gegenteil, sie lernte, ihre Wünsche und Bedürfnisse klar zu artikulieren. Sie war sich jedoch darüber im klaren, daß Larry darauf nicht unbedingt mit einem veränderten Verhalten reagieren würde. Und wenn er sich nicht änderte, war es Sandras Sache, zu entscheiden, was sie als nächstes tun würde. Es ist viel einfacher, sich weiter sinnlos herumzustreiten, als eine solche Konsequenz zu ziehen.

Zum Beispiel war Larrys Angewohnheit, Reparaturarbeiten im Haus nur halb fertigzumachen, für Sandra ein rotes Tuch. Meistens war es so, daß sie Larry drängte, die Arbeit, die er angefangen hatte, endlich fertigzumachen. Larry machte daraufhin das Gegenteil, Sandra wurde ungeduldiger und bedrängte ihn noch mehr ... ein weiterer Kreislauf von Wiederholungen. Trotz der hohen Wahrscheinlichkeit, daß die Arbeit auf diese Art liegenbleiben würde, gab Sandra die ihr liebgewordenen Ermahnungen nicht auf.

Wie dies häufig der Fall ist, gab Sandras Insistieren Larry die Möglichkeit, sich mit seinem nachlässigen Verhalten ganz wohl zu fühlen. Wenn sie ihn kritisierte, wurde er wütend und defensiv; das bewahrte ihn davor, sich wegen seiner Unfähigkeit, Dinge zu Ende zu bringen, Gedanken zu machen oder Schuldgefühle zu haben. Es wurde ihm leichtgemacht, seinen eigenen Problemen auszuweichen.

Mittlerweile ist Sandra in der Lage, Larry klar zu sagen, daß es sie ärgert, wenn die Badezimmerdecke nur halb gestrichen ist und wenn überall im Haus Farbeimer herumstehen. Wenn er darauf nicht reagiert, richtet sie ihre Aufmerksamkeit nicht mehr auf ihn, sondern auf die Frage, was sie selbst unternehmen kann, um ihren eigenen Bedürfnissen gerecht zu werden. Sie stellt diese Überlegungen gleich an, wenn sie fühlt, daß Wut in ihr aufsteigt. Auf diese Weise kann sie Larry ohne Feindseligkeit begegnen und ihm vermitteln, daß sie in ihrem eigenen Interesse etwas unternehmen muß und daß es sich nicht gegen ihn richtet.

Wenn sie sich überlegt, welche Alternativen es gibt, findet sie vielleicht ganz unterschiedliche Möglichkeiten, auf Larrys Verhalten zu reagieren. Sie könnte ihm sagen: »Das gefällt mir zwar nicht, aber ich kann damit leben.« Oder: »Larry, es wäre mir lieber, wenn du eine Arbeit, die du angefangen hast, zu Ende machen könntest. Wenn du das im Lauf dieser Woche nicht schaffst, werde ich die Decke streichen. Ich kann das, ohne mich furchtbar zu ärgern, also entscheide selbst, was du tun willst.« Oder: »Länger als eine Woche kann ich diese Baustelle hier nicht ertragen, und wenn *ich* das Badezimmer fertigstreiche, bin ich sauer dabei. Gibt es nicht eine Lösung, bei der du dich nicht unter Druck gesetzt fühlst und ich nicht wütend werde? Ich könnte ja zum Beispiel den Maler bestellen, wenn die Sache bis Samstag nicht erledigt ist.«

Natürlich ist Sandra in der Lage, sich selbst um die Decke zu kümmern; falls Larry plötzlich vom Erdboden verschwunden wäre, wäre es höchst unwahrscheinlich, daß sie bis ans Ende ihrer Tage mit einer halb gestrichenen Badezimmerdecke leben würde. In ihrem alten Beziehungsmuster war Sandra aber so sehr mit Larrys Verhalten beschäftigt, daß sie sich den Blick auf ihre eigenen Handlungsmöglichkeiten verstellte. Und doch liegt in unserer Handlungsfreiheit die einzige Macht, die wir wirklich besitzen.

Unsere unmöglichen Mütter

Die Geschichte von Maggie

Es ist besonders schwer, Theorie und gute Vorsätze in die Praxis umzusetzen, wenn es um unsere eigene Familie geht. Die Beziehungen zu unseren Eltern und Geschwistern üben den stärksten Einfluß auf unser Leben aus und sind nie problemlos. Familien neigen dazu, starre Rollenvorschriften und Verhaltensregeln zu entwickeln, die genau festlegen, wie jedes Familienmitglied zu denken, zu fühlen und zu handeln hat – und es bedarf großer Anstrengungen, diese Regeln in Frage zu stellen oder zu verändern. Beginnt ein Familienmitglied, neue Verhaltensweisen zu zeigen, die im Katalog der Familienvorschriften nicht vorgesehen sind, explodiert sozusagen eine Bombe, und alle sind voller Angst bemüht, die alten Beziehungsstrukturen so schnell wie möglich wiederherzustellen.

Ehe wir uns den heftigen Angst- und Unsicherheitsgefühlen aussetzen, die unvermeidlich sind, wenn wir in einer alten Beziehung einen neuen Standpunkt einnehmen, greifen wir vielleicht lieber zu den zwei typischen Mitteln im Umgang mit Aggressionen, die sicherstellen, daß keine Veränderung eintritt:

Erstens: Wir führen Scheinauseinandersetzungen mit Familienmitgliedern herbei, indem wir ihnen erklären, was bei ihnen nicht stimmt und wie sie eigentlich denken, fühlen und handeln sollten, das heißt, wir versuchen die anderen zu verändern. Die anderen reagieren erwartungsgemäß (und verständlicherweise) wütend und defensiv. Wir selbst sind dann frustriert oder haben Schuldgefühle – und schließlich lassen wir die Dinge laufen, wie sie immer gelaufen sind. »Meine Mutter (mein Vater, meine Schwester, mein Bruder) wird sich nie ändern!« lautet unsere Schlußfolgerung.

Zweitens: Wir trennen uns gefühlsmäßig und/oder geographisch von unserer Familie. Das rascheste Heilmittel gegen ständige Wut und Frustration ist natürlich, von zu Hause wegzugehen, in einen anderen Landesteil (oder, besser noch, ins Ausland) zu ziehen, oder einen sympathischen Therapeuten zu finden, der die Elternfunktion auf einer anderen Ebene übernimmt. Familienbesuche können wir weitgehend verhindern, reduzieren oder auf einer höflichen, oberflächlichen Ebene halten. Natürlich bringt diese Art von Distanz kurzfristig Erleichterung, weil sie die für Familienbeziehungen typischen Ängste und Spannungen verringert und uns von dem Unbehagen befreit, das bei größerer emotionaler Nähe auftritt. Langfristig zahlt man für diese bequeme Lösung aber doch einen Preis. Die unaufgelösten, spannungsgeladenen Konstellationen wiederholen sich in einer anderen wichtigen Beziehung, mit einem Ehepartner, Geliebten oder, wenn wir selbst Eltern sind, mit einem Kind. Nicht weniger bedeutsam ist es, daß der emotionale Rückzug aus unseren Familienproblemen uns daran hindert, in neuen Beziehungen mit wirklicher Offenheit und Klarheit zu agieren. Wenn wir lernen, uns in unserer eigenen Familie anders zu verhalten und verfahrene Situationen in diesen wichtigen Beziehungen aufzulösen, werden wir auch in allen anderen Beziehungen mehr Sicherheit und Klarheit gewinnen. Wie das Beispiel von Maggie zeigt, können wir auch wieder zu den Eltern zurückfinden. Vor allem können wir lernen, auch hier anders mit unserer Wut umzugehen.

Wie es immer war

Maggie, eine achtundzwanzigjährige Diplomandin an der örtlichen Universität, suchte mich auf, weil sie an einer periodisch auftretenden Migräne litt und weil sie an Bob, ihrem Mann, kein sexuelles Interesse mehr hatte. Doch schon von der ersten Therapiestunde an beschäftigte sie sich fast ausschließlich mit ihrer Mutter. Obwohl Maggie in Kansas lebte und ihre Mutter in Kalifornien, hatten Zeit und Abstand die Wunden aus dieser Beziehung nicht geheilt.

Maggie kam leicht mit der Wut auf ihre Mutter in Berührung, und wenn man sie in Ruhe ließ, sprach sie kaum über etwas anderes. Nach Maggies Beschreibung waren sie und ihre Mutter nie gut miteinander ausgekommen, und ihre Beziehung hatte sich auch nicht verbessert, als Maggie ihr Elternhaus verließ und eine eigene Familie gründete. Fünf Jahre bevor sie in Therapie kam, hatten ihre Eltern sich scheiden lassen, kurz nachdem sie Bob geheiratet hatte und von der Westküste weggezogen war. Maggie und ihr Vater hatten sich einander seit dieser Zeit zunehmend entfremdet; Maggies Beziehung zu ihrer Mutter war jedoch intensiver geworden.

Pflichtschuldig lud Maggie ihre Mutter jedes Jahr ein, sie zu besuchen, aber nach drei Tagen Zusammensein war Maggie meistens wütend und frustriert. Während ihrer Therapiestunden schilderte sie die Schrecken des jeweiligen Besuchs, dem sie gerade ausgesetzt war. Mit Verzweiflung und Wut in der Stimme listete sie das mütterliche Strafregister auf, das geradezu endlos war. In lebhaften Detailschilderungen stellte sie den unerbittlichen Negativismus und die lästigen Einmischungen ihrer Mutter dar. Von einem dieser Besuche berichtete Maggie folgendes:

Maggie und Bob hatten ihr Wohnzimmer renoviert; Mutter hatte keine Notiz davon genommen. Bob hatte gerade von einer bevorstehenden Beförderung erfahren; Mutter gab keinen Kommentar. Maggie und Bob gaben sich große Mühe, ausgefallene Menüs zusammenzustellen; Mutter beklagte sich, das Essen sei zu schwer. Zu allem Überfluß hielt sie Maggie Vorträge über die Unordnung in ihrer Küche und kritisierte ihren Umgang mit Geld. Und als Maggie ihr mitteilte, daß sie im dritten Monat schwanger sei, antwortete ihre Mutter: »Wie willst du mit einem Kind zurechtkommen, wenn du noch nicht einmal die Zeit findest, deine Wohnung sauberzumachen?«

Zu all dem hatte Maggie sich nicht geäußert – abgesehen von einigen sarkastischen Bemerkungen und einem furchtbaren Wutausbruch an dem Tag, als ihre Mutter abreiste. Maggie kochte vor Wut; sie sah die Therapiestunde als die Gelegenheit, ihre Aggressionen gefahrlos herauszulassen. Aber viel mehr als das tat sie auch nicht. Sie hatte ihrer Mutter nicht gesagt: »Für Bob und mich ist die Schwangerschaft sehr wichtig. Wir freuen uns auf das Kind; ich mach' mir schon manchmal Sorgen, aber ich glaube, wir werden es schon schaffen.« Sie sagte auch nicht: »Mutter, ich weiß, daß ich mit Geld ganz anders umgehe als du. Ich habe meine eigene Art, und die ist für mich richtig – genau wie deine für dich richtig ist.« Maggie neigte dazu, sich schweigend zurückzuziehen, wenn sie sich abgelehnt oder gedemütigt fühlte. Sie schwankte zwischen innerem Aufruhr, Distanziertheit und plötzlichen Wutausbrüchen. Keine dieser Reaktionen war befriedigend für sie.

Natürlich ist es nicht notwendig und nicht einmal wünschenswert, jede Ungerechtigkeit und jeden Ärger, den wir erleben, durch eine persönliche Konfrontation auszutragen. Es kann ein Zeichen von Reife sein, wenn man auch mal über etwas hinweggehen kann. Aber für Maggie war es in der Beziehung zu ihrer Mutter in qualvoller Weise zur Regel geworden, daß sie zu aller Kritik und allen Angriffen schwieg – und dann einen Wutanfall bekam. Indem sie Probleme, die ihr wichtig waren, nicht ansprach, gab Maggie ein Stück von sich selbst auf, mit dem Resultat, daß sie wütend, frustriert und deprimiert war und sich gedemütigt fühlte.

Als ich Maggie auf ihr Schweigen ansprach, brachte sie zahllose Rechtfertigungen vor, warum sie den Mund nicht aufmachte; unter anderem sagte sie: »Meine Mutter hört sowieso nicht zu.« – »So etwas könnte ich nie sagen.« – »Das würde alles noch schlimmer machen.« – »Ich habe hundertmal versucht, mit ihr zu reden, aber es hat einfach keinen Sinn.« – »Es ist mir einfach nicht mehr wichtig genug.« – »Meine Mutter kriegt einen Herzschlag, wenn ich das sage.« – »Sie kennen meine Mutter nicht!«

Hört sich das vertraut an? Wenn es in einer Familie Spannungen gibt, machen die meisten von uns ausschließlich den anderen für den Mangel an Gesprächsbereitschaft verantwortlich. Immer sind es Mutter, Vater, Schwester, Bruder, die einfach verrückt, taub, defensiv, hoffnungslose Fälle, unfähig, nicht belastbar, überempfindlich oder geistig unbeweglich sind. Wir nehmen grundsätzlich den anderen als denjenigen wahr, der es uns unmöglich macht zu reden und der eine Veränderung der Beziehung verhindert. Wir verleugnen unseren Anteil an dem Konflikt, unter dem wir leiden; damit verleugnen wir unsere eigene Kraft, Veränderungen zu bewirken.

Maggie verhielt sich so, als habe sie nur die Alternative, entweder alles schweigend zu schlucken oder Streit anzufangen; dabei wußte sie längst, daß beides nichts brachte. Das Ergebnis ihrer Wutausbrüche war tatsächlich so frustrierend für sie, daß sie danach gleich in einen neuen Zyklus von Schweigen und emotionalem Rückzug eintrat.

Ein Jahr später:
Maggie nimmt den Kampf auf

Als Amy, Maggies Töchterchen, zwei Monate alt war, kam Maggies Mutter wieder zu Besuch. Die Spannungen zwischen den beiden Frauen waren schon mächtig angestiegen, kaum daß Mutters Koffer ausgepackt waren, und stiegen im Verlauf des Besuchs immer weiter an. Das neugeborene Kind brachte die Kämpferin in Maggie zum Vorschein; sie und ihre Mutter gingen nun ständig aufeinander los, besonders, wenn es um die Säuglingspflege ging.

Wenn Maggie sich entschlossen hatte, Amy weinen zu lassen bis sie einschlief, riet ihre Mutter, das Kind hochzunehmen, und beschwor eindringlich die negativen Folgen, die eine solche Vernachlässigung haben könnte. Wenn Maggie ihr Baby stillte, wenn es schrie, riet ihre Mutter, es zu festen Zeiten zu füttern, und warnte Maggie davor, es durch zu lange Stillzeiten zu verwöhnen... Und so ging es ständig weiter.

Bei diesem Besuch ließ Maggie die Belehrungen und Vorhaltungen ihrer Mutter nicht schweigend über sich ergehen. Mit wissenschaftlichem Beweismaterial von Ärzten, Psychologen und Experten für Säuglingspflege gewappnet, machte Maggie sich daran, ihrer Mutter nachzuweisen, daß sie in jeder Hinsicht unrecht hatte. Die beiden Frauen debattierten unentwegt. Je eindringlicher und kämpferischer Maggie ihre Beweisführung vorbrachte, desto hartnäckiger hielt ihre Mutter an ihren eigenen Ansichten fest. Wenn der Streit schließlich den Punkt der absoluten Unerträglichkeit erreicht hatte, warf Maggie ihrer Mutter vor, daß sie rigide und herrschsüchtig sei und nicht zuhören könne. Die Mutter zog sich dann beleidigt zurück, und auch Maggie verfiel in brütendes Schweigen. Das hielt eine Weile an, und dann ging der Streit von vorn los.

Am vierten Tag berichtete Maggie in der Therapiestunde, sie sei völlig mit den Nerven herunter und leide noch an den Ausläufern eines Migräneanfalls. Wieder einmal diagnostizierte sie ihre Mutter als »hoffnungslosen Fall«. Sie stellte verbittert fest, daß ihr keine andere Möglichkeit bliebe, als das Verhalten ihrer Mutter, wie vorher, schweigend zu ertragen und sie in Zukunft so selten wie möglich zu sehen.

Was ging schief?

Ein Problem bei Maggies »Kampfstil« mit ihrer Mutter wird den Lesern vielleicht schon deutlich: Maggie versuchte, das Verhalten ihrer Mutter zu ändern, statt klar und eindeutig zu ihren eigenen Überzeugungen zu stehen. Einen anderen Menschen, insbesondere Mutter oder Vater, verändern zu wollen, ist ein Spiel, bei dem man nur verlieren kann. Es war vorauszusehen, daß Maggies Mutter mit erbitterter Entschlossenheit an ihren eigenen Ansichten festhalten würde, wenn ihre Tochter sie drängte, Irrtümer einzugestehen. Maggie mußte lernen, daß es unmöglich ist, die Gedanken und Gefühle anderer zu bestimmen und zu verändern. Bei ihrer Mutter rief dieser Versuch nur genau das rigide Verhalten hervor, das Maggie so unerträglich fand.

Vielleicht entdecken wir auch einen weiteren problematischen Aspekt an Maggies Streitigkeiten mit ihrer Mutter: Maggie hatte die wirklichen Ursachen ihrer Aggressionen noch nicht klar erkannt. Mutter und Tochter stritten um Pseudoprobleme. Der Kampf um Erziehungspraktiken und den »richtigen« Umgang mit Säuglingen verdeckte hier nur das eigentliche Problem: Maggies Abhängigkeit von ihrer Mutter.

Die spannungsgeladene Verstrickung mit ihrer Mutter machte Maggie unfähig, über ihre Situation nachzudenken und sich auf das Wesentliche zu konzentrieren. Solange sie nicht zur Ruhe kommen und reflektieren konnte, war es unwahrscheinlich, daß sie ihr Hauptproblem erkennen und in Angriff nehmen würde.

Es hat keinen besonderen therapeutischen Wert, angestaute Wut herauszulassen. Das kann zwar einen kathartischen Effekt haben und ein Gefühl von Erleichterung hervorrufen – und die angegriffene Partei überlebt die Attacke in der Regel auch –, aber es ist immer nur eine zeitweilige Lösung.

Die Situation erkennen

Während einer Therapiestunde, als Maggie wieder einmal einen frustrierenden Streit mit ihrer Mutter schilderte, bei dem es um den Umgang mit dem Kind ging, entschloß ich mich, einzugreifen und sie zu unterbrechen:

»Ich bin wirklich verblüfft, wie sehr Sie Ihre Mutter beschützen.«

»Beschützen?« rief Maggie aus und sah mich an, als zweifelte sie ernstlich an meiner geistigen Gesundheit. »Meine Mutter geht mir wahnsinnig auf die Nerven! Ich beschütze sie doch nicht! Ich streite mich unentwegt mit ihr herum!«

»Und was kommt bei dem Streit heraus?« Das war eine rhetorische Frage. »Nichts! Es ändert sich absolut nichts!« sagte Maggie mit Nachdruck. »Eben«, sagte ich, »und dadurch schützen Sie Ihre Mutter. Sie lassen sich auf Kämpfe ein, die von vornherein aussichtslos sind, und sprechen nie über das wirkliche Problem. Sie streiten lieber mit Ihrer Mutter, als ihr einmal wirklich Ihren Standpunkt klarzumachen.«

»Meinen Standpunkt in bezug worauf?« fragte Maggie.

»In bezug auf die Frage, wer für Ihre Tochter zuständig ist und wer die Autorität hat, Entscheidungen über ihre Pflege und Erziehung zu treffen.«

Maggie schwieg eine ganze Weile. Ihr wütender Gesichtsausdruck veränderte sich allmählich und wich einem Ausdruck von Sorge und Traurigkeit. »Ich glaube, ich habe gar keinen klaren Standpunkt.« »Dann kümmern wir uns am besten zuerst um dieses Problem«, antwortete ich.

Nach diesem Gespräch schlug Maggie eine andere Richtung ein. Sie begann ernsthaft über ihre Situation nachzudenken und ihre Handlungsweise zu hinterfragen, statt, wie vorher, nur ihre Gefühle zu äußern und ihre Mutter zu kritisieren. Dadurch sah Maggie ihr eigenes Verhalten in der Beziehung zu ihrer Mutter in einem neuen Licht. Sie entdeckte zu ihrer Überraschung, daß sie sich schuldig fühlte, wenn sie ihre Mutter aus ihrer neugegründeten Familie ausschloß; ein Teil von ihr wollte das Kind mit ihrer Mutter »teilen«, um zu verhindern, daß die Mutter sich allein gelassen oder deprimiert fühlte. Maggie dachte über die Scheidung ihrer Eltern nach, die unmittelbar auf ihre Heirat mit Bob gefolgt war, und fragte sich, ob das Ende der elterlichen Ehe etwas mit ihrem Auszug von zu Hause und ihrer Heirat zu tun haben könnte. Dann vertraute sie mir ein problematisches Stück der Familiengeschichte an, das sie während ihrer gesamten Therapiezeit nie erwähnt hatte: Nach Maggies Geburt war ihre Mutter wegen einer schweren Depression post partum mit Elektroschocks behandelt worden. Obwohl es ihr anfangs nicht bewußt war, hatte Maggie befürchtet, ihre Mutter könnte nach Amys Geburt wieder Depressionen bekommen.

In den folgenden Monaten entdeckte Maggie viele Facetten der tiefen Gefühlsverbindung zwischen ihr und ihrer Mutter. Sie empfand weniger Wut und zunehmend Verständnis für die Mutter, als ihr klarer wurde, daß alle in der Familie, sie selbst eingeschlossen, unbewußt versucht hatten, sie vor Einsamkeit und Depression zu schützen – wobei nicht klar war, ob die Mutter diesen Schutz tatsächlich gewollt hatte. Noch wichtiger war, daß Maggie jetzt ihren eigenen Wunsch, den Status quo zu erhalten, erkennen konnte, den Wunsch, sich an ihrer Mutter festzuhalten und die alte Form von Nähe zu bewahren. Solange sie bei Problemen, die Bedeutung für sie hatten, nur mit hilflosen Aggressionen oder Schweigen reagierte, hatte Maggie nicht wirklich ihr Elternhaus verlassen. Selbst wenn man sie auf den Mond schießen würde, wäre sie so doch noch immer Mamas kleines Mädchen.

Als Maggie weniger Angst und Schuldgefühle empfand, ihrer Mutter als starke, eigenständige Persönlichkeit gegenüberzutreten, erhöhte sich ihre Bereitschaft, von sich aus in der Beziehung etwas zu verändern. Sie war nicht mehr bereit, die ewig gleichen alten Streitigkeiten weiter fortzusetzen, und wollte auch nicht mehr schweigend dasitzen und innerlich kochen, wenn sie das Gefühl hatte, daß ihre Autorität als Mutter und erwachsene Frau in Frage gestellt wurde. Maggie hatte vor, ihre Unabhängigkeit zu demonstrieren.

Das Ende der Abhängigkeit

Amy war jetzt fast eineinhalb Jahre alt, und Maggies Mutter war wieder einmal zu Besuch. Es war ein heißer Sonntagnachmittag; Bob war weggegangen, er spielte mit Freunden Tennis. Maggie hatte Amy gerade zum Schlafen hingelegt, und das Kind weinte. Es waren kaum fünf Minuten vergangen, als Maggies Mutter plötzlich aufsprang, Amy aus dem Bettchen riß und erklärte: »Ich kann es einfach nicht ertragen, wenn sie weint. Ich werde sie in den Schlaf wiegen.« In Maggie stieg die Wut hoch, und einen Augenblick lang hatte sie Lust, ihre Mutter anzuschreien. Aber sie wußte mittlerweile, so konnte sie ihrer Mutter nie ihre Unabhängigkeit zeigen. Plötzlich wurde sie ganz ruhig. Mit aller Gelassenheit, die sie aufbieten konnte, stand Maggie auf, nahm

74

Amy aus den Armen ihrer Mutter und legte sie sanft wieder in ihr Bettchen. Dann drehte sie sich zu ihrer Mutter um und sagte ruhig und ohne Zorn: »Komm, Mutter, setzen wir uns auf die Terrasse. Ich muß mit dir über etwas reden, was mir wichtig ist.«

Maggie hatte so starkes Herzklopfen, daß sie Angst hatte, ohnmächtig zu werden. Im Bruchteil einer Sekunde wurde ihr bewußt, daß es in dieser Situation einfacher wäre, einen Streit anzufangen, als das zu tun, was sie jetzt tun mußte. Sie war im Begriff, ihrer Mutter zu zeigen, daß sie nun erwachsen war. Auch ihre Mutter war sichtlich nervös; es paßte nicht zu ihrer Tochter, so ruhig und entschieden mit ihr zu reden.

Die beiden Frauen setzten sich; Maggies Mutter fing als erste an zu sprechen, ärgerlich, aber mit kaum verhüllter Angst in der Stimme: »Margaret (diesen Namen gebrauchte sie immer, wenn sie wütend auf Maggie war), ich ertrage es einfach nicht, wenn das Kind schreit. Man muß sich um das Kind kümmern; ich kann hier nicht einfach herumsitzen und so tun, als hörte ich das Schreien nicht.«

Maggie sah ihre Mutter direkt an und sagte mit fester Stimme: »Mutter, ich verstehe durchaus, daß du um Amy besorgt bist, und weiß, daß du das Beste für sie willst. Aber trotzdem muß ich dir etwas sagen...«

Maggie machte eine kurze Pause. Sie fühlte lähmende Angst in sich aufsteigen, ohne daß sie den Grund dafür hätte benennen können. Sie nahm an, daß ihre Mutter ähnlich empfand, aber sie blieb ruhig. »Verstehst du, Mutter, Amy ist mein Kind. Ich gebe mir große Mühe, eine gute Mutter zu sein und eine gute Beziehung zu Amy aufzubauen. Für mich ist es sehr wichtig, daß ich mit meinem Kind das mache, was ich für richtig halte. Ich weiß, daß ich manchmal Fehler mache. Aber ich muß für Amy einfach auf meine Weise sorgen. Das bin ich ihr und auch mir selbst schuldig – und ich würde mir sehr wünschen, daß du mich darin unterstützt.«

Maggie hörte die Kraft und die Reife in ihrer eigenen Stimme und war erstaunt darüber. Sie fuhr mit einer Wärme fort, die sie nun auch wirklich zu fühlen begann: »Wenn du mir vorschreibst, wie ich mit Amy umgehen soll, mich korrigierst oder die Sache selbst in die Hand nimmst, hilfst du mir nicht. Ich wäre dir wirklich dankbar, wenn du damit aufhören könntest.«

Einen Augenblick lang herrschte tödliche Stille. Maggie hatte das Gefühl, ihrer Mutter das Messer in die Brust gestoßen zu haben. Aber dann war plötzlich die altvertraute gereizte Stimme der Mutter wieder da. Es war, als hätte sie überhaupt nichts von dem gehört, was Maggie gesagt hatte.

»Maggie, ich halte es nicht aus, das Kind leiden zu sehen. Man darf ein Kind in Amys Alter nicht einfach allein lassen, wenn es weint.« Die Mutter fuhr fort, sich ausführlich über die nachteiligen psychologischen Folgen von Maggies Erziehungspraktiken auszulassen. Maggie war in Versuchung, ihre eigenen Ansichten zu verteidigen, aber sie verzichtete darauf. Ein Streit, das war ihr klar, lenkte nur die Aufmerksamkeit von dem Problem ab, zu dem sie nun zumindest begonnen hatte, sich zu äußern: daß sie anders war als ihre Mutter, eine eigenständige Persönlichkeit, mit einer nur für sie gültigen Lebenseinstellung.

Maggie hörte zu, bis ihre Mutter geendet hatte. Sie widersprach ihr nicht und versuchte auch nicht, sie zu widerlegen. Maggie verhielt sich völlig anders als sonst; sie wußte es, und ihre Mutter wußte es auch.

»Mutter«, sagte Maggie, »ich glaube, du hörst mir nicht zu. Vielleicht ist es falsch, was ich mit Amy mache, vielleicht ist es auch richtig; wer weiß das. Im Augenblick kommt es mir vor allem darauf an, daß ich, als Amys Mutter, das tue, was ich für richtig halte. Ich behaupte nicht, daß ich keine Fehler mache oder daß ich die Weisheit mit Löffeln gegessen habe. Ich versuche dir zu erklären, daß ich mich um meine Selbständigkeit bemühe und versuche, Zutrauen zu mir selbst als Amys Mutter zu entwickeln. Es ist sehr wichtig für mich, daß ich mit meinem Kind umgehe, wie ich es für richtig halte.«

Nun spielte Maggies Mutter ihre nächste Karte aus: »Ich habe vier Kinder großgezogen! Meinst du wirklich, daß du keinen Rat gebrauchen kannst? Willst du mir etwa sagen, daß ich nicht mitreden kann? Oder soll das vielleicht heißen, ich wäre besser zu Hause geblieben? Du tust, als wäre ich nur gekommen, um dir das Leben schwerzumachen. Wenn ich dir nur im Wege bin, kann ich ja gehen!«

Maggie fühlte wieder eine Welle von Wut in sich aufsteigen, die aber diesmal rasch verebbte. Sie stand jetzt mit beiden Füßen auf dem Boden und wußte, daß sie die Provokation nicht annehmen und die alten Mechanismen nicht wiederholen würde. Sie sagte: »Mutter, ich freue mich wirklich, daß du hier bist. Ich weiß, wieviel Erfahrung du mit der Kindererziehung hast – und wenn ich mir meiner Selbständigkeit und meiner eigenen Fähigkeiten als Mutter sicherer bin, werde ich dich bestimmt um Rat fragen.«

»Aber jetzt willst du jedenfalls keine Ratschläge!« Das klang nicht wie eine Frage, sondern wie eine Anklage.

»Ja, so ist es«, antwortete Maggie.

»Ich kann nicht danebenstehen und zusehen, wie du das Kind ruinierst.« Maggies Mutter wurde nun immer irrationaler und provozierender; unbewußt versuchte sie mit allen Mitteln, Maggie in einen Streit hineinzuziehen und so die frühere, vertraute Form der Beziehung wiederherzustellen.

»Weißt du, Bob und ich haben unsere Schwierigkeiten damit, Eltern zu sein. Aber ich glaube, wir machen es ganz gut; ich denke, daß wir Amy nicht ruinieren werden.«

»Und dann kritisierst du mich auch noch«, redete Maggies Mutter einfach weiter, als hätte sie nicht wahrgenommen, daß Maggie etwas gesagt hatte.

»Mutter« – Maggies Stimme war immer noch ruhig – »ich kritisiere dich nicht. Ich sage nicht, daß du etwas falsch machst. Ich versuche dir nur zu erklären, wie ich reagiere. Wenn du Amy hochnimmst, nachdem ich sie gerade hingelegt habe, ärgert mich das. Was ich sage, ist keine Kritik, es geht darum, wie ich mich fühle und was ich möchte.«

Maggies Mutter stand nun abrupt auf, ging ins Haus zurück und knallte die Tür hinter sich zu. Maggie hatte die furchtbare Vorstellung, ihre Mutter werde sich umbringen, und daß sie sie nie wiedersehen würde. Plötzlich merkte sie, daß sie weiche Knie hatte und sich schwindlig fühlte. Beide, Maggie und ihre Mutter, waren von Trennungsangst erfüllt. Maggie hatte begonnen, sich von ihrer Mutter zu lösen.

Verständnis für die Mutter

Als Maggie aus der gewohnten Form der Beziehung zu ihrer Mutter ausbrach, empfand sie panische Angst, was nun geschehen würde. Die Mutter reagierte auf den veränderten Kommunikationsstil ihrer Tochter mit einer fast bis ins Absurde gehenden Steigerung ihres gewohnten Verhaltens. Darin lag ein verzweifelter Versuch, sich selbst und ihre Tochter vor den starken Ängsten zu schützen, die auftreten können, wenn sich Menschen aus einer symbiotischen Bindung lösen.

Was auf den ersten Blick wie eine haßerfüllte, gefühllose Reaktion der Mutter erscheinen mag, stellt sich bei näherer Betrachtung als der verzweifelte Versuch heraus, ihrer Tochter nahezubleiben und ihr – und sich selbst – das schmerzhafte Gefühl des Getrenntseins und der Einsamkeit zu ersparen, das mit dem Prozeß des Unabhängigwerdens verbunden ist. Wenn ihre Mutter fähig gewesen wäre, ruhig und rational zu reagieren, hätte Maggie sicher ihre eigene Trennungsangst noch heftiger empfunden. Zu der ohnehin in jeder Frau tief verwurzelten Verlustangst kam hier die Tatsache hinzu, daß die Mechanismen in der Beziehung zwischen Maggie und ihrer Mutter alt und fest eingespielt waren und daß keine von beiden sich eine andere Form der Beziehung überhaupt vorstellen konnte. Nur etwas furchterregend Unbekanntes konnte an ihre Stelle treten. Als Maggie das altvertraute Kommunikationsmuster durchbrach, spürte ihre Mutter unbewußt Gefahr für die Beziehung und setzte alle ihr verfügbaren Mittel ein, um sie intaktzuhalten.

Obwohl Maggie intellektuell auf den Ablauf der Ereignisse vorbereitet war, war sie doch erschüttert und deprimiert. Sie fragte sich, ob sie Fehler gemacht habe, ob ihre Mutter in eine Krise kommen, ob sie ihre Mutter für immer verlieren werde, nur weil sie endlich den Mut gefunden hatte, ihren eigenen Standpunkt zu vertreten.

Natürlich war das alles nicht der Fall. Abwehrreaktionen müssen wir in Kauf nehmen, wenn wir in einer Familienbeziehung unsere eigene Persönlichkeit klarer definieren. Durch den heftigen Widerstand, mit dem Maggies Mutter reagierte, wollte sie ausdrücken, daß sie sich durch die Unabhängigkeitserklärung ihrer Tochter – durch ihr Bestehen auf einer eigenen Persönlichkeit – grausam zurückgewiesen fühlte. Maggie war den teils offenen, teils verhüllten Drohungen ausgesetzt, daß ihre Mutter depressiv werden, zusammenbrechen, sich von ihr abwenden könnte. Wie wir gesehen haben, sind diese emotionalen Gegenmaßnahmen voraussehbar, verständlich und, bis zu einem gewissen Grad, universell verbreitet. Es hing nun von Maggie ab, wie sich die Dinge weiter entwickeln würden.

Maggies eigentliche Auseinandersetzung mit ihrer Mutter lag noch vor ihr. Als die Mutter sich wütend in ihr Zimmer zurückzog, hatte Maggie starke Angst- und Schuldgefühle. Jetzt hatte sie vor allem Lust, »aus dem Feld zu gehen«, weit von ihrer Mutter weg zu sein. Sie hatte gesagt, was gesagt werden mußte; nun wäre es ihr am liebsten gewesen, eine von beiden – entweder sie oder ihre Mutter – hätte einfach verschwinden können.

In wichtigen Beziehungen führen Konfrontationen nach dem Motto »Zuschlagen und Wegrennen« aber nicht zu bleibenden Veränderungen. Wenn Maggie an einer wirklichen Veränderung interessiert ist, liegt noch ein langer, harter Weg vor ihr. Vor allem muß sie sich und ihrer Mutter deutlich machen, daß sie zwar endlich eine eigenständige Persönlichkeit geworden ist, daß diese Eigenständigkeit aber nicht Mangel an Interesse und an Nähe bedeutet. Unabhängig sein heißt, klar zu seinem eigenen Ich zu stehen – Unabhängigkeit ist aber nicht mit emotionaler Distanz gleichzusetzen. Maggie muß ihrer Mutter also durch ihr Verhalten zeigen, daß sie zwar hinter ihren Überzeugungen und Wünschen steht, daß sie der Mutter damit aber nicht ihre Zuneigung entzieht.

Der Prozeß der Lösung aus der Abhängigkeit, besonders zwischen Mutter und Tochter, ist häufig durch die Angst vor Zurückweisung und Verlust so stark belastet, daß die Tochter, die die Ablösung vollzieht, die Verantwortung für den weiteren emotionalen Kontakt mit der Mutter übernehmen muß. Wenn es Maggie nicht gelingt, den Kontakt von sich aus aufrechtzuerhalten, wird die Mutter Wut über die Ablehnung und sie selbst Angst und Schuldgefühle empfinden; beide, Mutter und Tochter, werden sich dann unbewußt darauf einigen, zu den alten, sicheren Beziehungsmustern zurückzukehren.

Wie kann Maggie in dieser Situation am besten den emotionalen Kontakt aufrechterhalten? Sie könnte an den Vorstellungen und Interessen, an der Vergangenheit und an der persönlichen Geschichte ihrer Mutter Interesse zeigen. Damit würde sie nicht nur die emotionale Verbindung am Leben erhalten, sondern auch mehr über sich selbst erfahren. Wenn sich die Wogen geglättet haben und die Beziehung allmählich eine neue Basis findet, könnte Maggie mit ihrer Mutter sogar Erfahrungen über Fragen der Kindererziehung austauschen.

Maggie könnte zum Beispiel sagen: »Manchmal schaffe ich es einfach nicht, Amy zu trösten. Hast du das mit uns auch erlebt, als wir klein waren? Wie bist du damit umgegangen?« Oder: »Wie war das eigentlich für dich, vier Kinder großzuziehen, zumal wir beiden letzten doch nur ein Jahr auseinander waren?« Falls ihre Mutter dann in beleidigtem Ton antwortet: »Ich dachte, du hättest genug von meinen Ratschlägen!«, könnte Maggie sagen: »Ja, das stimmt, im Augenblick kann ich sogar mit guten Ratschlägen nichts anfangen, weil ich mich mit meinen Problemen als Mutter selbst herumschlagen und meine eigenen Lösungen finden muß. Aber es hilft mir, wenn du mir von deinen Erfahrungen erzählst und ich sehe, wie du mit dem Problem umgegangen bist.« Man kann ungebetene Ratschläge durchaus abwehren – wenn das ein Teil des Problems ist –, ohne die Kommunikation völlig einzustellen. Wenn wir selbständiger werden, gewinnen wir neue Möglichkeiten, zum Beispiel die Gelegenheit, mehr über unsere Angehörigen zu erfahren; und wir werden selbst auch fähig, mehr über uns mitzuteilen.

Zunächst liegt es also bei Maggie, den Kontakt aufrechtzuerhalten; außerdem muß sie mit einer Reihe von »Tests« rechnen, denn ihre Mutter wird feststellen wollen, ob Maggie es wirklich ernst meint oder ob sie bereit ist, zu den früheren Interaktionsmustern zurückzukehren. Daß Maggies Mutter das tun wird, ist eine innerhalb von Familiensystemen voraussagbare Reaktion. Diese Prozesse laufen mit der Folgerichtigkeit von Naturgesetzen ab. Maggie muß sich darauf einstellen, daß ihre Mutter sie angreifen, ihr drohen, sich von ihr zurückziehen wird und daß sie mit Amy, dem Enkelkind, ihr »altes Programm« wiederholen wird. Maggie wird ihren Standpunkt immer wieder behaupten und dabei dennoch versuchen müssen, so gut sie kann, das Gespräch mit ihrer Mutter aufrechtzuerhalten. Es kann gar nicht oft genug betont werden: Die Ablösung aus einer alten Bindung gelingt nicht in einem einzigen Handstreich.

Mit jener Aussprache zwischen Maggie und ihrer Mutter hat der Prozeß einer Ablösung aus alten Familienbindungen erst begonnen.

Ob er erfolgreich verlaufen wird, wird davon abhängen, ob Maggie die Angst- und Schuldgefühle ertragen kann, die mit jedem solchen Ablösungsprozeß verbunden sind; ob sie den Attacken ihrer Mutter Widerstand entgegenzusetzen vermag, denn in den alten Streitigkeiten lag eine beruhigende Vertrautheit, die früher in der Beziehung Nähe garantierte.

Eine andere Gemeinsamkeit

Maggie entschloß sich, an der Veränderung der alten Mechanismen zu arbeiten. Sie hatte mit Rückschlägen zu kämpfen und fiel von Zeit zu Zeit in den alten »Stil« zurück; stritt mit ihrer Mutter, belehrte sie, zog sich aus der Beziehung zurück. Das Wichtigste war aber, daß sie sich immer wieder aufraffte und den eingeschlagenen Weg weiterging. Im Lauf der Zeit gelang es ihr immer besser, selbständig zu sein, ohne dabei in Vorwürfe zu verfallen oder sich zu distanzieren. So entwickelte sie allmählich eine neue, erwachsene Beziehung zu ihrer Mutter und begann im Gespräch mit ihr Themen anzuschneiden, die durch den endlosen Streit der vergangenen Jahre ausgeblendet worden waren. Maggie begann ihre Mutter über ihr Leben zu befragen, über ihre eigene Kindheit, ihre Eltern, ihre Erinnerungen. Sie sprach sogar Fragen an, die vorher tabu gewesen waren (»Mutter, wie erklärst du dir deine starke Depression nach meiner Geburt?«). Maggie und ihre Mutter redeten nun miteinander, wie das vorher nie möglich gewesen war; ihr früherer Austausch war zu ausschließlich von Schweigen, Sarkasmus, offenem Streit und emotionaler Distanz bestimmt gewesen. Maggie konnte das »unmögliche« Verhalten ihrer Mutter jetzt auch in einem anderen Licht sehen. Sie erkannte in den ständigen Einmischungen und der Kritik den Wunsch ihrer Mutter, der Tochter von Nutzen zu sein, und auch ihre Angst, sie könnte die Tochter verlieren, wenn sie diese Einmischungen aufgäbe. Denn die Mutter war genauso hilflos und verwirrt gewesen wie Maggie selbst; abgesehen von Ratschlägen und Kritik hatte sie keine Möglichkeit gefunden, der Tochter nahe zu sein. Auch sie selbst hatte Maggies Bedürfnis gespürt, sich an sie zu klammern und die alte Beziehung aufrechtzuerhalten. Maggie erfuhr auch, daß ihre Mutter eine ganz ähnliche Art von Beziehung zu ihrer eigenen Mutter gehabt hatte; auch hier war ständige Zankerei der hilflose Ausdruck von Nähe und dem Wunsch nach Nähe gewesen.

Was war mit Maggies Vater? Wie viele Väter war er vor allem

durch Abwesenheit aufgefallen. Nach der Scheidung ihrer Eltern war Maggies Beziehung zu ihrem Vater noch distanzierter geworden als vorher. Das lag zum Teil an einer unausgesprochenen Familienvereinbarung, nach der Maggie während der Scheidung zur Partei ihrer Mutter gehört hatte. Als Maggie selbst diesen »Verbündeten-Status« nicht mehr brauchte, fing sie an, auch mit ihrem Vater eine direkte, erwachsene Beziehung aufzubauen. Das war nicht leicht, denn beide hatten eine Riesenangst davor, sich emotional näherzukommen. Als Maggie anfing, ihrem Vater zu schreiben, reagierte er zunächst mit noch größerer Distanziertheit; auch er wehrte ihre Versuche ab, eine Veränderung herbeizuführen. Tatsächlich waren die Abwehrreaktionen ihres Vaters genauso heftig wie die ihrer Mutter, wenn sie auch in anderer Form auftraten. Aber Maggie hielt durch. Zurückhaltend zwar, aber beharrlich schrieb sie ihm weiter und erzählte ihm von den wichtigsten Entwicklungen und Ereignissen in ihrem Leben. Maggie war stärker und unabhängiger geworden, und so gelang es ihr auch, sich aus den Konflikten ihrer Eltern, die sich immer noch in den Haaren lagen, herauszuhalten – eine Leistung, die ihr ein hohes Maß an Entschiedenheit abverlangte. Im Lauf der Zeit entwickelte und vertiefte sich auch ihre Beziehung zu ihrem Vater.

Als Resultat der Veränderungen, die Maggie in der Beziehung zu ihren Eltern erreichte, verschwanden auch die Symptome, die sie ursprünglich zu mir geführt hatten. Ihre Kopfschmerzen verschwanden, und in der sexuellen Beziehung zu Bob, ihrem Mann, war sie offener und entspannter. Sie war ganz allgemein in der Beziehung zu anderen Menschen klarer und selbstsicherer geworden. Die Arbeit, die Maggie an sich selbst leistete, wird auch auf die nächste Generation Auswirkungen haben. Sie selbst wird einmal in der Lage sein, ihren Kindern ein adäquates Maß an Unabhängigkeit und Eigenständigkeit zu gestatten, denn das Maß an Selbständigkeit, das wir in unserer eigenen Familie erreichen, übertragen wir auch auf unsere Kinder.

Sich selber werden

Identität, Eigenständigkeit, Unabhängigkeit, Autonomie – mit diesen Begriffen beschreiben Psychotherapeuten die höchsten Werte und Ziele der Persönlichkeitsentwicklung. Frauen, die therapeutische Hilfe suchen, haben die gleichen Werte und Ziele vor Augen. »Ich möchte mich selbst finden. Ich möchte herausfinden, wer ich bin und was ich will. Ich möchte nicht so sehr von der Bestätigung anderer abhängig sein. Ich möchte eine verbindliche Beziehung haben und trotzdem ich selbst sein.«

Die Aufgabe, innerhalb unserer engsten Beziehungen ein eigenes Ich zu entwickeln, stellt sich uns zuerst in unserer Herkunftsfamilie; aber dort endet das Problem nicht. Wir können, wie Maggie, in jedem Lebensstadium an unserer Selbständigkeit und damit gleichzeitig an unserer Beziehungsfähigkeit arbeiten. Das Wiederaufrollen und Erneuern der Beziehungen in unserer eigenen Familie ist eine besondere Bereicherung für unsere Persönlichkeit, denn der Grad von Eigenständigkeit, den wir in diesem Bereich erlangen, wird auch den Charakter unserer gegenwärtigen Beziehungen prägen. Es ist eine Lebensaufgabe, eine eigenständige Persönlichkeit zu werden – und unsere Aggressionen spielen in diesem Prozeß eine zweischneidige Rolle. Maggies Wut auf ihre Mutter signalisierte ihr, daß mit der alten Art der Beziehung etwas nicht mehr stimmte und daß sie eine Veränderung vollziehen mußte. Andererseits ließ sich das Problem, das durch die Aggressionen aufgezeigt wurde, nicht durch die Aggressionen selbst beiseite schaffen. Im Gegenteil; Maggies Erfolg bei ihrer Entwicklung zu einer eigenständigen Persönlichkeit beruhte ganz wesentlich auf ihrer Fähigkeit, ihren Eltern in einer offenen, unaggressiven Weise zu begegnen und den emotionalen Kontakt zu ihnen während des gesamten Prozesses nicht abreißen zu lassen. Maggie mußte die Kraft entwickeln, ihre eigene Position beständig und mit Gelassenheit zu vertreten, ohne sich von den unvermeidlichen Gegenreaktionen aus der Bahn werfen zu lassen, denen wir immer begegnen, wenn wir in einer wichtigen Beziehung eine autonomere Haltung einnehmen. Darum geht es bei der Entwicklung von Individualität und Unabhängigkeit; wir müssen eine Form der Mitteilung und ein Ausmaß an Klarheit entwickeln, das nur schwer zu erreichen ist, wenn wir wütend sind.

Aggressionen sind Wegweiser auf dem Weg zu uns selbst

Als ich vor einigen Jahren Thomas Gordons »Familienkonferenz in der Praxis. Wie Konflikte mit Kindern gelöst werden« las, kam ich zum ersten Mal mit dem Gedanken in Berührung, Aggressionen in Form von »Ich-Botschaften« zu formulieren. Ich erinnere mich gut an die erste Situation, in der ich diese Theorie in die Praxis umsetzte. Ich stand in der Küche und wusch das Geschirr ab, als ich bemerkte, daß mein Sohn Matthew, damals drei Jahre alt, am Küchentisch saß und dabei war, einen Apfel mit einem scharfen Messer zu zerteilen. Die Wechselrede, die nun folgte, lief ungefähr so ab:
Ich: »Matthew, leg das Messer hin, du wirst dich schneiden.«
Matthew: »Nein, werde ich nicht!«
Ich (schon wütend): »Doch, wirst du wohl!«
Matthew (noch wütender): »Nein, werd' ich nicht!«
Ich (lauter): »Doch, leg es jetzt hin!«
Matthew: »Nein!«
Als der Machtkampf diesen Punkt erreicht hatte, fiel mir ein, was ich über »Ich-Botschaften« gelesen hatte. Jede Aussage, die mit »du« beginnt (zum Beispiel »Du wirst dich schneiden«), kann man in eine Ich-Aussage verwandeln, das heißt, etwas über sich selbst mitteilen, statt anderen Vorwürfe zu machen. Im Bruchteil einer Sekunde wechselte ich den Gesprächsstil.

»Matthew«, fing ich wieder an, diesmal ohne Wut, »ich kriege Angst, wenn ich dich mit dem scharfen Messer sehe. Ich mache mir Sorgen, daß du dich schneidest.« Matthew zögerte einen Augenblick, sah mir direkt in die Augen und sagte: »Das ist dein Problem!« Worauf ich antwortete: »Da hast du vollkommen recht, es ist mein Problem, daß ich Angst habe, und ich werde mein Problem jetzt lösen, indem ich dir das Messer wegnehme.« Das tat ich dann auch.

Es war spannend für mich, zu sehen, daß Matthew das Messer ohne weiteres hergab, ohne den üblichen wütenden Widerstand; sein Stolz wurde dabei nicht verletzt. Ich nahm ihm das Messer weg, weil ich Angst hatte, und übte meine elterliche Autorität unter diesem Aspekt aus. Das Problem war meins (ich habe Angst), und ich übernahm die Verantwortung für meine Gefühle. Später erfuhr ich, daß Matthew in seinem Montessori-Kindergarten schon einen Monat zuvor gelernt hatte, Äpfel mit einem scharfen Messer zu schneiden, aber das ist in diesem Zusammenhang nebensächlich. Wichtig ist, daß ich fähig war, die Aussage »Du wirst dich schneiden« (Konnte ich denn in die Zukunft blicken?) durch die Aussage »Ich habe Angst« zu ersetzen.

Natürlich redet niemand ständig in »Ich-Botschaften«. Als mein Mann meinen geliebten Keramikbecher zerbrach, den ich seit meiner College-Zeit immer mit mir herumgeschleppt hatte, sagte ich keineswegs mit heiterer Gelassenheit: »Weißt du, Schatz, wenn du meine Lieblingstasse runterschmeißt, ist meine Reaktion darauf, daß ich wütend und verärgert bin. Ich wäre wirklich froh, wenn du das nächste Mal vorsichtiger sein könntest.« Nein, ich fluchte fürchterlich und machte ihm eine Szene. Er entschuldigte sich, und ein paar Minuten später waren wir wieder die besten Freunde.

»Ich-Botschaften« sind auch nicht immer und unter allen Umständen eine Tugend. Wut zeigt uns als das Individuum, das wir sind; und auch das wird sicher seine Wirkung tun und uns Erleichterung verschaffen.

Wenn es aber unser Ziel ist, festgefahrene Mechanismen in Beziehungen aufzulösen oder größere Selbstsicherheit zu entwickeln, ist es entscheidend, daß wir unsere Wut nicht in Form von Vorwürfen äußern, sondern in Form von Mitteilungen über uns selbst. Das Beispiel, wie Maggie die Beziehung zu ihrer Mutter veränderte, illustriert diese Tatsache sehr gut. Die Veränderung unseres Kommunikationsstils ist allerdings nur ein Bruchteil der Arbeit an uns selbst.

Für uns Frauen ist es oft das Hauptproblem, daß wir keine klare Ich-Vorstellung haben, die wir in die Auseinandersetzung einbringen könnten, und daß wir nicht auf die heftigen Reaktionen vorbereitet sind, die uns begegnen, wenn wir unsere Ich-Vorstellung festigen und klarer definieren. Frauen fürchten oft, daß die klare Abgrenzung des eigenen Ich eine Beziehung bedroht oder den Verlust eines wichtigen Menschen bedeutet. Wenn wir fühlen, daß wir aggressiv werden, kommen wir daher leicht in Gefahr, unser Ich noch weiter zurückzunehmen – obwohl wir gerade darüber wütend geworden sind, daß wir das tun –, statt uns mit Hilfe unserer Wut klarer abzugrenzen. Zu diesem Verhalten neigen wir vielleicht nicht nur in unseren persönlichsten Beziehungen, sondern auch im Beruf, im Kontakt mit Vorgesetzten und Kollegen. Karens Geschichte wird bei einigen von uns, die immer die »nette Kollegin« sind, das rote Lämpchen aufleuchten lassen.

Wenn Wut zu Tränen wird

Karen verkaufte Lebensversicherungen; sie war eine von zwei Frauen, die in einer Versicherungsgesellschaft mit sonst nur männlicher Belegschaft arbeiteten. Nach dem ersten Jahr ihrer Tätigkeit für die Gesellschaft erhielt sie eine schriftliche Beurteilung von ihrem Chef, in der ihre Leistungen als »sehr zufriedenstellend« bezeichnet wurden. Aus Karens Perspektive hätten ihre Leistungen das Prädikat »hervorragend« verdient, denn (und das waren die objektiven Kriterien) sie hatte bei Lebensversicherungen die höchste Abschlußrate erzielt. Die Beurteilung war für Karen von großer Bedeutung, denn nur Angestellte, deren Leistungen als »hervorragend« bewertet wurden, bekamen eine Gehaltszulage und die Möglichkeit, an weiterbildenden Seminaren teilzunehmen. Karen hatte zwei Kinder zu versorgen und wurde von ihrem Exehemann finanziell nur geringfügig unterstützt. Sie brauchte das Geld und legte großen Wert auf die Weiterbildungsmöglichkeiten, die ihr zu einem beruflichen Aufstieg verhelfen konnten.

Als Karen in der Therapie-Gruppe ihre Geschichte erzählte, hatte sie Tränen in den Augen. »Es ist einfach ungerecht«, sagte sie. »Ich fühle mich verletzt.« Als sie gefragt wurde, was sie unternehmen wollte, sagte sie mit matter Stimme: »Nichts. – Es hat keinen Zweck, sich den ganzen Ärger einzuhandeln«, fügte sie hinzu. »Bist du nicht wütend?« fragte ein Gruppenteilnehmer. »Warum sollte ich wütend sein?« sagte Karen. »Was nützt mir das? Das macht doch alles nur noch schlimmer!« Diese

Reaktion war typisch für Karen; sie ging ihrer Wut aus dem Weg und nahm sie nicht ernst. Mit Hilfe der ganzen Gruppe gelang es Karen schließlich, sich ihre Wut einzugestehen – und sie brachte auch den Mut auf, zu ihrem Chef zu gehen und die Beurteilung mit ihm zu diskutieren. Anfangs hatte sie eine gute Position; sie konnte ihm klar sagen, warum sie der Meinung war, daß sie eine bessere Beurteilung verdiente. Der Chef schien zunächst aufmerksam zuzuhören; es wurde aber bald offensichtlich, daß er eine defensive Haltung einnahm und Karens Sicht der Dinge nicht ernsthaft prüfen wollte. Als sie ihre Argumente vorgebracht hatte, ging er nicht weiter darauf ein, sondern begann über gewisse Mängel zu reden, die ihm an ihrer Arbeit aufgefallen waren. Diese Kritikpunkte waren berechtigt, aber es handelte sich um Kleinigkeiten, und sie hatten mit der Frage der Wertung nicht das mindeste zu tun. Dann sagte er, einige Leute im Büro seien der Meinung, sie sei »ein bißchen schwierig«. »Was soll das heißen?« fragte Karen. »Vielleicht liegt das an Ihrem Auftreten«, fuhr der Chef fort, »aber einige Kollegen haben den Eindruck, daß Sie sich für Ihre Arbeit nicht so engagieren, wie Sie eigentlich könnten.«

An diesem Punkt des Gesprächs kamen Karen die Tränen, und sie war unfähig, weiterzusprechen. »Das verstehe ich nicht«, sagte sie leise und hatte alle Mühe, nicht in lautes Schluchzen auszubrechen. Dann begann sie ihrem Chef zu erzählen, wie ungerecht sie sich behandelt fühlte; sie habe es schließlich schwer, müsse allein zwei Kinder großziehen und außerdem noch berufstätig und erfolgreich sein. Jetzt, da Tränen und Verletztheit an die Stelle von Karens ruhiger Selbstsicherheit getreten waren, ging ihr Chef von defensiver Kritik zu väterlicher Besorgtheit über. Er versicherte Karen, daß sie in ihrer Arbeit ja gute Anlagen zeige, und drückte sein Verständnis für ihre Schwierigkeiten als alleinerziehende Mutter aus. Die Begegnung endete damit, daß Karen noch ein bißchen von den emotionalen Problemen erzählte, die sie seit ihrer Scheidung hatte, und ihr Chef ihr mitfühlend zuhörte. Keiner von beiden sprach die Beurteilung mehr an.

Karen verließ das Büro ihres Chefs mit dem Gefühl der Erleichterung; sie hatte sich nicht mit ihm angelegt, und das Gespräch hatte in freundlichem Ton geendet. Als Karen bei der nächsten Gruppensitzung erzählte, wie es ihr ergangen war, schloß sie mit folgenden Worten: »Versteht ihr, es nützt überhaupt nichts, sich mit ihm auseinanderzusetzen. Er hört einfach nicht zu. Außerdem, so wichtig ist die Beurteilung nun auch wieder nicht. Um die Wahrheit zu sagen, es macht mir eigentlich wirklich nicht viel aus.«

Aber die anderen Gruppenteilnehmer waren nicht bereit, das Thema so schnell fallenzulassen. Sie stellten Karen eine ganze Menge Fragen, die sie zwangen, sich mit ihrer Unklarheit auseinanderzusetzen. Wer waren diese »Leute« im Büro, die Karens Engagement im Beruf in Frage stellten und dem Chef sagten, daß sie »ein bißchen schwierig« sei? Karen hatte keine Ahnung, wer ihre Kritiker waren. Was war mit »ein bißchen schwierig« gemeint? Karen war sich nicht sicher: »Irgendwas an meinem Auftreten oder meiner Persönlichkeit.« Was genau müßte sie anders machen, um die Beurteilung »hervorragend« zu bekommen? Sie wußte es nicht. Karen war nicht nur zurückgewichen, als ihr Chef defensiv reagierte – sie hatte sich nicht einmal erlaubt, ihm die Fragen zu stellen, die eigentlich auf der Hand lagen:

»Wer von den Kollegen kritisiert mich?« – »Was die Schwierigkeiten mit meinem Auftreten angeht, können Sie sich da bitte genauer ausdrücken?« – »Was müßte ich in meiner Arbeit verändern, um eine bessere Bewertung zu bekommen?« Die Angriffe ihres Chefs hatten sie emotional so durcheinandergebracht, daß sie nicht mehr klar denken konnte und nicht mehr wußte, was sie eigentlich hatte sagen und fragen wollen.

Unklar im Kopf, sprachlos und ein bißchen blöd – so erleben sich viele Frauen, wenn sie versuchen, sich durchzusetzen und den eigenen Standpunkt klarzumachen. Wir lernen nicht nur Streit und Aggressionen fürchten, wir stellen lieber keine präzisen Fragen und machen keine klaren Aussagen, wenn wir unbewußt befürchten, daß wir damit Differenzen zutage fördern, den Gesprächspartner in Bedrängnis bringen und schließlich auf uns selbst zurückgeworfen sind.

»Mein Chef schüchtert mich ein«, sagte Karen. Aber das ist nur die Oberfläche. Tatsächlich hatte sie Angst davor, durch Beharrlichkeit in der Vertretung ihrer eigenen Sache und durch eine eindeutige, erwachsene Strategie eine wichtige Beziehung zu gefährden. Ihre Tränen und ihre Bereitschaft, dem Chef die Rolle des Ratgebers und Beichtvaters zu überlassen, waren, zumindest teilweise, ihre unbewußten Mittel, den Status quo wiederherzustellen und sich für die »Eigenmächtigkeit« ihrer ursprünglich gegen ihn gerichteten Position zu entschuldigen. In Karens Weinen mag auch ein unbewußter Versuch gelegen haben, ihrem Chef Schuldgefühle einzuflößen (»Sehen Sie, wie Sie mich verletzt haben?«) – eine häufige Praxis bei Frauen, die Schwierigkeiten haben, deutlich zu sagen, was sie denken.

»Aber ich bin jetzt wirklich nicht mehr wütend«, protestierte Karen. »Es ist mir egal.« Natürlich ist Karen doch noch wütend. Sie nimmt es nur nicht mehr wahr. Wut ist unvermeidlich, wenn wir Ungerechtigkeiten widerspruchslos hinnehmen und wenn wir andere auf unsere Kosten schützen.

Karen zahlte ihren Preis für die Verleugnung ihrer Aggressionen und für ihren Mangel an Standfestigkeit. Sie fühlte sich erschöpft und hatte weniger Freude an ihrer Arbeit. Zwei Wochen nach der Diskussion um die Beurteilung verlegte Karen einen Ordner mit wichtigen Dokumenten und wurde ernsthaft gerügt. Dieser Akt von Selbst-Sabotage war vielleicht ein unbewußter Versuch Karens, sich zu beweisen, daß sie die Höchstbewertung doch nicht verdiente, statt fest dazu zu stehen, daß, nach ihren Kriterien, der Chef sie falsch beurteilt hatte.

Die Wut verleugnen – das Unbewußte in Aktion

Haben Sie bei einem beruflichen Konflikt schon einmal von sich aus die Auseinandersetzung gesucht, dann aber Ihren Zorn in Tränen, Entschuldigungen, Verwirrung oder Selbstkritik umgewandelt? In Karens Verhalten spiegelt sich etwas, das vielen, vielleicht sogar allen Frauen vertraut ist. Wie können wir den tiefsitzenden unbewußten Beweggründen auf die Spur kommen, die uns veranlassen, unsere Wut zu verleugnen und eine unserer wertvollsten Qualitäten zu opfern – unser klares Selbstgefühl?

Katastrophenphantasien

Karens Unfähigkeit, ihrem Chef gegenüber ihren eigenen Standpunkt klar zu artikulieren und beharrlich zu vertreten, hatte Entsprechungen in ihren privaten Beziehungen. Die Erklärungen, die sie für sich selbst bereithielt, berührten das Problem nur an der Oberfläche: »Ich lasse mich einschüchtern; ich kann einfach nicht mehr klar denken, wenn ich es mit einer Autoritätsfigur zu tun habe. Ich glaube, ich traue meinen eigenen Überzeugungen nicht.« Karen verlor wirklich ihr Selbstvertrauen, wenn die Bestätigung durch andere ausblieb; aber dieser Mangel an Selbstvertrauen verdeckte ein viel ernsteres Problem: Karen hat Angst davor, auf der Richtigkeit ihrer eigenen Einschätzungen zu bestehen, weil sie dann gezwungen sein könnte, ihre Sache bis zu Ende durchzufechten. Ein solches Verhalten würde sie vielleicht in die Schußlinie der Aggressionen ihres Chefs bringen und seine Mißbilligung auslösen. Es könnte dann, wie Karen es ausdrückte, zu einem »richtigen Streit« kommen.

Diese Vorstellung war aus ganz realistischen Gründen beängstigend für Karen; sie befürchtete, daß ihre Arbeitssituation schwierig und unangenehm werden und daß ihr gekündigt werden könnte. Sicherlich würden durch einen Streit die Spannungen zwischen Karen und ihrem Chef zunehmen, und die Chance, daß er ihr zuhörte, würde noch geringer werden. Von diesen realistischen Erwägungen abgesehen, hatte Karen aber eine tiefe unbewußte Furcht, »richtiger Streit« werde ein in ihrer Phantasie existierendes destruktives Potential in ihr freisetzen, das allerdings in der Realität nie zutage getreten war. Wenn sie die Kontrolle über ihre Aggressionen aufgab, würde sie dann nicht eine ungeheure Zerstörung anrichten? Es schien, als befürchtete Karen, die Explosion ihrer geballten Wut könnte das gesamte Versicherungsgebäude in Flammen aufgehen lassen. Wie die meisten Frauen hatte Karen wenig Erfahrung darin, Aggressionen auf spontane, direkte und wirkungsvolle Art auszudrücken. Es ist nicht verwunderlich, daß Karen unbewußte Ängste vor ihrer eigenen, als omnipotent phantasierten Destruktivität und vor der Verletzlichkeit der Männer hatte. Unsere gesellschaftlichen Definitionen von »Männlichkeit« und »Weiblichkeit« basieren ja gerade auf der Vorstellung, daß Frauen unaggressiv sind, daß sie als Helferinnen des Mannes zu fungieren und sein Ego aufzubauen haben, weil er sich sonst geschwächt und »kastriert« fühlen könnte. Diese irrationale Angst forderte in Karens Leben einen hohen Preis. Sie vermied nicht nur Streit, sie verzichtete auch darauf, von anderen Erklärungen zu verlangen, ihre eigenen Ansichten zu vertreten und ihre Wünsche und Bedürfnisse klar zu artikulieren. All das fiel für sie nämlich unter die Kategorie potentiell destruktiver Akte, durch die andere sich verletzt oder herabgesetzt fühlen könnten.

Die Angst vor Eigenständigkeit

Obwohl Karen sich vor ihrer eigenen Wut fürchtete wie vor einem tätigen Vulkan – es gab doch noch eine größere, ebenfalls tief in ihrem Unbewußten verschlossene Furcht. Karen wagte nicht, ihre Wut zu prägnanten Äußerungen zu machen, weil sie damit das verunsichernde Gefühl von Getrenntsein und Einsamkeit hervorgerufen hätte, das mit der Offenlegung unseres Anders-Seins verbunden ist. Maggie fühlte diese Angst, als sie in einer neuen, erwachsenen Weise mit ihrer Mutter sprach. Sandra fühlte sie, als sie sich bei Larry für ihr Verhalten entschuldigte und mehr Verantwortung für ihre eigenen Bedürfnisse übernahm. Barbara hätte sie gefühlt, wenn sie den ständigen Streit mit ihrem Mann aufgegeben und ihm ruhig mitgeteilt hätte, daß sie an dem Aggressions-Workshop teilnehmen würde. Trennungsangst kann uns immer dann überfallen, wenn wir in einer Beziehung eine autonomere Haltung einnehmen, oder sogar, wenn wir die bloße Möglichkeit in Betracht ziehen. Manchmal hat diese Angst die ganz reale Basis, daß wir eine Beziehung oder einen Job verlieren könnten, wenn wir etwas grundsätzlich klarstellen. Häufiger ist es aber so, daß Trennungsangst mit einem unterschwelligen Unbehagen an Unabhängigkeit und Individualität verbunden ist, das in unseren frühen Kindheitserfahrungen wurzelt; in unserer Kindheit sind wir vielleicht der unausgesprochenen Erwartung begegnet, aus Rücksicht auf die anderen kein eigenes Ich zu artikulieren. Töchter sind für solche Erwartungen besonders sensibel und entwickeln in hohem Maß die Fähigkeit, ein »Beziehungs-Wir« zu schützen, nicht aber die Fähigkeit, ein autonomes Ich zu zeigen.

Karen war sich ihrer Trennungsangst nicht bewußt; dennoch brachte diese Angst sie dazu, ihre ursprünglich klare und starke Position in Tränen und Verletztheit zu verwandeln. Ihre offensichtliche Verwundbarkeit gab ihrem Chef die Möglichkeit, sich mitfühlend zu zeigen; so wurde die Verbundenheit wiederhergestellt, die Karen, trotz des darin liegenden Selbstbetrugs, ein

Gefühl der Sicherheit gab. Dieser Mechanismus, in Beziehungen das Gefühl von Zusammengehörigkeit durch Weinen, Selbstkritik, Verwirrtheit und voreilige Friedensschlüsse wiederherzustellen, war ein Teil von Karens Persönlichkeitsstruktur geworden. Was dem Problem zugrunde lag, war die Tatsache, daß Karen, ähnlich wie Maggie, noch an der Ablösung aus der Elternbindung und an der Unabhängigkeit von ihrer Herkunftsfamilie arbeiten mußte.

Wenn Karen die Ablösung aus alten Abhängigkeitsstrukturen in ihrer eigenen Familie gelingt, wird sie sich auch in beruflichen Konfliktsituationen eindeutiger verhalten können; sie wird weniger Angst davor haben, auf sich selbst zurückgeworfen zu sein und auf eigenen Füßen zu stehen.

Andere Lösungen

Wenn Karen die Situation im Gespräch mit ihrem Chef noch einmal durchleben müßte, wie könnte sie ihre Aggressionen produktiver einsetzen? Ihr Chef brachte sie durch indirekte Kritik an ihrer Arbeit von ihrem Thema ab; sie könnte sich zunächst auf solche Abwehrreaktionen besser vorbereiten. Karen sollte nicht versuchen, seine Reaktionen zu beeinflussen oder zu verändern. Sie sollte sich selbst aber auch nicht beeinflussen lassen. Sie kann konsequent bei ihrem Anliegen bleiben, wenn sie sich ruhig anhört, was er zu sagen hat, und dann ihre Argumente noch einmal vorbringt. Was kann Karen tun, wenn sie im Lauf des Gesprächs von Gefühlen überwältigt wird und ihr die Tränen kommen? Sie kann sich die Zeit nehmen, ihre Fassung wiederzugewinnen. Sie könnte sagen: »Ich brauche jetzt etwas Zeit zum Nachdenken; können wir einen anderen Termin vereinbaren und noch einmal darüber sprechen?« Was geschieht, wenn Karens Chef sich weigert, die Beurteilung zu ändern? Dann kann Karen sich Gedanken über ihr weiteres Vorgehen machen. Sie könnte einen Dritten nach seiner Meinung über die Beurteilung fragen. Sie könnte ihrem Chef auch einfach sagen: »Das paßt mir zwar nicht, aber ich kann damit leben.« Sie könnte genauer nachfragen, welche Kriterien sie erfüllen müßte, um beim nächsten Mal die Beurteilung »hervorragend« zu erhalten. Ganz gleich, wie gut Karen lernt, mit ihren Aggressionen umzugehen, sie hat damit keine Garantie, daß ihr

Chef seine Meinung ändern oder daß nun Gerechtigkeit herrschen wird. Sie hat jedoch die Möglichkeit, ihre Meinung auszusprechen, ihre Alternativen ins Auge zu fassen und ihre eigenen Entscheidungen zu treffen. Je ruhiger und entschiedener Karen ihrem Chef gegenübertritt, desto eindeutiger wird er in der Frage der Beurteilung Stellung beziehen müssen. Könnte es sein, daß Karen dieser Eindeutigkeit aus dem Weg gegangen ist, um vor sich selbst das Bild aufrechtzuerhalten, daß ihr Chef ein »netter Typ« ist?

Karens Geschichte macht deutlich, wie unsere unbewußten Katastrophenphantasien und unsere Angst vor Getrenntheit uns daran hindern können, in unseren Aggressionen eine Herausforderung zur Abgrenzung und zum Handeln in unserem eigenen Interesse zu sehen. In manchen Fällen ist jedoch nicht unsere Angst vor der Klarheit das Problem, sondern die Tatsache, daß die Klarheit einfach nicht da ist. Hier und da ist unsere Selbsteinschätzung total vernebelt, weil wir uns ausschließlich darauf konzentrieren, was der andere mit uns macht.

Die Sache mit der Bratpfanne

Als Susan, meine ältere Schwester, vor einigen Jahren bei mir zu Besuch war, gingen wir zusammen in ein großes Warenhaus, wo ich eine kunststoffbeschichtete Pfanne kaufen wollte. Ohne lange nachzudenken, griff ich nach einer Pfanne, die mir gut erschien, und strebte auf die Kasse zu. Kaum hatte ich zwei Schritte getan, als meine Schwester mir in den Weg trat und mich davon in Kenntnis setzte, daß ich im Begriff war, die falsche Pfanne zu kaufen. Susans Stimme drückte äußerstes Vertrauen in ihr eigenes Urteil aus; sie hielt mir einen ausführlichen Vortrag über die Mängel dieses speziellen Kunststoffüberzugs, den ich gewählt hatte. Ich wußte nichts über Kunststoffbeschichtungen und interessierte mich auch nicht sonderlich für dieses Thema. Zunächst war ich wieder einmal von dem enzyklopädischen Wissen meiner großen Schwester beeindruckt, aber als sie weitersprach, spürte ich, wie Ärger in mir aufstieg. Wer hatte sie überhaupt nach ihrer Meinung gefragt? Warum war sie immer so sehr davon überzeugt, daß sie recht hatte? War sie vielleicht allwissend? Ich spielte kurz mit dem Gedanken, ihr die Pfanne, die ich in der Hand hielt, über den Kopf zu hauen, aber ich widerstand dem Impuls. Statt dessen marschierte ich stracks zur Kasse – ganz die schmollende kleine Schwester – und bezahlte die Pfanne, die ich ausgesucht hatte. Es stellte sich heraus, daß die Pfanne von schlechter Qualität war und nicht lange hielt, ganz wie Susan vorausgesagt hatte.

Es ist eine alte Weisheit, daß wir anderen das beibringen, was wir selbst am meisten lernen müssen. Als ich meiner Freundin Marianne, mit der ich bei den Aggressions-Workshops zusammenarbeite, von dem Zwischenfall erzählte, war ich meilenweit davon entfernt, mir über mich selbst im klaren zu sein. Warum war ich wütend? Ganz einfach: weil meine Schwester so rechthaberisch ist. Ich hatte mich über ihre besserwisserische Art geärgert und über ihr Bedürfnis, sich auf jedem Gebiet als Expertin hervorzutun. Alles, was ich Marianne über meine Wut erzählte, waren Aussagen über meine Schwester – nicht ein Wort über mich selbst.

Marianne hörte zu und antwortete dann leichthin: »Also weißt du, ich würde gern mal mit deiner Schwester einkaufen gehen. Sie hat soviel Erfahrung in diesen Dingen. Susan ist so gescheit und so umsichtig!« Marianne meinte ganz ehrlich, was sie sagte. Sie an meiner Stelle hätte auf Susans Art ganz anders, positiv, reagiert. Tatsächlich machten genau die Eigenschaften, die ich an Susan kritisierte, sie für andere liebenswert, meine Eltern eingeschlossen. In diesem Augenblick wurde mir etwas über mich klar, was ich bei anderen Leuten sonst so leicht erkenne – daß nämlich meine Vorwurfshaltung mich hinderte zu begreifen, warum ich wütend war. Was ärgerte mich so sehr an Susans Ratschlägen und an ihrem Sachverstand? Warum war das ein Problem für mich? Von welchen Mechanismen war unsere Beziehung bestimmt, und welche Rolle spielte ich dabei? Erst nachdem ich über diese Fragen nachgedacht hatte, war ich in der Lage, Susan zu sagen, was mich störte, ohne damit sagen zu wollen, daß ihre Einstellung zum Leben falsch sei.

Zuerst fand ich – durch meine Wut – heraus, was ich wollte und in welcher Hinsicht ich mich gegen meine Schwester abgrenzen wollte. So wie Maggie es mit ihrer Mutter tat, erklärte ich Susan, daß ich ihren Rat nur dann hören wolle, wenn ich ausdrücklich darum bäte. Verständlicherweise fiel es Susan schwer, zu akzeptieren, daß ich etwas gegen gute, vernünftige

Ratschläge hatte, denn sie selbst konnte Ratschläge gut annehmen und sie waren ihr, ob erbeten oder nicht erbeten, stets willkommen. Um ihr ein wenig verständlich zu machen, warum ich Probleme mit ihren Ratschlägen hatte, erzählte ich ihr ein bißchen von meinen Erfahrungen als kleine Schwester: »Weißt du, Susan, ich habe dich mein Leben lang als den großen Star erlebt. Ich habe immer bewundernd zu dir aufgeblickt, denn du wußtest immer auf alles eine Antwort. Du wußtest und konntest alles, und ich fühlte mich immer unterlegen. Ich hatte dir gar nichts zu bieten und konnte dir nichts beibringen. Ich fange tatsächlich an, mich inkompetent zu verhalten, wenn ich mich durch deine Selbstsicherheit eingeschüchtert fühle. Unsere Beziehung ist mir sehr wichtig, und ich versuche daran zu arbeiten, daß sie für mein Gefühl ausgewogener wird. Ich glaube, es ist gut für mich, der Hilfe und dem Rat meiner großen Schwester eine Zeitlang aus dem Weg zu gehen. Ich weiß, das hört sich vielleicht albern, kindisch oder undankbar an, weil du ja wirklich sehr hilfsbereit bist; aber im Augenblick ist es das, was ich brauche.«

Damit forderte ich meine Schwester zwar auf, ihr Verhalten zu ändern, aber nicht, weil ihre Ratschläge schlecht, falsch oder unangebracht gewesen wären, sondern weil ich auf ihre schwesterliche Überlegenheit immer noch kindlich reagierte – und an diesen Reaktionen gab ich nicht ihr die Schuld.

Daß ich mit Susan über meine Probleme sprach (unter anderem über meinen Neid auf ihre Rolle als Star der Familie), war ein wichtiger Schritt zur Auflösung eines alten Spiels von regressivem und progressivem Verhalten zwischen uns, bei dem Susan die Rolle der kompetenten Helferin spielte und ich die Rolle der wenig kompetenten Hilfsbedürftigen. Susan hatte früher immer ein Maß an Kenntnissen und Fähigkeiten an den Tag gelegt, das für uns beide ausreichte – und je mehr sie das tat, desto mehr zog ich mich auf einen Zustand geradezu auffälliger Unklarheit und Verschwommenheit zurück. Als ich meinen Wunsch ausdrückte, auch mal etwas für meine Schwester zu tun (statt immer nur die Empfängerin der schwesterlichen Weisheit zu sein), erzählte Susan mir von ihren Problemen – und mir wurde zum ersten Mal bewußt, daß sie auf meine Meinung Wert legte. Im Lauf der Zeit wurde unsere Beziehung ausgeglichener, und ich hatte nicht mehr das Gefühl, immer die Unterlegene zu sein. Heute lege ich großen Wert auf Susans Rat, ob ich ihn besonders erbeten habe oder nicht und in allen möglichen Fragen – die Qualität von kunststoffbeschichteten Pfannen eingeschlossen.

Wenn wir unsere Aggressionen zum Ausgangspunkt besserer Selbsteinschätzung machen, heißt das nicht unbedingt, daß wir mit ausführlichen psychologischen Erklärungen aufwarten müssen. Wenn ich die aus meiner Kindheit stammenden Beziehungsprobleme in diesem Zusammenhang nicht erkannt hätte, hätte ich meiner Schwester vielleicht einfach gesagt, ich wolle keine Ratschläge, obwohl ich nicht sagen könne, warum. Das Wesentliche an dieser Geschichte ist, daß ich mir mit Hilfe meiner Wut über meine Bedürfnisse klar wurde und mich nicht zur Richterin über Susans Verhalten aufwarf.

Aggressionen sind dann ein Mittel der Veränderung, wenn sie uns dazu bringen, mehr für uns selbst und weniger für andere zuständig zu sein.

Eine klare Haltung einnehmen

Zum Klärungsprozeß im Umgang mit unseren Aggressionen gehört auch, daß wir lernen, loszulassen; wir müssen die Vorwürfe jenem anderen Menschen gegenüber aufgeben, von dem wir meinen, daß er unsere Probleme verursacht und uns an unserem Glück hindert. Wir müssen von der Vorstellung lassen, es sei unser Auftrag, andere zu verändern oder ihr Fühlen, Denken und Handeln zu beeinflussen. Das heißt jedoch nicht, daß wir jede Art von Verhalten akzeptieren oder passiv hinnehmen sollen. Ein Leben nach dem Motto »Leben und leben lassen« kann auch ein Zeichen von Selbstaufgabe sein, wenn wir nicht klarstellen, was wir in der Beziehung zu anderen für akzeptabel und wünschenswert halten und was wir ablehnen. Es ist nur wichtig, *wie* wir unsere Position vertreten.

Kürzlich arbeitete ich mit einer Frau, die wütend darüber war, daß ihr Mann so wenig Rücksicht auf seine Gesundheit nahm. Er hatte eine schwere Erkrankung an den Beinen, die nur unzureichend behandelt worden war und die sich jetzt ständig verschlimmerte. Ruths Mann schien sich jedoch nicht um weitere medizinische Hilfe zu kümmern. Ruth drückte ihren Zorn darüber aus, indem sie ihn ständig belehrte, was er tun müsse, und indem sie seine Gefühle und sein Verhalten interpretierte

(»Was du tust, ist selbstzerstörerisch.« – »Du vernachlässigst dich.« – »Du gehst schlecht mit dir selbst um, genau wie dein Vater.« – »Du verleugnest deine eigenen Ängste.«). Als Reaktion darauf nahm Ruths Mann seiner Krankheit gegenüber eine immer gleichgültigere Haltung ein (was verständlich war, da seine Frau genug Besorgtheit für zwei äußerte) und wurde immer dogmatischer in seiner Weigerung, weitere Behandlung in Erwägung zu ziehen. Ein ständig eskalierender Zyklus von Verhaltensweisen spielte sich ein. Ruth bestand darauf, am besten zu wissen, was für ihren Mann gut sei, worauf ihr Mann mit noch größerer Bestimmtheit seine Unabhängigkeit in dieser Frage vertrat. Ruth belehrte ihn daraufhin nur noch eindringlicher, was er tun müsse und wie er empfinden solle. Wie viele Frauen nahm auch Ruth ihrem Mann die »Gefühlsarbeit« ab, so daß er die Rolle des emotional unempfindlichen Holzklotzes spielen konnte.

Für Ruth war es ein wichtiger Schritt, zu erkennen, daß es allein Sache ihres Mannes war, über seine Gefühle zu entscheiden, Risiken einzugehen und die Verantwortung für seine Gesundheit zu übernehmen. Andererseits war es sehr wichtig für Ruth, ihren Zorn ernst zu nehmen. Sie brauchte ihn, um zunächst sich selbst und dann ihrem Mann klarzumachen, daß sie sich mit dem Stand der Dinge nicht abfinden und nicht so tun würde, als sei alles in bester Ordnung.

Ruth vollzog eine entscheidende Wandlung, als sie mit ihrem Mann über ihre eigenen Gefühle sprach, statt ihn zu kritisieren oder zu belehren. Ruths Vater war an einer unheilbaren Krankheit gestorben, als sie zwölf Jahre alt war – und nun war sie mit der Angst konfrontiert, auch ihren Mann durch eine Krankheit zu verlieren. Statt sich auf die »Destruktivität« und die »Gleichgültigkeit« ihres Mannes zu konzentrieren, konnte Ruth ihn nun bitten, sich um ihretwillen, ihrer Ängste und Sorgen wegen, in Behandlung zu begeben. Sie erklärte ihm, daß ihre Ängste sie so belasteten, daß sie nicht einfach ihren Alltagsbeschäftigungen nachgehen könne, als gebe es keinen Grund zu Befürchtungen. Sie machte ihren Mann nicht für ihre Reaktionen verantwortlich und gab auch nicht mehr vor, zu wissen, was für ihn das Beste sei. Ruth sprach über ihre eigenen Schwierigkeiten mit der Situation und bat ihren Mann um Verständnis für die Intensität ihrer Angstgefühle. Er stimmte zu, einen Arzt aufzusuchen, machte dabei aber ganz klar, daß er das ihretwegen tat.

Wenn wir unsere Aggressionen so artikulieren, daß wir damit etwas über uns selbst aussagen, nehmen wir eine Position der Stärke ein; es geht um uns, um unsere Gefühle und Gedanken – und dagegen kann niemand etwas sagen. Auch wenn das jemand versuchen sollte – wir brauchen uns nicht mit logischen Argumenten zu verteidigen. Wir können ganz einfach sagen: »Das mag dir verrückt oder falsch vorkommen, aber für mich ist es halt so.« Aber auch wenn wir lernen, an der eigenen Veränderung zu arbeiten, gibt es doch keine Garantie dafür, daß andere dasselbe tun werden.

Eine Grundsatzentscheidung

Joan und Carl lebten seit einem Jahr zusammen; beide hatten ihre Freundschaften zu anderen Männern und Frauen nicht aufgegeben. Sie stimmten darin überein, daß sie zwar monogam leben, aber nicht die Möglichkeit opfern wollten, andere enge Beziehungen zu haben. Mit diesem informellen Kontrakt kamen sie gut zurecht, bis Carl anfing, seiner jungen Forschungsassistentin, die gerade durch eine Scheidung ging, mehr Zeit zu widmen. Joan stellte fest, daß sie eifersüchtig und wütend war und sich bedroht fühlte.

Fast ein Jahr lang war die Beziehung zwischen Carl und seiner Assistentin das Thema dauernder unproduktiver Streitigkeiten. Joan fragte immer wieder nach, ob Carl wirklich nur platonische Gefühle für sie hege, und Carl warf ihr dann jedesmal vor, sie sei paranoid und besitzergreifend. Sie führten endlose Debatten über Nebensächlichkeiten: War es angemessen, daß Carls Assistentin ihn abends zu Hause anrief, um mit ihm über ihre Scheidung zu sprechen? War es in Ordnung, daß Carl abends mit ihr essen ging, oder hätte er sich darauf beschränken sollen, in der Mittagspause mit ihr zu essen? Joan schwankte zwischen Vorwürfen und Selbstanklagen; es kam zu keiner Lösung. Ihr immer wieder aufflammender Zorn war ein starkes Signal für ihre Unzufriedenheit in der Partnerschaft, die sich im Lauf der Zeit keineswegs gelegt hatte.

Der Umschlagpunkt war erreicht, als Joan aufhörte, sich über Carls Verhalten zu beklagen, und offen zugab, daß die Situation unerträglich für sie war. Sie nannte Carls Verhalten nicht falsch oder bösartig; sie war sich durchaus darüber im klaren, daß andere Frauen in derselben Situation sich vielleicht nicht beklagt oder die Möglichkeit wahrgenommen hätten, sich selbst auch mehr Freiheit zu nehmen. Joan sprach ganz einfach aus, daß sie mehr Eifersucht empfand, als sie ertragen konnte.

Als Carl ihre Reaktion »pathologisch« und »bürgerlich« fand, wurde Joan nicht wütend und stritt nicht mit ihm. Sie sagte nur: »Meine Gefühle sind so, wie sie sind. Ich leide unter deiner Beziehung zu dieser anderen Frau so, daß ich dich bitten möchte, sie zu beenden. Es kann schon sein, daß die Schwierigkeiten zum größten Teil bei mir liegen, aber ich kann mit dem gegenwärtigen Zustand nicht leben und ich fühle mich in der Beziehung zu dir nicht wohl. Es ist mir einfach zu belastend.« Joan vertrat diesen Standpunkt mit Bestimmtheit und Würde. Dadurch, daß sie ihre Ängste offen eingestand, sah Carl sich nun gezwungen, für sich zu klären, welche Beziehung Priorität für ihn hatte – und es war nicht die Beziehung zu Joan. Er weigerte sich, die Verbindung zu seiner Assistentin aufzugeben. Nach einer Zeit heftiger innerer Konflikte rang sich Joan zu einer Grundsatzentscheidung durch. Sie sagte zu Carl: »Wenn du diese Beziehung aufrechterhältst, kann ich nicht mehr mit dir leben.« Damit sprach sie keine Drohung aus und machte auch keinen emotionalen Erpressungsversuch; sie teilte mit, was sie empfand, und stellte klar, was für sie möglich war. Carl reagierte nicht darauf, er lebte weiter so wie vorher – und schließlich bat Joan ihn, aus der Wohnung auszuziehen. Bald danach trennte Carl sich ganz von ihr und zog mit seiner Assistentin zusammen.

Joan litt sehr unter der Trennung, aber sie stand zu der Entscheidung, die sie getroffen hatte. Sie hatte Carl verloren, aber sie hatte ihre Würde und ihre Selbstachtung behalten. Hat Joan das Richtige getan? Joans Entscheidung war richtig für Joan; andere Frauen hätten vielleicht eine andere Entscheidung getroffen oder überhaupt nicht gewußt, was sie tun sollten.

Wenn wir mit Hilfe unserer Wut unsere wirklichen Bedürfnisse, Wertvorstellungen und Prioritäten herauszufinden versuchen, sollten wir nicht verzweifeln, wenn wir feststellen, wie unklar wir uns über uns selbst sind. Wenn wir in einer wichtigen Beziehung ständig das Gefühl von Wut oder Resignation haben, ist das ein Zeichen dafür, daß wir zuviel von uns selbst aufgegeben haben und daß wir uns unserer eigenen Einstellungen und unserer Alternativen nicht sicher sind. Wenn wir unseren Mangel an Klarheit entdecken, ist das keine Schwäche, sondern eine Chance, eine Herausforderung, ein Zeichen von Stärke.

Woher sollten Frauen auch eine klare Ich-Vorstellung haben? Wer bin ich? Was will ich eigentlich? Was ist richtig für mich? Wir alle schlagen uns mit diesen Fragen herum, aus guten Gründen. Uns ist viel zu lange beigebracht worden, keine Fragen zu stellen, sondern fremdbestimmte Vorstellungen unserer »naturgegebenen Aufgabe«, unserer »Mütterlichkeit«, unserer »Weiblichkeit« zu übernehmen. Oder man hat uns gelehrt, unsere eigenen Fragen durch andere zu ersetzen: Wie kann ich anderen gefallen? Wie bekomme ich Liebe und Bestätigung? Wie kann ich die Harmonie aufrechterhalten? Am meisten leiden wir, wenn wir resignieren und es aufgeben, uns die Frage »Wer bin ich?« zu stellen, und wenn wir die Wut verleugnen, die uns anzeigt, daß wir uns mit dieser Frage beschäftigen müssen.

Es gehört Mut dazu, uns unsere eigene Unsicherheit einzugestehen und sie eine Weile auszuhalten. Allzuoft bringen uns unsere Aggressionen dazu, Haltungen einzunehmen, die wir nicht genügend durchdacht haben und die wir nicht wirklich einnehmen wollen. Es hilft uns auch nicht, wenn unsere Umgebung uns mit guten Ratschlägen überschüttet: »Laß doch endlich diesen Kerl sausen!« – »Sag deinem Chef einfach, daß du diesen Auftrag nicht übernimmst!« – »Du kannst dich doch von ihr nicht so behandeln lassen!« – »Sag ihr, daß du ihr die Freundschaft aufkündigst, wenn sie das noch einmal tut!« – »Sag nein!«

Immer langsam. Unsere Wut kann ein machtvolles Instrument der Persönlichkeitsentwicklung und der Veränderung sein, wenn wir sie einsetzen, um zu erkennen, daß wir uns über etwas noch nicht im klaren sind und daß wir uns mit einem Problem auseinandersetzen müssen.

Sehen wir uns an, wie eine Frau den Weg von einer vorwurfsvollen wütenden Haltung zu einer produktiven Auseinandersetzung mit ihrer eigenen Unklarheit fand.

Das andere Familienerbe

Katy und ihr alternder Vater

Katy ist Hausfrau. Sie ist jetzt fünfzig, und ihr jüngstes Kind hat kürzlich das Elternhaus verlassen, um aufs College zu gehen. Ihr Vater ist zweiundsiebzig, ein pensionierter Lehrer, der seit zehn Jahren verwitwet ist. Sein Gesundheitszustand ist relativ schlecht. Katy rief mich bei der Menninger Foundation an, weil sie gehört hatte, daß ich eine »Aggressionsspezialistin« sei.

»Mein Vater hat ein großes Problem«, erklärte sie in verzweifeltem Ton. »Er stellt völlig übertriebene Ansprüche an mich, besonders seit er nicht mehr Auto fahren kann; seine Sehkraft hat nach einem Herzinfarkt sehr nachgelassen. Er ruft an, und ich muß ihn zum Einkaufen und zu seinen Verabredungen fahren. Er verlangt, daß ich ihm bestimmte Hausarbeiten abnehme, und dann nörgelt er, weil ich ihm nichts recht mache. Vieles könnte er wirklich selbst erledigen, aber er führt sich auf wie ein altgewordenes Kleinkind. Manchmal ruft er mich zwei- bis dreimal an einem Tag an. Wenn ich mich weigere zu kommen, zieht er sich beleidigt von mir zurück, und das macht mir dann Schuldgefühle. Ich bin wirklich am Ende mit meinem Latein.«

Als ich Katy das erste Mal traf und sie bat, ihr Problem ausführlicher darzustellen, wiederholte sie mehr oder weniger, was sie schon am Telefon gesagt hatte.

»Wie würden Sie Ihr Problem beschreiben?«

Katy: »Mein Vater sieht nicht, daß ich ein eigenes Leben habe; das ist mein Problem. Er meint, daß mein ganzes Leben sich um ihn drehen müßte. Seit dem Tod meiner Mutter benutzt er mich regelrecht; ich soll die Lücke füllen und ihre Aufgaben übernehmen.«

»Können Sie wiedergeben, wie Sie mit Ihrem Vater über dieses Problem gesprochen haben?«

Katy: »Vater, du mußt einsehen, daß ich mein eigenes Leben habe und daß du einfach zuviel verlangst. Ich wollte, du würdest mir nicht immer Schuldgefühle machen, wenn ich mal nicht vorbeikomme. Ich meine, du solltest dich mehr nach außen orientieren, andere Leute kennenlernen und dich nicht so isolieren und nur auf mich verlassen.«

»Wie reagiert Ihr Vater darauf?«

Katy: »Er wird wütend und redet eine Zeitlang nicht mit mir. Manchmal fängt er auch an, über seine Krankheiten zu reden – und das ruft bei mir solche Schuldgefühle hervor, daß ich mich ärgere, das Problem überhaupt angesprochen zu haben.«

»Und was tun Sie dann?«

Katy: »Nichts! Es hat ja alles keinen Sinn. Darum bin ich ja hier.«

Das Auffällige – und gleichzeitig Typische – an Katys kurzer Zusammenfassung ihrer Problematik war, daß alles, was sie sagte, ihren Vater betraf:

Mein Vater sieht nicht, daß ich mein eigenes Leben habe.
Mein Vater meint, mein gesamtes Leben müßte sich
um ihn drehen.
Mein Vater benutzt mich.
Mein Vater verlangt zuviel.
Mein Vater macht mir Schuldgefühle.
Mein Vater müßte sich mehr nach außen orientieren
und Leute kennenlernen.

Katy verhält sich so, wie wir uns fast alle verhalten, wenn wir wütend sind: Sie fällt Urteile, macht Vorwürfe, hält Predigten, erteilt Belehrungen, hat Interpretationen und Charakteranalysen parat – und sie macht nicht eine einzige Aussage über sich selbst.

Wenn wir uns an die vorangegangenen Kapitel erinnern, fällt uns auf, daß Katys Problem mit ihrem Vater gewisse Ähnlichkeiten mit Maggies Problem mit ihrer Mutter hat. Nehmen Sie sich ein bißchen Zeit, Ihre eigenen Reaktionen auf diesen Generationskonflikt zu erforschen und Ihre eigenen Fragen zu stellen, bevor Sie meine Fragen lesen.

Ist es falsch von Katys Vater, solche Ansprüche zu stellen? Ich weiß es nicht. Wer kann letztendlich sagen, welche Ansprüche dieses zweiundsiebzigjährigen Witwers an seine Tochter gerechtfertigt sind? Zehn verschiedene Leute, nach ihrer Meinung befragt, würden vermutlich zehn verschiedene Antworten geben, je nach ihrem jeweiligen Alter, ihrer Religionszugehörigkeit, ihrer Nationalität, der sozialen Schicht, aus der sie stammen, ihrem familiären Hintergrund – und ihrem Platz in der Geschwisterreihe. Ich an Katys Stelle würde mich wahrscheinlich auch über die allzu hohen Ansprüche meines Vaters beklagen. Aber nicht jeder empfindet so. Andere Menschen in derselben Situation wären vielleicht glücklich, so sehr gebraucht zu werden. Wenn wir in dieser Frage nach einer unanfechtbar »wahren« Antwort suchen (Welche Ansprüche dürfen Eltern an ihre Kinder stellen? Welche Ansprüche muß eine erwachsene Tochter erfüllen?), übersehen wir, daß es sehr unterschiedliche Möglichkeiten gibt, diese Situation wahrzunehmen, und daß Menschen unterschiedlich denken, fühlen und reagieren. Ich wiederhole das so oft, weil es so furchtbar schwierig sein kann, zu dieser Einsicht zu gelangen – und sie aufrechtzuerhalten, wenn wir wütend sind. Aus einander widersprechenden Bedürfnissen und unterschiedlichen Lebenseinstellungen läßt sich nicht ableiten, daß die eine Seite »recht« und die andere »unrecht« hat.

Ist Katys Wut auf ihren Vater gerechtfertigt? Natürlich ist sie das. Kategorien wie richtig und falsch, legitim oder illegitim lassen sich, wie schon gesagt, auf Aggressionen nicht anwenden. Alle unsere Gefühle sind unser gutes Recht – und Katys Wut verdient ihre Aufmerksamkeit und ihren Respekt. Daß Katy ein Recht auf ihre Wut hat, heißt jedoch nicht, daß ihr Vater für ihre Wut verantwortlich ist. Katys ständige Aggressionen und Verstimmungen sind vielmehr ein Zeichen dafür, daß sie ihren eigenen Anteil an der Beziehungssituation mit ihrem Vater überdenken und sich überlegen muß, wie sie sich in dieser wichtigen Beziehung anders verhalten könnte.

Was ist gegen Katys Art von Kommunikation mit ihrem Vater einzuwenden? Zunächst fällt auf, daß Katy nicht sonderlich taktvoll oder diplomatisch ist. Wenige Menschen sind fähig und bereit, zuzuhören, wenn man an ihnen herumkritisiert und ihnen sagt, was bei ihnen nicht in Ordnung ist. Wenn Katys Vater nicht ungewöhnlich flexibel ist, wird er auf ihre Äußerungen mit noch größerer Abwehr reagieren und noch weniger bereit sein, überhaupt zu hören, was sie sagt. Außerdem zeigt sich in Katys Äußerungen, daß sie ein festes Bild, eine »Expertenmeinung« über das Verhalten und die Erfahrungen ihres Vaters hat. Nach Katys Diagnose ist ihr Vater ein egoistischer, neurotischer, schwieriger Mann, der seine Tochter benutzt, um die Lücke zu füllen, die durch den Tod seiner Frau in seinem Leben entstanden ist. Diese psychologische Interpretation mag zutreffen – oder auch nicht. Es gibt zahllose andere mögliche Erklärungen für das Verhalten des Vaters.

In emotionalen Spannungssituationen bietet es sich oft als der beste Zeitvertreib an, Diagnosen über den anderen zu stellen. Darin kann zwar der Wunsch liegen, zu einer wirklich hilfreichen Einsicht in die Probleme zu kommen; häufiger aber stellt das Diagnostizieren eine subtile Form von Vorwürfen und von Überheblichkeit dar. Wenn wir Diagnosen stellen, gehen wir davon aus, daß wir beurteilen können, was ein anderer Mensch wirklich denkt, fühlt und wünscht oder wie er denken, fühlen und handeln sollte. Das können wir jedoch nicht. Es ist schon schwierig genug, uns über unsere eigenen Gefühle und Einstellungen klarzuwerden.

Wer hat das Problem? »Mein Vater hat ein großes Problem. Er stellt völlig übertriebene Ansprüche an mich.« Diese Aussagen – Katys erste Worte bei unserem Telefongespräch – spiegeln ihre Überzeugung, daß es ihr Vater ist, der das Problem hat. Aus Katys Schilderungen geht jedoch hervor, daß ihr Vater seine Bedürfnisse sehr wohl kennt, daß er fähig ist, sie klar zu äußern, und daß er sogar bekommt, was er will. Katy ist diejenige, die das Problem hat. Sie muß einen Weg finden, im Verhältnis zu ihrem Vater ihre eigenen Grenzen so klar zu definieren, daß sie nicht im ständigen Gefühl der Resignation und der Unzufriedenheit lebt. Es ist Katy, die leidet und mit der Situation nicht zurechtkommt – und das ist ihre Sache. Wenn wir feststellen, daß Katy das Problem hat, heißt das nicht, daß sie im Unrecht oder schuld an der Situation ist. Die »Problemfrage« hat nichts mit Schuld oder Versagen zu tun, sie klärt ganz einfach, wer mit einer Situation Schwierigkeiten hat.

Was ist Katys Problem? Ihr Problem ist, daß sie sich über einige grundlegende Fragen noch keine innere Klarheit verschafft hat. »Welche Verantwortung habe ich meinem eigenen Leben gegenüber – und wieviel Verantwortung muß ich für meinen Vater übernehmen?« – »Was wäre egoistisch – und was bedeutet es, meinen eigenen Wünschen und Bedürfnissen treu zu bleiben? « – »Wieviel kann ich für meinen Vater tun, ohne dabei wütend und unzufrieden zu sein?« Erst wenn Katy auf diese schwierigen Fragen eindeutige Antworten gefunden hat, kann sie ihrem Vater auf einer anderen Ebene begegnen.

Das Problem ist nicht, daß der Vater Katy Schuldgefühle »macht«. Andere können uns keine Schuldgefühle »machen« – sie können es allenfalls versuchen. Es ist abzusehen, daß Katys Vater ihr großen Widerstand entgegensetzen wird, wenn sie das eingespielte Muster verändert, aber für ihre Gefühle – Schuldgefühle inbegriffen – ist nur sie selbst verantwortlich.

In Konfliktsituationen gibt es nie simple Antworten oder Lösungen. Stellen Sie sich vor, Katy grenzt sich ihrem Vater gegenüber stärker ab. Was würden Sie davon halten? Würden Sie Katy als selbstsüchtig betrachten? Oder würden Sie ihren Anspruch auf ihre eigene Identität begrüßen? Wer von uns kann sagen, wo unsere Verantwortung für andere beginnt und wo sie endet? Wie können gerade Frauen, die von Kindheit an dazu erzogen werden, sich selbst über die liebende Fürsorge für andere zu definieren, mit Sicherheit feststellen, wann der Zeitpunkt gekommen ist, wo man »genug!« sagen muß?

»Eine Mutter ist immer im Einsatz« – das war das Credo, nach dem Katy mit ihren Kindern gelebt hat, und nachdem auch das letzte Kind das Haus verlassen hatte, setzte sie das Spiel mit ihrem alten Vater fort. Katy hatte, wie ich erfuhr, ihr Leben lang immer »gegeben«, wie es auch ihre Mutter und ihre Großmutter getan hatten. Tief in ihrem Inneren war sie zu sehr von Angst und Schuldgefühlen erfüllt, um endlich den lange verschütteten Teil ihrer selbst zuzulassen, der seine eigenen Bedürfnisse durchsetzen und anfangen wollte, zu nehmen. Katy hatte ihr Leben ausschließlich auf die Bedürfnisse anderer ausgerichtet und sich selbst dabei verleugnet, wenn nicht gar verloren. Sie fühlte die Wut, die von diesem verschütteten Selbst ausging, war aber bis dahin nicht in der Lage, die Kraft dieser Wut für die Veränderung ihrer Situation zu nutzen.

Katys Lage mag Mitgefühl auslösen und zur Identifikation einladen – und doch ist klar, daß nur sie selbst den Schritt zur Veränderung tun kann. An ihrem Dilemma ist sie durchaus nicht »selbst schuld«. Die Rollenvorschriften in Familie und Gesellschaft machen es Frauen besonders schwer, sich unabhängig von den Wünschen und Erwartungen anderer zu definieren; wenn wir anfangen, unser vorrangiges Interesse auf die Qualität und die Zielrichtung unseres eigenen Lebens zu richten, können uns die negativen Reaktionen anderer leicht mit Angst- und Schuldgefühlen erfüllen.

Wenn wir unsere Aggressionen jedoch nicht nutzen, um in wichtigen Beziehungen unseren eigenen Standort zu finden und mit unseren Gefühlen, so wie sie auftreten, umzugehen, werden wir mit Sicherheit niemanden finden, der uns die Verantwortung abnimmt.

Unklarheiten ausräumen

Katy hatte mich aufgesucht, weil sie »etwas unternehmen« wollte, um den Konflikt mit ihrem Vater zu lösen, und ich sollte ihr sagen, was dieses »Etwas« sein könnte. Ratgeber, die ihr sagten, was sie tun sollte, hatte Katy, wie die meisten Frauen, allerdings schon zur Genüge. Ihre Mutter hatte ihr beigebracht, daß Selbstlosigkeit und Aufopferung die Bestimmung der Frau seien; Katys Freunde hingegen sagten ihr nun, daß Selbstbehauptung der Schlüssel zu ihrer Befreiung sei. »Sag nicht ja, wenn du nein meinst«, war der Satz, den Katy am häufigsten hörte, bis sie schließlich selbst zu glauben begann, ihr Problem wäre gelöst, wenn sie nur den Mut aufbrächte, das unaussprechliche kleine Wort »nein« herauszubringen. Was Katy aber wirklich brauchte, war eine gewisse Zeit der Ruhe und des Nicht-Handelns. Es ist unklug, zu einem Zeitpunkt, wo man wütend und aufgebracht ist, Entscheidungen zu treffen oder Veränderungen in einer Beziehung anzustreben. Katy war so sehr damit beschäftigt, auf die Situation mit ihrem Vater zu reagieren, daß sie nicht klar darüber nachdenken konnte.

Es wäre sicher ein guter Anfang, wenn Katy aufhörte, ihrem Vater Vorwürfe zu machen und Diagnosen über ihn zu stellen. Sie könnte dann allmählich erkennen, daß es an ihr ist, sich von den Wünschen und Erwartungen ihres Vaters zu lösen, sich über ihre eigenen Wertmaßstäbe klarzuwerden, Alternativen zu überlegen und Entscheidungen über ihr Tun und Lassen zu treffen. Katy könnte dann auch wahrnehmen, daß sie über all das noch keine Klarheit hat und daß sie nicht weiß, wie sie ihr Problem lösen soll. Es ist bereits ein bedeutungsvoller Schritt, wenn wir uns unsere eigene Unklarheit eingestehen.

Was könnte Katys nächster Schritt sein? Was kann man überhaupt tun, wenn man über Ansprüche und Erwartungen anderer wütend ist, aber keine Möglichkeit sieht, das eigene Verhalten zu verändern? Die Wut zeigt uns das Problem, gibt uns aber keine klaren Antworten, nicht einmal Hinweise darauf, wie es zu lösen wäre. Wut ist eben einfach ein Gefühl – ein Gefühl, das wir uns gestatten müssen. Sie macht es uns schwer, klar zu denken, und fordert uns doch gleichzeitig heraus, uns Zeit zu nehmen, »herunterzuschalten« und uns Klarheit über uns selbst zu verschaffen. An dem Punkt, an dem Katy steht, ist es gar nicht sinnvoll, mit ihrer Wut »irgend etwas zu unternehmen«. Wenn sie ihren Vater kritisiert und andere – bewußt oder unbewußt – dazu auffordert, ihr dabei zu sekundieren, bringt das nur kurzfristige Erleichterung oder das Gefühl moralischer Überlegenheit; um eine wirkliche und dauerhafte Veränderung zu erreichen, muß Katy sich bemühen, sich aus ihrer emotionalen Verstrickung mit ihrem Vater zu lösen und ein höheres Maß an Einsicht in sich selbst zu entwickeln. Wie kann sie das erreichen? Zunächst kann sie anderen Familienmitgliedern, auch ihrem Vater, ihr Problem darstellen; dann kann sie Informationen darüber sammeln, wie andere – vor allem Frauen – in ihrer Familie in der Vergangenheit mit ähnlichen Problemen umgegangen sind.

»Vater, ich habe ein Problem«

Als Katy begann, mit ihrem Vater über ihr Problem zu sprechen, war das für sie genauso furchterregend – und ebenso bedeutsam – wie für Maggie das Gespräch mit ihrer Mutter. Katy brachte das rigide Beziehungsmuster in Bewegung, indem sie ruhig klarstellte, welchen Standpunkt sie in diesem familiären Konflikt einnahm. Das Gespräch verlief etwa so:
»Vater, ich habe ein Problem. Mir ist noch nicht klar, wie ich zwischen der Verantwortung, die ich dir gegenüber fühle, und der Verantwortung mir selbst gegenüber ein Gleichgewicht herstellen kann. Letzte Woche zum Beispiel bin ich zweimal mit dir einkaufen gegangen und habe dich zum Arzt gefahren; ich fühlte mich angespannt und unbehaglich dabei, weil ich eigentlich mehr Zeit für mich selbst gebraucht hätte. Aber wenn ich nein sage und mich um meine eigenen Angele-

genheiten kümmere, habe ich Schuldgefühle und mache mir ständig Gedanken darüber, wie du wohl zurechtkommst.«

»Wenn ich dir so sehr zur Last falle, brauche ich mich ja einfach nicht mehr zu melden«, sagte ihr Vater kühl. Es war, als hätte sie ihm einen physischen Schlag versetzt.

Katy war auf die Abwehrreaktion ihres Vaters vorbereitet; als sie dann wirklich damit konfrontiert war, verlor sie nicht den Boden unter den Füßen und ließ sich nicht in das emotionale Spannungsfeld hineinziehen, das ihre Beziehung bestimmte. »Nein, Vater, das wäre mir nicht recht. Du bist nicht schuld daran, daß ich mich belastet fühle. Es fällt mir einfach schwer, auch mal um Hilfe zu bitten. Es ist mein Problem, daß ich mir darüber klarwerden muß, was gut für mich ist. Ich muß für mich selbst herausfinden, wieviel ich für dich tun kann und wann ich nein sagen und an mich selbst denken muß.«

»Du erstaunst mich, Katy«, sagte ihr Vater. »Als deine Großeltern alt waren, hat deine Mutter sich um beide gekümmert und sich nie beklagt. Sie wäre sicherlich nicht sehr stolz auf dich.«

»Ich verstehe, was du meinst, Vater.« Katy schluckte den Köder nicht und blieb bei ihrem eigenen Thema. »Mutter hat mich dadurch, wie sie sich um ihre Eltern kümmerte, immer sehr beeindruckt. Sie muß eine erstaunliche Fähigkeit gehabt haben, für andere dazusein; und dabei war sie nie unzufrieden und hatte offenbar nicht das Gefühl, zu kurz zu kommen. Aber ich bin nicht Mutter. Ich bin anders, und ich könnte das vermutlich nicht tun. Ich glaube, ich bin wirklich viel egoistischer als Mutter.«

Für einen Augenblick herrschte beklemmende Stille. Dann sagte Katys Vater: »Und was stellst du dir vor, was ich tun könnte, um dein Problem zu lösen?« Die Mischung von Sarkasmus und Verletztheit in seiner Stimme war nicht zu überhören.

Katy fühlte einen Moment lang den vertrauten Drang, ihrem Vater Ratschläge zu geben, wie er Leute kennenlernen und die Möglichkeiten nutzen könnte, die ihm zur Verfügung standen. Aber sie wußte aus Erfahrung, daß dabei nichts herauskommen würde. Sie blieb bei ihrem eigenen Anliegen und sprach weiter über ihr Problem:

»Das wär' schön, wenn mir jemand mein Problem abnehmen und die Entscheidungen für mich treffen könnte, aber das muß ich wohl selbst machen.« Katy wurde nachdenklich. »Ich glaube, du könntest mir tatsächlich helfen, wenn du mir von deinen eigenen Erfahrungen erzählen würdest. Wie war das eigentlich für dich, als deine Mutter krank wurde und nicht mehr für sich selbst sorgen konnte? Sie kam doch dann in ein Altersheim; wer hat damals eigentlich diese Entscheidung getroffen – wie hast du dazu gestanden?«

Katy sprach hier ein Familienproblem (Wer kümmert sich um die Alten in der Familie?) direkt und offen an, statt wütend zu reagieren; dadurch, daß sie die Karten offen auf den Tisch legte, nahm sie dem Thema die Sprengkraft. Wenn man verdrängte oder totgeschwiegene emotionale Probleme offen ausspricht, verringern sich die damit verbundenen unbewußten Ängste. Katy wird feststellen, daß sie nun objektiver über ihre Situation nachdenken kann. Außerdem beginnt Katy, ihren Vater über seine eigenen Erfahrungen mit dem Problem zu befragen. Das Wissen darüber, wie andere Familienmitglieder in der Vergangenheit ähnliche Probleme bewältigt haben, ist einer der besten Wege, aus dem bloßen emotionalen Reagieren herauszukommen. Tatsächlich war es so, daß Katy, ehe sie mit ihrem Vater so klar und zielgerichtet sprechen konnte, mehr über die Geschichte der Fürsorge für andere in ihrer Familie, über ihre »Erbschaft« in dieser Hinsicht, erfahren mußte.

Emotionale Erbschaften

Welche Frauen in Katys Verwandtschaft haben mit ähnlichen Problemen gekämpft und wie haben sie versucht, sie zu lösen? Wie haben andere Frauen in der Familie – Katys Schwester, ihre Tanten, ihre Großmutter – versucht, zwischen ihrer Verantwortung für andere und der Verantwortung für sich selbst den Ausgleich herzustellen? Und wie erfolgreich waren sie dabei? Wie kam es dazu, daß Katys Mutter allein die Verantwortung übernahm, für ihre alten Eltern zu sorgen? Was denken die Geschwister ihrer Mutter über dieses Arrangement? Wie wurden in den vorangegangenen Generationen Entscheidungen darüber getroffen, wer sich um Familienmitglieder kümmerte, die sich nicht mehr selbst versorgen konnten?

Wir sind nie die ersten in unserer Familie, die sich mit einem bestimmten Problem herumschlagen, wenn es uns auch so erscheinen mag. Wir erben die ungelösten Probleme unserer Familie; was es auch immer sein mag, womit wir kämpfen, es hat eine Vorgeschichte in den Problemen vorangegangener Generationen. Wenn wir unsere Familiengeschichte nicht kennen, ist es viel wahrscheinlicher, daß wir vergangene Konfliktmuster wiederholen oder blind dagegen rebellieren, ohne Klarheit darüber zu gewinnen, wer wir sind, wie wir anderen Familienmitgliedern gleichen, worin wir uns von ihnen unterscheiden – und wie wir unser eigenes Leben am besten gestalten können.

Wenn wir unsere Wurzeln negieren, können uns weder Bücher noch Therapien bei der Selbstfindung helfen. Die meisten Menschen reagieren mit starken Emotionen auf die Familienmitglieder – ganz besonders auf die eigene Mutter –, aber wir reden nicht ernsthaft mit ihnen und versuchen nicht, etwas über ihr Leben in Erfahrung zu bringen. Wieviel wissen wir über die Kräfte, die das Leben unserer Eltern prägten (und unsere Eltern prägten ja schließlich unser Leben), oder darüber, wie unsere Mütter und Großmütter mit Problemen umgingen, die den unseren ähnlich waren? Dieses Wissen ist aber wichtig für die Klärung unseres eigenen Selbst. Ohne eine Identität, die in unserer persönlichen Geschichte wurzelt, werden wir auf viele Situationen mit heftiger Wut reagieren, andere beschuldigen, uns distanzieren, uns passiv unterwerfen oder uns auf irgendeine andere Art im Kreis drehen, ohne die wirklichen Ursachen zu erkennen.

Katy mußte also zuerst »Familienarbeit« leisten. Sie nahm mit einem weiten Kreis von Familienmitgliedern Kontakt auf – vor allem mit den Frauen – und erfuhr von ihnen, welche Erfahrungen sie mit ähnlichen Problemen gemacht hatten und welchen Standpunkt sie dabei eingenommen hatten. Sie erfuhr vieles über schon verstorbene Angehörige, was sie noch nicht wußte, auch über ihre Mutter. Auf diese Weise gelang es Katy, ihr Problem mit ihrem Vater in einem größeren Zusammenhang zu sehen.

Katy entdeckte, daß es unter den Frauen in ihrer Familie gewissermaßen zwei »Parteien« gab: diejenigen, die, wie ihre Mutter, große persönliche Opfer brachten, um für alte Eltern und Großeltern zu sorgen, und jene anderen, die, wie Tante Peggy, die Schwester ihrer Mutter, den Kopf in den Sand steckten und sich für nicht zuständig erklärten, wenn die Alten in der Familie nicht mehr für sich selbst sorgen konnten. Innerhalb dieser »Parteien« gab es Splittergruppen, die miteinander in erbittertem Kampf lagen. Katys Mutter zum Beispiel sprach noch jahrelang nach dem Tod der Großmutter kein Wort mit ihrer Schwester, weil sie der Meinung war, daß Peggy sich um ihren Teil an der Fürsorge um die alten Eltern gedrückt hatte. Aus Peggys Sicht hatte Katys Mutter eigenmächtige und unkluge Entscheidungen getroffen, als es darum ging, sich um die Großeltern zu kümmern. Die Fürsorge für die Alten war in der vorangegangenen Generation ein emotional stark geladenes Problem gewesen; es war gar nicht verwunderlich, daß Katy große Schwierigkeiten damit hatte, eine Mitte zwischen den Extremen zu finden und einen vernünftigen Ausgleich zwischen ihrer Verantwortung für sich selbst und ihrer Verantwortung für ihren Vater herzustellen.

Nachdem Katy die Verbindung zu ihrer Familie aufgenommen und Informationen gesammelt hatte, sah sie die Situation gelassener und war in der Lage, über Alternativen in der Beziehung zu ihrem Vater nachzudenken – während sie vorher geglaubt hatte, daß es gar keine Alternativen gäbe. Simple Antworten oder glatte, unproblematische Lösungen gab es allerdings nicht. Katy faßte ihr Dilemma einmal mit folgenden Worten zusammen: »Egal, wie lange ich in Therapie bin, ich werde mich immer wieder schuldig fühlen, wenn ich meinem Vater etwas abschlage. Wenn ich aber ständig ja sage, werde ich immer wieder wütend sein. Ich glaube, wenn ich mich verändern will, muß ich einfach lernen, eine Weile mit meinen Schuldgefühlen zu leben.« Und genau das tat Katy auch. Sie ertrug ihre Schuldgefühle, die sich nicht als tödlich erwiesen und die sich allmählich auch auflösten.

Die Veränderungen, die Katy in der Beziehung zu ihrem Vater erreichte, mögen Außenstehenden geringfügig und wenig eindrucksvoll erscheinen. Sie entschloß sich, statt an drei nur an zwei Abenden in der Woche gemeinsam mit ihm zu Abend zu essen und nur samstags für ihn einzukaufen, statt die ganze Woche über »auf Abruf« bereitzustehen. An diesen beiden einzigen Veränderungen, die sie einführte, hielt sie jedoch konsequent fest; und im Vergleich zu ihrem Leben vorher machte das bereits einen großen Unterschied. Kurze Zeit später nahm ihr Vater selbst eine Veränderung in seinem Leben vor. Er freundete sich mit einer älteren Frau aus der Nachbarschaft an; sie sahen sich jeden Tag und unterhielten sich stundenlang miteinander. Katy war über diese Entwicklung erleichtert – aber auch beunruhigt. Allmählich wurde ihr bewußt, wie sehr die Inanspruchnahme durch ihren Vater ihr Leben strukturiert hatte und daß sie dadurch den Problemen ihrer eigenen Isolation, dem Mangel an gleichaltrigen und gleichberechtigten Gesprächspartnern ausgewichen war. Sie erkannte auch, daß sie sehr viel besser Hilfe geben als um Hilfe bitten konnte.

Zu welchen Hilfeleistungen für ihren Vater Katy sich endlich entschloß, ist der unwichtigste Teil ihrer Geschichte. Die Lösungen, die sie fand, müssen nicht notwendigerweise für Sie oder für mich auch die richtigen sein. Wichtig ist vor allem, was Katy über ihre eigene Familiengeschichte herausfand; dieses Wissen gab ihr sowohl ein stärkeres Gefühl der Verbundenheit mit ihren Ursprüngen als auch ein Gefühl der Eigenheit und Besonderheit als Individuum. Nun war sie eher in der Lage, ihre Aggressionen als Sprungbrett zu benutzen, als Antrieb, über ihre Situation nachzudenken, statt eine passive Opferhaltung einzunehmen.

Wie wir noch sehen werden, ist es durchaus keine leichte Aufgabe, auf die Fragen »Wofür bin ich verantwortlich?« und »Wofür bin ich nicht verantwortlich?« eindeutige Antworten zu finden.

Wer ist schuld?

Eine Fangfrage

Als ich vor einiger Zeit auf einem Kongreß in New York war, fuhr ich mit zwei Kolleginnen im Bus zum Metropolitan Museum. Ich hatte schon in New York gelebt, aber das lag so lange zurück, daß ich meine alte Vertrautheit mit der Stadt verloren hatte, und Celia und Janet, meine Begleiterinnen, fühlten sich nahezu wie auf einen anderen Planeten versetzt. Vermutlich lag es an unserer »Großstadtangst«, daß wir den Busfahrer zu oft – wenigstens einmal zu oft – daran erinnerten, unsere Haltestelle auszurufen. Urplötzlich und mit unerwarteter Wut ließ er eine ätzende Schimpfkanonade auf uns los, die alle Fahrgäste des überfüllten Busses dazu brachte, sich nach ihm und uns umzusehen. Wir drei standen da wie versteinert.

Später, beim Kaffee, sprachen wir über unsere Reaktionen auf den Zwischenfall. Celia war ein bißchen deprimiert. Der Busfahrer hatte sie an ihren jähzornigen Exehemann erinnert; gerade in dieser Woche jährte sich ihre Scheidung. Janet war wütend; aber während ihr nun nachträglich alle möglichen schlagfertigen Antworten auf die Beschimpfungen des Busfahrers einfielen und während sie die ausgefallensten Rachephantasien ausbrütete, schien ihre Wut sich aufzulösen. Ich selber reagierte mit nostalgischen Gefühlen. Ich hatte Heimweh nach New York gehabt und war nun beinahe froh über den scharfen Kontrast zu der Höflichkeit des Mittelwestens, an die ich mich so gewöhnt hatte. Für mich war der Zwischenfall ein richtiges »New-York-Erlebnis«, das ich nach Topeka in Kansas mitnehmen konnte.

Denken wir kurz über den Vorfall nach. Vielleicht sind wir uns alle einig, daß der Busfahrer grob und unhöflich war. Aber ist er auch für die Reaktionen von drei Frauen verantwortlich? War er der Grund für Celias Depression und Janets Wut? War er schuld an meiner nostalgischen Sehnsucht nach meiner Vergangenheit? Und wenn sich nun eine von uns als Reaktion auf seine Bärbeißigkeit von der Brooklyn-Brücke gestürzt hätte – sollte man ihn dann für den Selbstmord verantwortlich machen? Oder – um die Perspektive zu wechseln – waren wir für seinen Wutausbruch verantwortlich?

Es ist so verführerisch, Geschehnisse zwischen Menschen nach dem schlichten Ursache-Wirkung-Prinzip einzuordnen. Wenn wir wütend sind, war irgend jemand die Ursache dafür. Wenn wir zur Zielscheibe der Wut anderer werden, müssen wir schuld sein – oder, die andere Alternative, wenn wir von unserer Unschuld überzeugt sind, kommen wir zu dem Schluß, daß der andere kein Recht hat, wütend zu sein.

Je stärker der Verschmelzungscharakter in den Beziehungen unserer Herkunftsfamilie ist (das heißt wenn der Zusammengehörigkeitsdruck so stark ist, daß die Grenzen der einzelnen Persönlichkeiten zugunsten des »Wir« verlorengehen), desto mehr neigen wir dazu, uns für die Gefühle und Reaktionen anderer verantwortlich zu machen (»Du machst Mutter immer Schuldgefühle.« – »Vater kriegt deinetwegen Kopfschmerzen.« – »Sie hat ihren Mann zum Trinker gemacht.«). Manchmal glauben wir auch, daß wir die Gefühle und das Verhalten anderer »hervorrufen«.

Zwischenmenschliche Beziehungen verlaufen aber nicht nach diesem Muster – oder zumindest tut es ihnen nicht gut. Unsere Aggressionen können erst dann zum Medium der Veränderungen werden, wenn wir über unsere Gefühle sprechen können, ohne andere dafür verantwortlich zu machen und ohne uns selbst dafür verantwortlich zu fühlen, wie andere auf unsere Entscheidungen und Handlungen reagieren. Wir tragen nur für unser eigenes Verhalten die Verantwortung, nicht für die Reaktionen anderer. Frauen lernen in ihrer Erziehung sehr früh, diese Ordnung der Dinge umzukehren. Wir wenden viel Energie auf, um uns für die Empfindungen, die Ansichten und das Verhalten anderer zuständig zu fühlen und anderen die Verantwortung für unsere Empfindungen zuzuschreiben. In solchen Fällen wird es schwierig, wenn nicht unmöglich, eingespielte Mechanismen in Beziehungen zu verändern.

Um das zu verdeutlichen, kehren wir zu Katys Problem mit ihrem Vater zurück, den sie anfangs als fordernd und Schuldgefühle einflößend beschrieb. Wenn Katy ihren Vater als die ausschließliche Ursache ihrer Wut und/oder ihrer Schuldgefühle wahrnimmt, ist sie in einer Sackgasse. Sie wird sich hilflos und ohnmächtig fühlen, da sie ihn nicht ändern kann. Wenn Katy sich für seine Gefühle und Reaktionen verantwortlich fühlt, sitzt sie ebenfalls fest. Warum? Wenn Katy den Status quo der Beziehung verändert, wird ihr Vater auf ihr neues Verhalten emotional heftig reagieren. Wenn Katy sich dann selbst als die Ursache dafür ansieht, wird sie vielleicht lieber zu den alten Mechanismen zurückkehren, um ihren Vater und sich selbst vor unangenehmen Gefühlen zu bewahren und um die überschaubare und berechenbare Verschmelzungsstruktur der Beziehung wiederherzustellen. Die Situation wird dann als »hoffnungslos« definiert.

Warum ist die Frage »Wer ist für welche Dinge verantwortlich?« für Frauen so rätselhaft und so schwer zu beantworten? Frauen werden durch ihre spezifische Sozialisation entmutigt, ihre Probleme selbst zu lösen, ihre Entscheidungen selbst zu treffen und über die Werte und die Zielrichtung ihres Lebens selbst zu bestimmen. Dadurch, daß man uns beibringt, auf Eigenverantwortung zu verzichten, entwickeln wir vielmehr die Neigung, andere für schuldig zu erklären, daß sie unser Leben nicht ausfüllen und nicht für unser Glück sorgen – was natürlich auch nicht ihre Aufgabe ist. Gleichzeitig fühlen wir uns für alles verantwortlich, was um uns herum vorgeht. Wir lassen uns leicht die Schuld für die Probleme anderer zuschieben und nehmen die Schuldzuweisung ohne weiteres an. In unserem Sozialisationsprozeß entwickeln wir außerdem die Überzeugung, daß wir Konflikte abwenden können, wenn wir uns nur genug bemühen. Schuldgefühle und Selbstvorwürfe sind wirklich »Frauenkrankheiten« – und zwar von epidemischen Ausmaßen. Eine Kollegin erzählte mir die Geschichte, wie sie beim Skilaufen auf einer Abfahrtspiste pausierte, um die schöne Aussicht zu bewundern. Ein unachtsamer Skiläufer, der sie offenbar nicht bemerkt hatte, fuhr sie glatt über den Haufen. Auf dem Bauch liegend, schrie sie, wie in einem Reflex, »Tut mir leid!« hinter ihm her, als er, ohne sich weiter um sie zu kümmern, den Hang hinuntersauste.

Unklarheit in der Frage »Wer ist verantwortlich?« ist eine Quelle unproduktiver Selbstvorwürfe und Schuldzuweisungen und oft ein Hindernis für Veränderungen. Wie können wir lernen, mehr Verantwortung für uns selbst und weniger für die Ansichten, Empfindungen und Handlungen anderer zu übernehmen? Mittlerweile wissen wir darüber vielleicht schon einiges; wir wollen aber die einzelnen Aspekte dieses verwirrenden Problems noch deutlicher herausarbeiten. Erinnern wir uns – Verantwortung für uns selbst übernehmen heißt nicht nur, unsere Ich-Vorstellung klarer zu definieren, sondern auch, unseren eigenen Anteil an festgefahrenen Beziehungsstrukturen zu erkennen. Hier wird das Wechselspiel von kindlich-regressivem und erwachsen-progressivem Verhalten (oder, wie man auch sagen könnte, von Über- und Unterfunktionieren) in Beziehungen noch einmal zum Thema.

Eine Krise um Mitternacht

Jane und Stephanie leben seit acht Jahren zusammen. Sie haben einen Schäferhund, den sie aufgezogen haben und an dem sie beide sehr hängen.

Eines Nachts wurden sie vom Jaulen des Hundes wach, der offensichtlich ziemlich krank war. Stephanie hielt die Situation für ernst genug, um sofort den Tierarzt zu verständigen. Jane bestand darauf, daß der Anruf auch bis zum Morgen Zeit habe. Sie warf Stephanie übertriebene Besorgnis vor und war der Meinung, daß sie überreagiere.

Als sie morgens aufstanden, hatte sich der Zustand des Hundes noch verschlechtert. Als der Tierarzt kam und den Hund untersuchte, sagte er: »Sie hätten mich gleich anrufen sollen; der Hund hätte sterben können.« Stephanie war furchtbar wütend auf Jane. »Wenn er gestorben wäre«, sagte sie, »wäre es deine Schuld gewesen.«

Was halten Sie von der Situation? Wie würden Sie an Stephanies Stelle reagieren? Wie sehen Sie Janes und Stephanies Anteil bei diesem Konflikt? Vielleicht können wir nachempfinden, daß Stephanie wütend war – eins ist jedoch klar: Stephanie ist sich im unklaren darüber, wer für was verantwortlich ist. Analysieren wir die Situation genauer:

Es ist Janes Sache, ihre Überzeugung zu vertreten und nach dieser Überzeugung zu handeln – Jane tat das auch. Ihrer

Meinung nach brauchte der Hund keine sofortige Hilfe, also rief sie den Tierarzt auch nicht an. Auch Stephanie trägt selbst die Verantwortung für ihre Überzeugungen und die daraus folgenden Handlungskonsequenzen – aber sie handelte nicht nach ihrer Überzeugung. Sie war besorgt und meinte, daß der Hund sofort tierärztliche Hilfe brauchte – rief den Tierarzt aber dennoch nicht an.

Ich will damit nicht sagen, daß Stephanie nicht wütend auf Jane sein sollte. Vielleicht ist sie wütend, weil Jane ihre Ängste herunterspielte, ihre Besorgnis nicht ernst nahm, ihre Einschätzung der Situation abwertete und arrogant und besserwisserisch auftrat. Doch für Stephanies Entscheidungen trägt nur Stephanie die Verantwortung – und nicht Jane.

»Sie kennen Jane nicht!«

»Ich hatte meine Gründe, den Tierarzt nicht anzurufen«, sagte Stephanie später. »Wenn ich mich nämlich geirrt hätte, hätte Jane mir das ewig vorgehalten. Sie hätte wochenlang auf mir herumgehackt, wenn ich den Tierarzt mitten in der Nacht ohne Grund aus dem Bett geholt hätte; für sie wäre das ein Grund mehr gewesen, mich als ›neurotische Glucke‹ abzutun. Ich liebe Jane, aber Sie ahnen ja gar nicht, wie schwierig sie sein kann. Sie ist derartig selbstsicher, daß sie mich dazu bringt, meine eigenen Meinungen in Frage zu stellen.« Mit dieser Formulierung macht Stephanie Jane für ihr (Stephanies) Verhalten verantwortlich.

Wenn Stephanie selbstbewußter aufträte, würde Jane sicherlich mit heftiger Abwehr darauf reagieren, vor allem, wenn sie bei fälligen Entscheidungen bisher immer die Dominierende war. Aber wenn es Stephanie gelingt, zu ihren eigenen Überzeugungen zu stehen, ohne von Jane abzurücken oder den Konflikt weiter zu eskalieren, wird Jane im Lauf der Zeit auch mit ihren eigenen Gefühlen und Reaktionen zurechtkommen. Wie können wir unsere Aggressionen in ein klares Gefühl von Eigenverantwortung umwandeln, das zu eindeutigeren Beziehungen zu anderen führt? Einige Schritte, die Stephanie tun könnte, sind: klar beobachten, die Strukturen erkennen, Informationen sammeln.

Klar beobachten

Versuchen Sie, sich in Stephanies Lage zu versetzen, und stellen Sie sich vor, daß Sie wütend sind – nicht nur über den Vorfall mit dem Hund, sondern auch über das Beziehungsmuster, das durch diesen Vorfall ans Licht gebracht wurde. Was könnte Ihr erster Schritt sein?

Ein erster Schritt, der zur Klärung der »Verantwortungsfrage« führen kann, ist die genaue Beobachtung der Abläufe in einer Beziehung, auf die wir mit Wut und innerer Spannung reagieren. Vielleicht würde Stephanie entdecken, daß gerade bei Entscheidungsprozessen in ihrer Beziehung zu Jane ein typisches Muster abläuft: Es tritt eine Situation auf, die eine Entscheidung erfordert. Stephanie reagiert auf die Situation, indem sie zunächst zögernd eine Meinung äußert. Dann äußert Jane ihre, vielleicht abweichende Meinung, und zwar in einer ungemein selbstsicheren Art. Stephanie beginnt daraufhin ihre eigene Meinung in Zweifel zu ziehen oder kommt einfach zu dem Schluß, daß »Streit sich nicht lohnt«. Im einen wie im anderen Fall unterwirft sie sich Jane. Häufig ist dies Beziehungsmuster für beide befriedigend, und alles geht glatt. Wenn jedoch Streßsituationen und Ängste auftauchen, wird Stephanie wütend auf Jane, wenn das Resultat von Janes Entscheidungen nicht zu ihrer Zufriedenheit ausfällt. Dann zieht Stephanie sich entweder von Jane zurück oder kritisiert ihre Entscheidung. Im letzteren Fall gibt es gewöhnlich Streit – und am nächsten Tag ist meistens die Welt wieder in Ordnung.

Die Mechanismen erkennen

Stephanie beginnt nun ein Muster von einander bedingenden kindlich-regressiven und erwachsen-progressiven Verhaltensweisen zu erkennen (wenn sie vielleicht auch nicht diese Worte gebraucht), das sich zwischen ihr und Jane eingespielt hat, wenn es um Entscheidungen geht. Wenn Jane »überfunktioniert« (zum Beispiel Entscheidungen über Stephanies Kopf hinweg trifft, keine Zweifel oder Unsicherheit an ihrem eigenen Urteil erkennen läßt, vorgibt, Stephanies Rat und Hilfe nicht zu brauchen), regrediert Stephanie in die Kindrolle und beginnt »unterzufunktionieren« (sie flippt aus oder wird völlig passiv, wenn eine Entscheidung ansteht, überläßt es Jane, die Dinge zu regeln, fühlt sich überfordert). Je mehr Stephanie sich auf eine regressive Position zurückzieht, desto mehr wird Jane »überfunktionieren« – so entsteht ein Interaktionszirkel, in dem beide wechselseitig ihr Verhalten verstärken.

Es ist schwer genug, die objektiven Abläufe innerhalb eines Beziehungsmusters wahrzunehmen, wenn wir in ruhiger Verfassung sind. Wenn wir unsere Gefühle ausagieren und eine Vorwurfshaltung einnehmen, ist es nahezu unmöglich. Wir haben gesehen, daß Frauen durch ihre Erziehung prädestiniert sind, in Beziehungen die emotional ausagierende Rolle zu übernehmen, besonders in Konfliktsituationen. Vielleicht müssen wir also eine bewußte Anstrengung unternehmen, um Abstand zu gewinnen und unsere Aufmerksamkeit auf die Erkenntnis der tatsächlichen Abläufe zu richten.

Hintergrundinformationen sammeln

Stephanie wird sicherlich davon profitieren, wenn sie in Erfahrung bringt, wie das typische Muster in ihrer Beziehung zu Jane mit Strukturen und Traditionen in ihrer Herkunftsfamilie zusammenhängt. Wie gingen zum Beispiel Stephanies Eltern – und ihre Großeltern – mit Entscheidungsfragen um? Welche Beziehungen in Stephanies Verwandtschaft waren durch ein Gleichgewicht der Kräfte charakterisiert, und in welchen Ehen gab es einen dominanten Partner, der in allen Fragen als der kompetentere angesehen wurde? In welcher Hinsicht ähnelt und wie unterscheidet sich Stephanies Beziehung zu Jane von der Beziehung ihrer Eltern, was das Treffen von Entscheidungen angeht? Welche Frauen in Stephanies Familie haben darum gekämpft, aus der unterlegenen Position herauszukommen – und wie weit ist es ihnen gelungen? Wie wir an Katys Beispiel sahen, sind unsere gegenwärtigen Beziehungsprobleme Teil eines emotionalen Erbes, das auf die Zeit vor unserer Geburt zurückgeht. Die Vertrautheit mit diesem emotionalen Familienerbe hilft uns, objektiver zu sein, wenn wir unser eigenes Verhalten in Beziehungen einschätzen wollen.

Ein weiterer Faktor, der unser Verhalten in Beziehungen beeinflußt, ist unsere Position in der Geschwisterreihe. Im Fall von Stephanie und Jane zum Beispiel steht das Muster, nach dem Entscheidungen getroffen werden, mit ihrer jeweiligen Geschwisterposition in Zusammenhang. Jane ist die ältere von zwei Schwestern. Es ist typisch für die Position einer älteren Schwester, daß sie die »Anführer«-Rolle übernimmt und zutiefst davon überzeugt ist, daß sie weiß, was das Beste ist, nicht nur für sich selbst, sondern auch für die jeweils Jüngeren. Stephanie ist die jüngere der beiden Schwestern in ihrer Familie und ist, entsprechend dieser Geschwisterposition, häufig damit einverstanden, daß andere die Dinge für sie regeln. Sie konkurriert zwar heftig mit der »Anführerin«, würde aber vermutlich der »Anführerrolle« ausweichen, wenn sie ihr angetragen würde. Schon die bloße Erkenntnis, daß die eigene Geschwisterposition in der Familie die Lebenseinstellung prägt, kann äußerst hilfreich sein. Wenn es Stephanie klar wird, daß sie Schwierigkeiten hat, die Dinge selbst in die Hand zu nehmen, und wenn Jane erkennt, daß es ihr genauso schwerfällt, die Dinge nicht in die Hand zu nehmen, werden beide ihre Situation vielleicht mit mehr Humor sehen können; sie werden weniger Anlaß zu Selbstvorwürfen haben, wenn sie feststellen, daß sie sich unter Streß ganz im Sinne ihrer alten Geschwisterrollen verhalten.

Also, wer hat das Problem?

Nehmen wir einmal an, daß Stephanie seit dem nächtlichen Zwischenfall mit dem Hund folgende Schritte unternommen hat: Erstens hat sie ihre Vorwurfshaltung aufgegeben und begonnen, über das Problem nachzudenken, statt nur darauf zu reagieren. Zweitens hat sie ziemlich klar herausgefunden, welche Mechanismen zwischen ihr und Jane in Konfliktsituationen ablaufen – daß sie selbst regrediert und Jane überkompensiert. Drittens hat sie darüber nachgedacht, in welchem Zusammenhang dieses Beziehungsmuster zu den traditionellen Strukturen in ihrer Familie steht. Und schließlich hat sie festgestellt, daß sie einen Teil ihrer selbst aufgegeben hat; ihre Aggressionen signalisieren ihr, daß sie, vor allem was Entscheidungsprozesse angeht, in ihrer Beziehung zu Jane mehr Ausgewogenheit herstellen möchte.

Die folgenden kurzen Szenen stellen verschiedene Arten dar, mit Aggressionen umzugehen. Die erste Szene geht davon aus, daß Jane das Problem hat und daß es ihre Sache ist, die Dinge ins reine zu bringen – in der zweiten Szene nehmen wir an, daß Stephanie das Problem hat und daß sie sich selbst damit auseinandersetzen muß.

1. Szene
»Jane, du bist immer so verdammt selbstsicher! Man kann nicht mal mit dir streiten, weil du sowieso immer recht hast – meine Meinung hörst du dir ohnehin nicht ernsthaft an. Du trumpfst so auf, daß niemand mit dir diskutieren kann. Ich habe wirklich die Nase voll von deiner Besserwisserei. Wenn ich sage, was ich denke, gibst du sofort dein Urteil ab, ›richtig‹ oder ›falsch‹; hältst du dich für den lieben Gott, oder was? Du machst mich total unsicher in meinem eigenen Denken – und immer reißt du alles an dich und drehst alles so, wie es dir in den Kram paßt!«

2. Szene
»Jane, ich habe über mein Problem in unserer Beziehung nachgedacht; es hat damit zu tun, daß es so schwierig für mich ist, Entscheidungen zu treffen und die Dinge selbst in die Hand zu nehmen. Ich habe neulich den Tierarzt nicht angerufen, weil ich plötzlich verunsichert war, als du deine Meinung mit solcher Sicherheit vorgebracht hast. Und dann, als du meine Meinung in Zweifel gezogen hast und mich heruntergemacht hast, weil ich so besorgt war – was ich übrigens überhaupt nicht leiden kann –, war ich noch stärker verunsichert und gleich zum Nachgeben bereit. Mir ist klar, daß ich das sehr oft mache. Ich muß was dafür tun, daß ich meine eigenen Entscheidungen treffen und dazu stehen kann. Ich werde sicher Fehler machen, und vielleicht wird unsere Beziehung eine Zeitlang schwieriger werden – aber so, wie die Dinge jetzt liegen, bin ich einfach unzufrieden. Mir ist auch bewußt geworden, daß die Frauen in meiner Familie nicht besonders gut darin waren, ihre eigenen Entscheidungen zu treffen; also werde ich es wahrscheinlich nicht leicht haben, weil ich auf diesem Gebiet ganz von vorn anfangen muß.«

Sehen wir uns zunächst die erste Szene an. Für manche Beziehungen sind harte Konfrontationen, Kampfszenen, die aggressive Art, dem anderen den Spiegel vorzuhalten, geradezu ein Nährboden; vielleicht sehen beide Partner darin ein wertvolles und aufregendes Element des Zusammenlebens. Auf die erste Szene würde Jane vielleicht mit Betroffenheit reagieren und sagen: »Weißt du, das ist mir schon öfter, auch von anderen gesagt worden; und ich glaube, es ist auch etwas dran. Tut mir leid, daß ich dich so an die Wand gedrückt habe – ich werde versuchen, mehr darauf zu achten.«

Allerdings reflektiert die erste Szene Stephanies Unklarheit über das Problem der Verantwortung für sich selbst. Wenn Stephanie Jane die Verantwortung für Janes Verhalten zuweist (sie putzt Stephanie herunter und lehnt ihre Ansichten ab), ist das ganz in Ordnung; wenn sie Jane aber auch die Verantwortung für ihr eigenes (Stephanies) Verhalten zuweist (Stephanie ist unsicher, läßt sich manipulieren und steht nicht hinter ihren eigenen Überzeugungen), ist das überhaupt nicht in Ordnung. Vorwürfe dieser Art verwischen die Grenzen zwischen dem eigenen Selbst und der Persönlichkeit des anderen.

Betrachten wir nun die zweite Szene. Hier teilt Stephanie etwas über sich selbst mit und wirft sich nicht zur Expertin für Jane auf. Sie spricht über ihr eigenes Problem in der Beziehung und übernimmt ihren eigenen Anteil an den eingefahrenen Abläufen. Während die erste Szene in einer angespannten Situation zu einer weiteren Eskalation führen könnte, würde die zweite Szene die Lage vermutlich etwas entspannen und beiden Frauen ermöglichen, objektiver mit ihren Problemen umzugehen.

Welche Szene kommt Ihrem persönlichen Stil bei Auseinandersetzungen näher? Was mich angeht, hängt es von der Art der Beziehung ab. Mit Steve, meinem Mann, löse ich Spannungen manchmal durch einen Streit nach dem Muster der ersten Szene auf, allerdings seltener und weniger heftig, je älter ich werde. Im Beruf jedoch oder in Konfliktsituationen mit Freunden oder entfernteren Familienmitgliedern fühle ich mich mit dem Gesprächsstil der zweiten Szene wohler und finde, daß diese Form der Auseinandersetzung sich auf solche Beziehungen positiv auswirkt. Es kommt immer darauf an, in welcher Situation man ist, welche Ziele man verfolgt und mit welcher Art der Auseinandersetzung man sich wohler fühlt.

Das Wichtigste an unserem Beispiel ist natürlich nicht, was Stephanie zu Jane sagt, sondern was sie tut. Beim nächsten Konflikt wird Stephanie sich Janes Meinung vielleicht anhören, sie in Betracht ziehen, aber dann selbstverantwortlich und nach ihren eigenen Überlegungen über ihr Tun oder Lassen entscheiden. Es wird sich wenig ändern, wenn Stephanie nur ihren Gesprächsstil verändert; vor allem muß sie aus der Haltung der Unterlegenheit herauskommen.

Wenn wir lernen, Beziehungsmuster zu entschlüsseln, sind wir mit einer seltsamen Paradoxie konfrontiert: Einerseits müssen wir die Verantwortung für unsere Gefühle und Handlungen übernehmen und anerkennen, daß für andere dasselbe gilt – andererseits bemerken wir, wie sehr die Reaktionen anderer Menschen von unserem Verhalten beeinflußt werden. Wir können eingefahrene Beziehungsmuster als solche nicht beeinflussen; wenn in einer Beziehung ein Interaktionszirkel etabliert ist, werden die Wiederholungen aber doch durchbrochen, wenn einer der »Mitspieler« seinen Anteil an den Abläufen verändert. Die Beobachtung und Veränderung unseres eigenen Verhaltens ist ein Prozeß, der mit Selbstachtung verbunden ist. In einem Klima von Selbstzweifeln oder Selbstvorwürfen kann sich diese Entwicklung nicht vollziehen, dadurch würde unsere Wahrnehmungsfähigkeit eher behindert als gesteigert. Selbstvorwürfe können sogar Bestandteil des eingefahrenen Beziehungsmusters sein, mit dem unbewußten Ziel, die Beziehung zu schützen, indem wir an unserer Unterlegenheit festhalten, um dem anderen das Gefühl der Stärke zu geben.

Es ist ein Zeichen von Selbstachtung und von Stärke, wenn wir uns selbst und dem anderen sagen können: »Ich sehe ganz klar, wie ich mich in der Beziehung verhalte, und ich werde jetzt daran arbeiten, das zu verändern.« Diese Klarstellung von Eigenverantwortung läßt dem anderen nicht die Möglichkeit, sich herauszuwinden oder irgendwo den Hebel anzusetzen und uns zu manipulieren; wir heben vielmehr unsere Eigenständigkeit hervor und konfrontieren andere mit der Tatsache, daß es einzig und allein uns angeht, über uns selbst und unsere Lebensbedingungen zu bestimmen. Gleichzeitig läßt diese Haltung anderen Raum, dasselbe zu tun.

Wer macht die Hausarbeit?

Nachdem Lisa sich lange Zeit ständig mit ihrem Mann um die Hausarbeit gestritten hatte, entschloß sie sich, von den gewohnten Auseinandersetzungen abzurücken und ihr eigenes Problem zu klären. In einem Augenblick relativer Ausgeglichenheit wandte sie sich an ihren Mann: »Rich, ich habe Probleme damit, daß ich soviel Arbeit im Haushalt mache. Wenn ich beim Kochen und Saubermachen mehr als die Hälfte der Arbeit übernehme, werde ich gereizt und unzufrieden – und so, wie ich die Dinge sehe, trage ich im Haushalt doch den Löwenanteil. Ich bin wirklich erschöpft; ich glaube, mein größtes Problem ist, daß ich ständig müde bin. Ich muß einen Weg finden, meine Energie zusammenzuhalten und mir mehr Zeit für mich selbst zu nehmen.« Dann erklärte Lisa im einzelnen, welche Art von Arbeitsteilung sie sich wünschte und welche Hausarbeiten Rich ihr abnehmen könnte.

Lisa kritisierte Rich nicht und hielt ihm keine Vorträge, wie ein guter Ehemann sich verhalten sollte; sie sagte ihm, wie sie sich in einer Situation fühlte, die zunehmend problematisch für sie wurde. Als Rich sagte: »Andere Frauen, die ich kenne, scheinen ganz gut mit ihrem Haushalt fertig zu werden«, antwortete Lisa gelassen: »Ich bin nicht andere Frauen. Ich bin ich.«

Einige Monate später beschränkten sich Richs Beiträge zur Hausarbeit immer noch darauf, daß er den Müll hinausbrachte und sich um kleinere Arbeiten in Hof und Garten kümmerte. Lisas Wut hatte nicht nachgelassen. Als ich mich mit ihr unterhielt, wurde mir klar, daß sie zwar über Veränderungen gesprochen, ihr eigenes Verhalten aber nicht geändert hatte. Nach wie vor bewirtete sie Richs Kollegen, wusch seine Wäsche, kochte, wusch ab, machte sein Arbeitszimmer sauber. Lisa sagte zwar, sie habe es satt, sei unzufrieden und müsse unbedingt die Situation ändern, aber durch ihr Verhalten blieb doch alles beim alten. Sie hatte noch nicht die Bereitschaft, selbst die Verantwortung für die Lösung ihres Problems zu übernehmen.

Warum sollte sie auch? Ist es nicht Richs Sache, sein Verhalten zu ändern, sollte er sich seiner Frau gegenüber nicht fair und rücksichtsvoll benehmen? Lisa ist ständig um Veränderungen in ihrer Beziehung bemüht; wäre er nicht auch einmal an der Reihe? Sie und ich mögen davon überzeugt sein, daß Rich wirklich am Zug wäre – aber das ist hier nicht das Entscheidende. Rich hat mit der gegenwärtigen Situation keine Probleme. So, wie es läuft, läuft es für ihn ganz wunderbar, und er hat nicht das mindeste Interesse, die Situation zu verändern. Wenn Lisa nichts unternimmt, um ihr Problem in den Griff zu bekommen, wird ihr Mann ihr das sicher nicht abnehmen.

Als Lisa ihre mißliche Lage nicht mehr ertragen konnte, fing sie schließlich an, ihre Worte und ihr Verhalten zur Deckung zu bringen. Sie machte eine Liste der Arbeiten, die sie weiterhin übernehmen wollte (Sauberkeit in der Küche und im Wohnzimmer zum Beispiel waren sehr wichtig für sie, sie fühlte sich nicht wohl, wenn dort alles mögliche herumlag) und eine Liste der Arbeiten, die sie nicht mehr tun würde. Was diese letzteren Arbeiten anging, hoffte sie, daß Rich sie übernehmen würde, wenn nicht, würden sie eben einfach ungetan bleiben. Dann teilte sie Rich ihren Entschluß mit und setzte ihn in die Tat um.

Lisa hielt an ihrer neuen Einstellung fest, obwohl Rich sie zwei Monate lang »testete«, indem er noch schlampiger und nachlässiger war als gewöhnlich. Lisa machte immer noch mehr Hausarbeit als Rich, denn sie legte mehr Wert auf Sauberkeit als er, aber sie fand andere Möglichkeiten, Zeit und Energie zu sparen. Dreimal in der Woche machte sie für sich und die Kinder belegte Brote zum Abendessen und überließ es Rich, sich selbst etwas zu essen zu machen, wenn er nach Hause kam. Wenn Rich Freunde oder Kollegen zum Essen einlud, machte sie nicht die Einkäufe und kochte auch nicht, war aber gern bereit, ihm zu helfen. Lisa überlegte sich sorgfältig, wofür sie ihre Energie einsetzen wollte und wo sie Zeit und Mühe sparen konnte. Diese Veränderungen vollzog Lisa aus dem Gefühl der Verantwortung für sich selbst heraus – und nicht, um Rich zu »strafen«. Wäre sie einfach in den Streik getreten, wäre ihr Plan nichts weiter als ein Schachzug gegen Rich gewesen, um ihn zu erziehen oder ihm eins auszuwischen, und dann wäre das Resultat für ihre Ehe vermutlich eine Eskalation der Schwierigkeiten gewesen.

Als Nachtrag zu dieser Geschichte soll erwähnt werden, daß Lisa mit einiger Abwehr reagierte, als Rich seinerseits Veränderungen vollzog. Erinnern wir uns, daß die Botschaften, die wir einander geben, oft ambivalent sind. Als Rich die Initiative ergriff und Hausarbeit zu machen begann, war Lisa gleich mit ungebetenen Ratschlägen zur Hand – und mit der Kritik, er sei nicht sorgfältig genug. Wenn man einen Partner auffordert, sich im Haushalt oder bei der Kindererziehung mehr zu engagieren, und ihm dann gleichzeitig Vorschriften macht, wie er die Arbeit zu tun habe, blockiert man damit die Veränderungen, die man selbst anstrebt. Wenn Lisa wirklich will, daß Rich mehr im Haushalt tut (was auch bedeutet, daß sie ein Stück Kontrolle über diesen Bereich aufgeben muß), muß sie auch bereit sein, ihn die Arbeit auf seine Weise tun zu lassen. Wenn sie sich wünscht, daß er sich im Haushalt kompetenter verhält und nicht mehr »unterfunktioniert«, muß sie aufhören, »überzufunktionieren«. Rich putzt vielleicht das Haus nie so, wie sie es täte, denn vermutlich hat er andere Ordnungs- und Reinlichkeitsvorstellungen. Wenn Lisa jedoch bereit ist, seine Versuche zu würdigen und sich herauszuhalten, wenn er den Haushalt macht (es sei denn, er bittet ausdrücklich um Ratschläge), wird er, was Hausarbeit angeht, allmählich auch kompetenter werden.

Lisa hatte noch ein Problem, als Rich begann, sein Verhalten zu ändern. Sie wollte nicht nur, *daß* er Hausarbeit machte, sie wollte, daß er *gern* Hausarbeit machte. »Gestern abend hat er abgewaschen«, stöhnte sie, »aber er zog ein langes Gesicht dabei und hatte dann den ganzen Abend schlechte Laune. Es bringt einfach alles nichts!«

Auch darin zeigt sich Lisas Unbehagen an der Veränderung. Wenn Rich schmollt und schlechte Laune hat, ist das sein Problem, und es ist nicht Lisas Sache, ihn zu beschwichtigen oder ihm seine Gefühle abzunehmen. An schlechter Laune ist noch niemand gestorben, aber Frauen, diese Weltretterinnen, können furchtbare Schwierigkeiten haben, andere einfach eine Weile in ihrem Saft schmoren und lernen zu lassen, selbst mit ihren Gefühlen fertig zu werden. Wenn es Lisa gelingt, nicht abweisend oder vorwurfsvoll zu reagieren, wenn sie Rich den Spielraum lassen kann, so lange zu muffeln, wie er will, ohne darauf einzusteigen, wird sich seine schlechte Laune von selbst legen. Das resignierte »Es bringt alles nichts« zeigt Lisas Ambivalenz gegenüber der Veränderung eines alten Musters.

Warum sollte es Lisa auch leichtfallen, die Kontrolle über einen Bereich aufzugeben, in dem die Kompetenz und die Autorität von Frauen seit Generationen anerkannt und unangefochten ist? Wenn Lisa den Haushalt macht, ist sie mit ihrer Mutter, ihrer Großmutter, einer ganzen Ahnenreihe von Frauen verbunden. Obwohl Lisa den großen Wert und die Bedeutung der Hausarbeit kennt, wird sie das kaum erwähnen, denn gesellschaftlich findet Hausarbeit überhaupt keine Anerkennung. Natürlich kann die Arbeit im Haushalt auch langweilig und ermüdend sein, und wenn sie geteilt wird, erleichtert das die Alltagsroutine; dennoch ist es verständlich, daß Lisas Gefühle dazu ambivalent sind. Vielleicht hat sie, im Unterschied zu Rich, kaum andere Gebiete, auf denen sie sich als kompetent erweisen und in denen sie Bestätigung erleben kann.

Und eine letzte Frage: Wenn Lisa die Veränderung wirklich will, warum sollte sie sich nicht in einem Streit richtig Luft machen? Kann sie Rich nicht einmal richtig anbrüllen und ihm so klarmachen, daß sie wirklich meint, was sie sagt? Gegen Streit ist überhaupt nichts einzuwenden, wenn Lisa sich dadurch besser fühlt und wenn Streiten ein Bestandteil des Prozesses ist, in dem sie Klarheit darüber gewinnt, daß sie nicht in dem alten Muster weiterleben will. Bei langandauernden Konflikten dieser Art ist es unerheblich, ob wir streiten oder nicht streiten, ob wir uns anbrüllen oder ruhig bleiben – der einzige entscheidende Faktor ist die wachsende innere Überzeugung, daß wir in unserem eigenen Interesse aufhören müssen, in einem bestimmten Bereich (in Lisas Fall im Haushalt) »überzufunktionieren«.

Für Gefühle sind die Frauen zuständig

Wir wissen bereits, auf welche Weise unsere Kultur dazu beiträgt, daß Frauen sich selbst aufgeben und eine Haltung der Unterlegenheit annehmen. Auf den Gebieten jedoch, auf denen wir Überlegenheit demonstrieren dürfen, verhalten wir uns manchmal überkompensierend bis zum Exzeß, während wir gleichzeitig permanent jammern, daß wir überfordert sind. Auf welchen anderen Gebieten – neben dem Wegräumen von umherliegenden Socken – neigen wir noch zum »Überfunktionieren«?

Frauen nehmen in Beziehungen häufig eine »Retter-Haltung« ein und bemühen sich unentwegt, alles in Ordnung zu bringen. Wir verhalten uns, als sei es unsere Aufgabe, alle anderen zu formen, zu erziehen oder ihre Probleme zu lösen – und als läge es in unserer Macht, das zu tun. Wir reagieren seismographisch auf alle Lebensäußerungen des anderen, auf alles, was er tut oder läßt, und unsere Gefühlsskala reicht dabei von Gereiztheit bis zu rasender Wut oder Verzweiflung. Und wenn wir bemerken, daß unsere Hilfs- und Rettungsaktionen fehlschlagen – geben wir dann auf und probieren etwas anderes? Keineswegs! Wie wir am Beispiel von Sandra und Larry sahen, verdoppeln wir unsere »Erziehungs«-Bemühungen, mit dem Resultat, daß wir auf den »unterfunktionierenden« Partner immer wütender werden.

Es kann furchtbar schwierig für uns sein, die Grenzen unserer eigenen Persönlichkeit so klar zu definieren, daß wir anderen Raum geben, mit ihren Leiden und Problemen allein fertig zu werden. Männer haben genauso große Schwierigkeiten, ihre Bedürfnisse nach Abgrenzung und nach Zusammengehörigkeit ins Gleichgewicht zu bringen; sie neigen jedoch meistens dazu, ihre Ängste durch Distanz und durch Rückzug aus der Beziehung zu bewältigen (also das »Wir« zu opfern, um das »Ich« zu erhalten), während Frauen ihre Ängste häufig durch Verschmelzungswünsche und emotionales »Überfunktionieren« bekämpfen (also das »Ich« opfern, um das »Wir« zu erhalten). Die Verteilung der Geschlechterrollen bei diesen beiden unglückseligen Alternativen dürfte kaum überraschen. In unserer Gesellschaft wird die Bedeutung von verbindlichen Paarbeziehungen für Männer – und von Männern – unterbewertet; das fördert bei Männern die Gefühlsabwehr und führt zu einem Mangel an Beziehungsfähigkeit. Frauen hingegen wird die gegenteilige Botschaft vermittelt; die an uns gerichtete gesellschaftliche Erwartung geht dahin, daß wir in exzessiver Weise auf die Probleme anderer ausgerichtet und mit anderen verschmolzen sind, statt unsere Hauptaufmerksamkeit und Energie auf unsere eigenen Probleme zu richten. Wenn wir dieser Erwartung entsprechend handeln, halten wir die Probleme anderer für unsere eigenen Probleme.

Was ist dagegen einzuwenden, daß man Verantwortung für andere übernimmt? In mancher Hinsicht gar nichts. Frauen haben jahrhundertelang ihre Identität und ihren Selbstwert in ihrem tiefen Engagement für andere gefunden. Verbundenheit mit anderen, Einfühlung und liebende Fürsorge für den Mitmenschen, Engagement und tätiges Interesse für die nächste Generation gehören zu den höchsten Werten unserer Kultur, an denen sich Männer und Frauen gleichermaßen orientieren. Es treten aber dann Probleme auf, wenn wir uns mit anderen verwechseln, wenn wir Verantwortung für Dinge übernehmen, für die wir nicht verantwortlich sein können, und wenn wir versuchen, Prozesse oder Entwicklungen zu kontrollieren, die sich unserer Kontrolle entziehen. Wenn wir stellvertretend für andere fühlen und agieren, entwickeln wir heftige Aggressionen und fördern letztlich weder unsere eigene Entwicklung noch die der anderen.

An dem folgenden Beispiel von Lois und ihrem Bruder werden uns die typischen Probleme des »Überfunktionierens« in einem noch klareren Licht erscheinen. Auch hier geht es weniger um die konkreten Ereignisse oder um die Bruder-Schwester-Beziehung; Lois könnte den gleichen Konflikt mit anderen Familienmitgliedern, mit Freunden oder Kollegen haben. Es geht um die typische Struktur des Konflikts.

»Mein Bruder ist ein Chaot!«

»Ich möchte nicht kalt oder gefühllos erscheinen«, erklärte Lois – tatsächlich hörte es sich so an, als würde sie ihren jüngeren Bruder, Brian, am liebsten aus ihrem Leben streichen –, »aber ich mache mir schon große Sorgen um Brian, weil er so verkorkst ist. Aber ich bin auch furchtbar wütend auf ihn. Zwei Sachen, die er sich angewöhnt hat, bringen mich ganz besonders auf die Palme: Er ruft mich grundsätzlich an, wenn er mitten in einer Krise steckt; dann will er sich Geld von mir leihen und bittet mich um Rat. Und dann gibt er das Geld aus – seine Schulden bezahlt er übrigens nie – und ignoriert meine Ratschläge. Ich habe ihn an zwei Therapeuten verwiesen, aber er hat es nicht geschafft, dabeizubleiben. Ich habe ihm Bücher empfohlen, die ihm helfen könnten, sein Leben in den Griff zu kriegen. Brian hört sich das an – und das ist dann auch schon alles. Auf die harte Tour habe ich es auch schon versucht, aber das klappt auch nicht. Ich fühle mich völlig ausgelaugt, und ich bin wütend. Trotzdem – er ist mein Bruder, und ich kann ihn nicht einfach fallenlassen. Mit unseren Eltern läuft für ihn nichts mehr, und außer mir hat er niemanden, an den er sich wenden könnte.«

Wie sieht das Interaktionsmuster zwischen Lois und ihrem Bruder aus? Brian ruft an und schreit um Hilfe. Lois ist sofort auf dem Sprung und tut für ihn, was sie kann. Dann fällt Brian in sein altes Verhalten zurück und ruft früher oder später in

einer neuen Krise wieder an. Lois reagiert hart oder mitfühlend
– in jedem Fall aber erklärt sie ihrem kleinen Bruder (der
vierundzwanzig Jahre alt ist), daß und wie er sich bessern
müßte. Brian bessert sich nicht. Lois wird wütend. Der Kreislauf geht weiter.

Wer ist nun schuld an diesem Katastrophen-Karussell? In
Kategorien von Schuld und Vorwürfen denken wir an diesem
Punkt vielleicht schon nicht mehr. Beziehungen verlaufen zyklisch, nicht linear. Wenn ein Verhaltenszyklus in einer Beziehung etabliert ist, tragen beide Seiten dazu bei, ihn in Gang zu
halten.

Was ist Lois' Rolle in diesem Interaktionszyklus? Je »erwachsener« sie sich verhält, je mehr sie »überfunktioniert«, desto
regressiver wird Brian sich verhalten; das heißt, je stärker Lois in
die Helferrolle hineingeht, desto mehr wird Brian ihre Hilfe
brauchen und beanspruchen. In dem Maß, in dem Lois ihre
eigenen Zweifel, ihre Verletzlichkeit, ihre Inkompetenz Brian
gegenüber unterdrückt, wird Brian Inkompetenz und Schwäche
äußern, die für beide reicht. Je stärker sich Lois emotional auf die
Probleme ihres Bruders konzentriert, desto weniger wird Brian
sich selbst um seine Probleme kümmern. Lois' Verantwortungsgefühl als ältere Schwester hat sicherlich viele positive Seiten;
dennoch geht ihr Agieren auf Kosten von Brians eigener Kompetenz.

Heißt das, Lois ist schuld an den Problemen ihres Bruders?
Nein. Natürlich nicht. Weder macht sie Brian unfähig, sein Leben
selbst in den Griff zu bekommen, noch zwingt Brian sie dazu, ihn
zu retten. Lois' Helferrolle und Brians Rolle als Hilfsbedürftiger
haben ihre Wurzeln in Familientraditionen, die man über Generationen zurückverfolgen kann. Jeder von ihnen ist für sein
eigenes Verhalten verantwortlich. Lois' eigenes Verhalten macht
fünfzig Prozent des Problems aus, über das sie sich beklagt.
Welche Möglichkeiten hat Lois, ihr Verhalten zu ändern?

Wie wäre es, wenn Lois auf Anklagen und Vorwürfe verzichten
und Brian etwas über ihre eigenen Probleme mitteilen würde? Sie
könnte in einem entspannten Augenblick zu Brian sagen: »Wenn
du mich anrufst und brauchst Geld und willst meinen Rat hören,
reagiere ich spontan immer so, daß ich dir alles gebe. Aber wenn
ich das getan habe und sehe, daß sich dadurch nie wirklich etwas
ändert, werde ich wütend. Vielleicht hängt das mit meinem

Bedürfnis zu helfen, mit meinem eigenen Wunsch nach Bestätigung zusammen, daß ich dann schließlich so frustriert bin. Jedenfalls will ich nicht, daß es so weitergeht. Bitte mich nicht mehr darum, dir Geld zu leihen, es sei denn, du kannst es zurückzahlen. Und frag mich bitte auch nicht mehr um Rat, wenn du sowieso machst, was du willst.«

Das hört sich gut an, nicht wahr? Aber es würde nichts nützen. Das alte Beziehungsmuster würde sich dadurch nicht ändern. Interpretationen und Vorwürfen (»Brian, du bist ein ausbeuterischer, verantwortungsloser Psychopath, du versuchst, mich zu manipulieren, du nutzt mich nur aus!«) ist dieser Gesprächsstil sicherlich vorzuziehen. Dennoch – wenn Lois den neurotischen Zyklus von überkompensierendem und regressivem Verhalten zwischen ihr und ihrem Bruder durchbrechen will, wird sie das nicht dadurch erreichen, daß sie ihm ihre Gefühle zeigt oder ihn bittet, sein Verhalten zu ändern. Sie wird aufhören müssen, »überzufunktionieren«. Was heißt das genau?

Wie lernt man, nicht zu helfen?

Wenn Lois ihre Situation verändern will, muß sie sich in ihrer Hilfsbereitschaft bremsen. Hört sich das einfach an? Für die Menschen, die glauben, es sei ihre heilige Pflicht, andere zu retten und zu bessern, gibt es nichts in der Welt, das schwerer wäre, als keine Hilfsangebote zu machen. Wie hört man damit auf, ein Familienmitglied zu retten? Hier ist ein Beispiel: Das nächste Mal, wenn Brian in völliger Verzweiflung bei ihr anruft, kann Lois ihm verständnisvoll zuhören und Interesse an seinen Problemen zeigen. Sie kann ihm in ruhigem Ton sagen: »Du scheinst wirklich in großen Schwierigkeiten zu sein – eine blöde Geschichte, das tut mir wirklich leid.« Falls Brian sie um Geld bittet, kann sie sagen: »Ich hab' mich entschlossen, dir kein Geld mehr zu leihen, Brian. Ich hab' jetzt ein paar Sachen vor, für die ich selbst Geld brauche, und die haben für mich Priorität; mußt dir jetzt selber helfen, Brian, sorry!« Wenn Lois das mit Humor und Wärme sagen kann, um so besser. Falls Brian ihr anklagend antwortet: »Du bist wirklich egoistisch!«, könnte Lois sagen: »Wahrscheinlich. Ich glaube, ich werd' immer egoistischer auf meine alten Tage.« Wenn Brian sie um Rat angeht, sollte sie ihre Zunge hüten und sagen: »Ja, weißt du, dazu fällt mir auch nichts ein.« Oder: »Ich wollte, ich könnte dir helfen, Brian, aber ich weiß nicht, was ich dazu sagen soll.« Dann könnte Lois etwas über ihre eigenen Probleme erzählen und Brian fragen, ob ihm zu ihrem Dilemma etwas einfällt. Außerdem könnte sie Brian Mut machen, daß er seine eigenen Lösungen finden wird: »Ich weiß, du schlägst dich schon lange damit herum, die Dinge in den Griff zu bekommen, aber ich bin sicher, daß du es schaffen wirst. Ich weiß, daß du das hinkriegst.«

Das Verlernen der Helferrolle setzt eine veränderte Einstellung zu Beziehungen voraus und die Fähigkeit, zwischen Abgrenzungs- und Zusammengehörigkeitsbedürfnissen die Waage zu halten. Wenn Lois' Äußerungen den Grundton haben »Zieh mich nicht mit hinein, das ist nicht mein Problem«, wird sich das alte Muster nicht ändern, denn damit wäre sie lediglich in einer »reaktiven« Distanz. Ebenso, wenn Lois sagte: »Ich gebe dir von nun an kein Geld und auch keine Ratschläge mehr, weil das nicht gut für dich ist«, wäre das nur eine andere Version ihrer therapeutischen Haltung ihrem Bruder gegenüber, die auf der Grundannahme beruht, sie wisse, was das Beste für ihn sei. Wenn wir lernen wollen, die Helferrolle aufzugeben, müssen wir einsehen, daß wir keine Lösungen für die Probleme anderer haben. Meistens wissen wir ja nicht einmal die Antworten auf unsere eigenen Fragen.

Die Sache mit den guten Ratschlägen

Sollte Lois nun ihr Leben lang Brian nie wieder einen Rat geben? Nach einiger Zeit und mit etwas Abstand, wenn die Beziehung begonnen hat, eine andere Form anzunehmen, könnte Lois Brian durchaus Ratschläge geben – vorausgesetzt, er fragt ausdrücklich danach, und vorausgesetzt, sie stellt fest, daß ihr Eingreifen sinnvoll ist. Aber es gibt Ratschläge und Ratschläge! Es ist nichts dagegen einzuwenden, daß wir andere beraten, solange wir uns der Tatsache bewußt bleiben, daß wir lediglich eine Meinung äußern, die auf die Situation des anderen zutreffen mag – oder auch nicht. Wenn Lois merkt, daß sie wütend wird, weil Brian ihre Ratschläge nicht befolgt, ist das ein deutlicher Hinweis, daß sie ihm lieber keinen Rat geben sollte.

Meistens nehmen gerade die Menschen, die uns am nächsten stehen, unsere Ratschläge nicht an, wenn wir so auftreten, als hätten wir, was ihr Leben angeht, die absolute Wahrheit gepachtet. Typisch für Lois ist es zum Beispiel, Brian Vorträge darüber zu halten, wie wichtig angeblich therapeutische Hilfe für ihn ist, und dann wütend zu werden, wenn er ihre Meinung in den Wind schlägt. Brian hätte größere Chancen, die Möglichkeit einer Therapie ernsthaft für sich in Betracht zu ziehen, wenn Lois sagen könnte: »Für mein Leben ist die Therapie ein großer Gewinn gewesen, und deshalb halte ich sehr viel davon. Aber das gilt nicht für jeden; vielleicht bist du eher der Selbsthelfer-Typ.« Diese Art, Rat zu geben, ist nicht einfach eine taktische Überlegung, sie ist eine reifere Art des Kontakts mit dem anderen, die seine Persönlichkeit mit ihren Grenzen und ihrer Andersartigkeit respektiert. In dieser Haltung liegt das Zugeständnis, daß es unterschiedliche Persönlichkeitsstrukturen gibt und daß wir alle die Fähigkeiten haben, unser Selbst am besten zu beurteilen.

In Kontakt bleiben

Wie wir am Beispiel von Maggie und ihrer Mutter sehen, gibt es im Prozeß der Ablösung aus einem alten, eingefahrenen Beziehungsmuster kaum etwas Wichtigeres als das Aufrechterhalten des emotionalen Kontaktes. Lois steht vor der schwierigen Aufgabe, Brian ihr Interesse zu zeigen, während sie gleichzeitig aufhört, ihm bei der Lösung seiner Probleme Hilfe anzubieten. Wie kann sie das erreichen?

Lois könnte Brian von sich aus anrufen, wenn er in Schwierigkeiten ist, einfach, um mit ihm in Kontakt zu bleiben. Sie könnte sagen: »Ich weiß, ich bin im Augenblick keine große Hilfe für dich; ich wollte nur hören, wie es dir geht, und dir sagen, daß du mir wichtig bist.« Sie könnte die Beziehung mit Brian auf einer anderen Ebene weiter ausbauen, ihn zum Beispiel zum Essen mit ihrer Familie einladen. Sich zurücknehmen und den anderen allein mit seinen Problemen fertig werden zu lassen ist nicht dasselbe wie emotionaler Rückzug aus der Beziehung. Lois kann, wenn Brian in einer Krise steckt, aufhören, ihn aus dem Elend zu erretten, und ihm dennoch ihr Mitgefühl und ihr Interesse zeigen.

In diesem Stadium der Veränderung einer Beziehung ist es immer schwierig, den emotionalen Kontakt zu halten. Wir haben wahrscheinlich eine natürliche Neigung, entweder zu streiten oder uns emotional zu distanzieren, wenn wir uns über unseren eigenen Standpunkt in einer Beziehung noch nicht völlig im klaren sind oder wenn wir nicht wissen, wie wir unter dem Druck der Erwartungen des anderen unsere Position aufrechterhalten sollen. Dabei spielt unsere eigene Angst vor Veränderungen eine wichtige Rolle. Das »Dranbleiben« fordert uns oft ab, daß wir gegen enorme innere Widerstände angehen, die sich in Form von Wut (»Warum sollte ich mich um ihn kümmern, wenn er sich so aufführt?«) oder in Form von Passivität äußern (»Ich habe einfach keine Lust, von mir aus auf ihn zuzugehen.«).

Die eigenen Schwächen zeigen

In den Therapiestunden sprach Lois mit mir über ihre Probleme und ihren Schmerz, aber im Kontakt mit ihrer Familie – und besonders mit Brian – ging es ihr angeblich immer prächtig; sie brauchte nichts und niemanden. Wie alle eingefleischten »Überfunktionierer« war auch Lois davon überzeugt, ein Gespräch mit Brian über ihre eigenen Konflikte, Schwächen und Verletzlichkeiten sei außerhalb jeder Diskussion. (»Ich würde Brian nie erzählen, daß ich so deprimiert war; ich habe absolut keine Lust dazu, und außerdem hat er wirklich genug mit seinen eigenen Problemen zu tun.« – »Brian kann mit meinen Gefühlen nicht umgehen.« – »Warum sollte ich ihn belasten, er kann mir sowieso nicht helfen.«)

In der Beziehung von Lois und Brian sind die Gewichte extrem einseitig verteilt: Brian drückt nur seine Schwäche, Lois nur ihre Stärke aus. Wenn Lois aus den eingefahrenen Mechanismen heraus will, kann sie damit anfangen, sich selbst nach außen etwas differenzierter darzustellen und Brian etwas über ihre eigenen Seelenqualen mitteilen. Wenn Brian anruft und über seine neuesten Katastrophen spricht, könnte Lois zum Beispiel sagen: »Brian, ich wollte, ich könnte mehr für dich tun, aber im Augenblick bin ich zu gar nichts zu gebrauchen. Ich fühle mich schon den ganzen Tag furchtbar mies. Es tut mir leid, daß es dir schlechtgeht, aber ich habe kein Fünkchen Energie mehr übrig. Zum Teil liegt das an meinem Job; ich bin schon lange furchtbar unzufrieden damit, aber heute war wirklich der Höhepunkt erreicht, und ich bin völlig fertig.« Wenn

wir mit Menschen zu tun haben, die zu depressiven Verstimmungen neigen oder in die Rolle des »Unfähigen« flüchten, sind
konzentriertes Eingehen auf ihre Probleme und Hilfsangebote
das Schlechteste, was wir tun können. Das Hilfreichste ist, ihnen
etwas von unserer eigenen Schwäche, unserer eigenen regressi-
ven Seite zu zeigen.

Noch einmal: Abwehrreaktionen

Natürlich muß auch Lois auf Brians Abwehrreaktionen vorbereitet sein. So sicher, wie morgens die Sonne aufgeht, wird Brian
seine Trümpfe ausspielen und versuchen, das alte Beziehungsmuster wiederherzustellen. Wenn er das letzte Mal um Geld bat,
weil er seine Stromrechnung nicht bezahlen konnte, wird es sich
beim nächsten Mal darum handeln, daß er kurz vor dem
Verhungern oder mit einem Fuß im Gefängnis steht. Hier
beginnen unsere wirklichen Prüfungen. Wir finden entweder
eine Rechtfertigung, in unsere alten Mechanismen zurückzufal-
len, und geben dem anderen die Schuld dafür (»Schließlich
konnte ich meinen Bruder doch nicht umkommen lassen!«),
oder wir hocken da, mit unseren Ängsten und Schuldgefühlen,
und versuchen, unsere neue Position aufrechtzuerhalten. Wenn
Lois es durchhält, Brian nicht zu »retten«, ihm keine Lösungen
für seine Probleme anzubieten und dennoch Kontakt mit ihm zu
halten und ihn emotional zu unterstützen, werden seine Abwehrreaktionen ziemlich rasch nachlassen. Sie werden lediglich
phasenweise wieder auftreten, wenn er im Lauf der Zeit das
Klima der Beziehung erneut »überprüft«.
   Welches Licht wirft das Beispiel von Lois und Brian auf unsere
Ausgangsfrage »Wer ist für welche Dinge verantwortlich?«? Es
zeigt uns deutlich, daß wir manchmal zuviel Verantwortung für
einen anderen Menschen und zuwenig Verantwortung für unser
eigenes Verhalten übernehmen. Lois ist wütend, weil sie durch
ein Zuviel an Verantwortung für die Probleme ihres Bruders
überfordert ist. Sie berät ihn, kommt ihm zu Hilfe und paukt ihn
aus seinen Notlagen heraus. Sie hat Schwierigkeiten damit,
einfach dazusein und ihn mit seinen Problemen fertig werden zu
lassen. Gleichzeitig bringt Lois nicht genug Aufmerksamkeit
auf, um zu beobachten, wie ihr eigenes Verhalten zur Aufrechterhaltung der Mechanismen beiträgt, die sie so dringend verän-

dern will. Sie blockiert sich durch ihre Haltung selbst und hindert sich daran, über ihre Situation nachzudenken und Vorstellungen über einen anderen Standpunkt zu entwickeln, der sie aus den Zwängen ihrer bisherigen Rolle befreien würde.

Veränderungen sind zwar zunächst schwierig und schmerzhaft – aber auf lange Sicht zahlt man einen viel höheren Preis, wenn man in einer problematischen Beziehung den Status quo mit allen Mitteln aufrechterhält. Die negativen Folgen der einseitigen Kräfteverhältnisse in der Beziehung für Brian sind offensichtlich: solange sie andauern, bleibt er in der Rolle des »Unfähigen« fixiert. Lois ist zwar sehr engagiert, aber wenn sie Brian weiterhin »rettet« und nichts von ihrer Schwäche und Verletzlichkeit zeigt, hindert sie ihn daran, selbständig zu werden.

Der Preis, den Lois für ihre Rolle in der Beziehung zahlen muß, ist weniger offensichtlich, aber nicht weniger gravierend, wie ihre ständigen Aggressionen und der Dauerstreß, unter dem sie steht, deutlich zeigen. Wenn wir »überfunktionieren«, wenn wir nicht anders können, als ständig »erwachsen« und »überlegen« zu sein, werden wir große Probleme damit haben, uns auch einmal der Fürsorge anderer zu überlassen, uns fallenzulassen, zu entspannen und uns – für eine Weile zumindest – den Luxus des passiven Erschöpftseins zu erlauben. Lois hat sich durch ihre Fixierung auf die Helfer- und Retterrolle den Blick auf die Probleme ihrer eigenen Persönlichkeitsentwicklung verstellt; sie kann ihre Nöte und Konflikte unter den Teppich kehren, weil sie sich ja dauernd um ihren Bruder kümmern muß. Wenn Lois weiterhin die Verantwortung für die Probleme anderer übernimmt, wird sie schließlich im Hinblick auf ihre eigene Persönlichkeit »unterfunktionieren«.

Immer Ärger mit den Kindern

Selbstvorwürfe einerseits und Wut auf die Kinder andererseits gehören zu den »Berufskrankheiten« heutiger Mütter. Viele Mütter fragen sich dauernd, was sie falsch machen, was mit ihnen selbst »nicht stimmt« und was bei ihren Kindern »nicht in Ordnung« ist. Diese Art von Besorgnis ist sehr naheliegend, denn den Müttern wird die Hauptlast der Verantwortung für alle Familienprobleme übertragen. Unsere Kultur nährt in Müttern eine Omnipotenzphantasie: daß nämlich das Verhalten des Kindes, ja sein ganzes Sein, das »Werk« der Mutter sei. Sie ist eine »gute Mutter«, wenn das Kind die normativen Erwartungen der Umwelt erfüllt – tut es das nicht oder unzureichend, ist sie eine »schlechte Mutter« und selbst die Ursache des Problems. Die Mutter repräsentiert, wie es scheint, die gesamte Umwelt des Kindes. Bis vor kurzem wurden dem Vater, der Familie, den gesellschaftlichen Verhältnissen, in die das Kind eingebettet ist, kein wirklicher Einfluß auf seine Entwicklung zugestanden.

Als Müttern wird uns der Eindruck vermittelt, wir könnten und sollten Entwicklungen und Situationen kontrollieren, die sich, realistisch betrachtet, unserer Kontrolle entziehen. Viele von uns haben ein übersteigertes Bedürfnis, das Verhalten unserer Kinder zu steuern, um uns vor uns selbst, vor unseren eigenen Müttern und vor der Umwelt als »gute Mütter« zu beweisen. Aber eine Mutter, die ständig voller Wut ist, weil sie sich hilflos und unfähig fühlt, ihr Kind »unter Kontrolle« zu halten, steckt in einer paradoxen Situation – so paradox wie unser gesamter Umgang mit Aggressionen: Wir versuchen, Macht und Einfluß auf Situationen auszuüben, die sich unserem Einfluß entziehen, und unsere wirkliche Macht, die Macht über unser eigenes Verhalten, übersehen wir völlig. Mütter können die Gefühle und Verhaltensweisen ihrer Kinder nicht »erzeugen« oder »hervorrufen«; aber etwas anderes können wir tun: Wir können klarstellen, welche Verhaltensweisen wir akzeptieren, welche wir ablehnen und was die Konsequenzen einer Überschreitung der gesetzten Grenzen sind. Außerdem können wir unsere Rolle in Familienkonflikten verändern. Wenn wir ausschließlich uns selbst oder das Kind oder, was auch vorkommt, ausschließlich den Vater des Kindes als die Ursache des Problems sehen, ist jeder Veränderungsversuch zum Scheitern verurteilt. Im Familienleben gibt es nie einen einzigen »Hauptschuldigen«, wenn es an der Oberfläche auch manchmal so erscheinen mag.

Wütende Machtkämpfe mit Kindern laufen oft darauf hinaus: Wir »überfunktionieren«, wenn es um ihr Verhalten und ihre Gefühle geht; gleichzeitig »unterfunktionieren« wir, wenn es darum geht, unseren eigenen Standpunkt zu klären, Regeln festzulegen und Grenzen zu setzen. Hier ist ein typisches Beispiel:

Claudia, ein kleiner Diktator

Alicia, die seit mehreren Monaten geschieden war, hatte einen Mann, Carlos, kennengelernt. »Ich mag ihn«, erklärte sie, »aber Claudia, meine Tochter, mag ihn nicht.« Claudia war vier Jahre alt. »Jedesmal, wenn Carlos und ich ausgehen wollen«, sagte Alicia, »fängt Claudia herzzerreißend an zu weinen. Vielleicht hat das damit zu tun, daß sie so sehr an ihrem Vater hängt, aber ich glaube, sie mag Carlos einfach nicht, und sie will nicht, daß ich mit ihm allein bin. Sie ist trotzig und weigert sich strikt, auch nur ein Wort mit ihm zu reden. Manchmal steigert sie sich in einen ausgewachsenen Tobsuchtsanfall hinein, wenn wir gerade zur Tür hinausgehen wollen. Ich bin dann so wütend auf das Kind, daß ich nicht einmal Mitgefühl haben kann.«

»Was tun Sie, wenn Claudia sich so verhält?« fragte ich.

»Wenn ich selbst ausgeglichen bin, versuche ich, vernünftig mit ihr zu reden. Ich erkläre ihr, daß es wichtig für mich ist, abends manchmal auszugehen, und daß sie keinen Grund hat, darüber wütend zu sein. Ich versuche ihr zu erklären, daß Carlos sehr nett ist und daß sie ihn auch mögen würde, wenn sie sich nur ein bißchen Mühe gäbe.«

»Und wie reagiert Ihre Tochter darauf?«

»Es nützt überhaupt nichts, vernünftig mit ihr zu reden. Sie zieht sich die Bettdecke über den Kopf und hält sich die Ohren zu. Oder sie wird noch trotziger und brüllt noch lauter. Letzte Woche war es so schlimm, daß ich den Abend nicht mit Carlos verbringen konnte; ich schickte ihn und den Babysitter nach Haus. Meistens gehe ich trotzdem weg, aber dann habe ich solche Schuldgefühle, daß ich den Abend nicht genießen kann. Ich weiß, daß die Scheidung Claudia sehr zu schaffen macht, aber ich bin doch furchtbar wütend, daß sie so sehr in mein Leben eingreift. Das Kind ist ein richtiger Tyrann!«

Was geht hier schief? Erkennen Sie Alicias Problem?

Mit den Kindern diskutieren?

Das hört sich gut an und spricht für die Aufgeklärtheit der Eltern. In der Praxis läuft so etwas jedoch meistens darauf hinaus, daß wir versuchen, die Kinder von unserer Sicht der Dinge zu überzeugen. Alicia gibt Claudia zu verstehen, daß ihre

Wut und ihre Verzweiflung »falsch«, übertrieben und unerwünscht sind. Alicia will nicht nur mit Carlos ausgehen, ihre Tochter soll wollen, daß sie mit Carlos ausgeht. Sie will nicht nur, daß ihre Tochter ihr Trotzverhalten aufgibt (ein verständlicher Wunsch!), sie will, daß Claudia Carlos mag und ihn nett findet. Es ist vollkommen verständlich, daß Alicia sich das wünscht. Aber es ist unmöglich, Kindern die erwünschten Gefühle und Verhaltensweisen »einzupflanzen«. Was noch wichtiger ist: Das ist auch gar nicht unsere Aufgabe. Wenn wir es trotzdem versuchen, sind wir schließlich nur wütend und frustriert. Außerdem hindern wir damit das Kind daran, innerhalb der Familienstruktur ein klares, eigenständiges Ich herauszubilden.

Warum fällt es Alicia so schwer, die Wut und die Traurigkeit ihrer Tochter zu akzeptieren? Vielleicht hat Alicia selbst auch noch Schwierigkeiten mit der Trennung, wenn es ihr auch nicht bewußt ist. Vielleicht neigt sie dazu, die Helferrolle zu übernehmen, wenn es um die Probleme anderer, besonders um die ihrer Tochter geht. Viele von uns verhalten sich so. Sobald unsere Kinder Traurigkeit, Verletztheit, Wut oder Eifersucht zeigen, stürzen wir sofort herbei, versuchen, ihnen ihre Gefühle »abzunehmen« oder sonst irgend etwas zu tun, damit es ihnen besser geht. Vielleicht sind wir dann mit Ratschlägen bei der Hand, beschwichtigen die Kinder oder interpretieren ihr Verhalten. Vielleicht wechseln wir auch das Thema und versuchen, das Kind aufzuheitern oder es davon zu überzeugen, daß es nicht so empfinden sollte, wie es empfindet.

Dieses emotionale »Überfunktionieren« ist ein Merkmal von Verschmelzung und verwischten Ich-Grenzen in Familienbeziehungen. Die Geschlechterrollen innerhalb der Familie sind meistens so verteilt, daß der Vater sich übermäßig distanziert verhält und die Mutter sich übermäßig mit den Kindern identifiziert. Wenn es das Kind juckt, kratzt sich die Mutter. Die symbiotische Verbindung zwischen Mutter und Kind kann mächtig, ja gefährlich stark sein; Mütter haben manchmal Schwierigkeiten, sich ihrer eigenen Persönlichkeitsgrenzen so weit bewußt zu werden, daß sie ihren Kindern ruhig und einfühlsam zuhören und ihnen dadurch ermöglichen können, sich frei auszusprechen. Wenn wir lernen, innerhalb unserer eigenen Persönlichkeitsgrenzen zu bleiben und eine Haltung zu meiden, die alles regeln und in Ordnung bringen will, werden Kinder, ob sie nun vier oder vierzig Jahre alt sind, erstaunliche Fähigkeiten demonstrieren, mit ihren Problemen fertig zu werden und um Hilfe zu bitten, wenn sie Hilfe wollen und brauchen.

Claudias Verhalten veränderte sich ganz erheblich, als Alicia in der Lage war, folgende Schritte zu unternehmen:

Erstens hörte Alicia sich an, was Claudia an Gedanken und Gefühlen ausdrückte; sie versuchte nicht, Claudias Gefühle zu ändern oder sie ihr auszureden. Sie verzichtete auf Ratschläge, Kritik, Interpretationen und Belehrungen. Sie versuchte nicht, Claudia zu manipulieren, sondern sprach verständnisvoll mit ihr. Sie sagte zum Beispiel: »Ich glaube, du bist ziemlich wütend darüber, daß ich heute ausgehe«, oder: »Du kannst Carlos nicht besonders gut leiden, nicht wahr?« Claudia beruhigte sich, als sie die Aufmerksamkeit und das ruhige Interesse ihrer Mutter spürte; allmählich begann sie, ihre Ängste, ihre Wut und ihren Kummer über die Scheidung ihrer Eltern offener auszudrücken. Für Alicia war es, als würde ihr eine Zentnerlast von den Schultern genommen, als sie lernte, sich die Probleme ihrer Tochter anzuhören, ohne den Druck, sofort etwas »machen« zu müssen.

Zweitens wurde Alicia klar, daß es einzig und allein ihre Sache war, über ihre Verabredungen mit Carlos zu entscheiden – oder überhaupt Entscheidungen für sich zu treffen, und daß diese Entscheidungen nicht von den Gefühlen ihrer Tochter abhingen. Alicia vermittelte ihrer Tochter, daß sie ihre Gefühle respektierte und Rücksicht darauf nahm, daß sie ihre Entscheidungen aber nicht von Claudias Gefühlsausbrüchen abhängig machen würde. Alicia sagte dann zum Beispiel: »Ich weiß, heute abend ist es schwierig für dich; ich gehe aber trotzdem mit Carlos ins Kino und anschließend essen und komme erst spät nach Hause, wenn du schon schläfst.« Und wenn Claudia dann weinerlich sagte: »Ich kann ihn nicht leiden«, antwortete Alicia einfach: »Das kann ich verstehen.« Wie für alle Kinder war es für Claudia sehr beruhigend, zu wissen, daß sie alle ihre Gedanken und Gefühle offen ausdrücken durfte und daß ihre Mutter eigenständig und reif genug war, ihre Entscheidungen für sich selbst und für ihre Tochter zu treffen. Vorher hatte Alicia Claudias Trotzausbrüchen gewöhnlich nachgegeben, später aber voller Wut dem Kind die Schuld zugeschoben, daß sie sich so manipulieren ließ (»Dieses Kind kriegt doch immer seinen Willen!«).

Auf Claudias Trotz- und Wutanfälle ließ Alicia sich nicht mehr ein. Sie brachte Claudia in ihr Zimmer, und dort mußte sie bleiben, bis sie sich ausgetobt hatte. Claudia ignorierte es grundsätzlich, wenn Carlos mit ihr sprach; Alicia stellte nun auch klar, daß sie mit diesem Verhalten nicht einverstanden war. »Du mußt dich nicht mit ihm unterhalten, wenn du nicht willst«, sagte sie zu ihrer Tochter, »aber wenn er dich etwas fragt, antworte ihm. Sag ihm, wenn du nicht darüber sprechen möchtest, aber tu nicht so, als wenn er nicht da wäre.« Mehrere Wochen lang sagte Claudia »Ich will nicht darüber sprechen«, sobald Carlos ein Gespräch mit ihr anknüpfen wollte. Damit konnte Alicia leben, es war bereits eine bessere Alternative. Alicia beobachtete auch, daß Claudia sich stärker zurückzog, je mehr sie von ihr oder von Carlos bedrängt wurde, Kontakt zu ihm herzustellen. Beide, Alicia und Carlos, nahmen sich etwas zurück und ließen Claudia den Spielraum, den sie brauchte. Als Claudia sich nicht mehr unter Druck gesetzt fühlte, Carlos mögen oder zu ihm in Kontakt treten zu müssen, entspannte sie sich in seiner Gegenwart und begann nach einiger Zeit mit ihm warm zu werden.

Bei Kindern wie bei Erwachsenen sind die Chancen der Veränderung größer, wenn wir den Versuch aufgeben, ihr Verhalten zu bestimmen, wenn wir die Beziehungsstrukturen durchschauen und Alternativen für unser eigenes Verhalten finden. Einige Strukturen werden wir leicht erkennen, wenn wir unsere Wahrnehmungsfähigkeit schulen – andere Strukturen, in die drei Schlüsselpersonen verstrickt sind, sind wesentlich schwerer durchschaubar, wie wir im folgenden Kapitel sehen werden.

Das Problemdreieck

Auswege aus Dreieckskonflikten in der Familie

Vor kurzem besuchte ich meine Eltern in Phoenix. Ich fuhr aus einem besonderen Grund: Mein Vater, der sehr stolz darauf ist, ohne die geringste Krankheit fünfundsiebzig Jahre alt geworden zu sein, hatte plötzlich einen schweren Herzanfall bekommen. Der Besuch verlief wunderbar – aber nach meiner Rückkehr merkte ich, daß ich heftige Aufwallungen von Wut meinen Kindern gegenüber hatte. Während der nächsten Tage wachte Matthew morgens mit Kopfweh auf, Ben war unerträglich aufsässig, und die Jungen stritten sich ununterbrochen. Meine beiden Kinder wurden zum Hauptziel meiner freiflottierenden Aggressionen. Als ich mit meiner Freundin Kay Kent, einer erfahrenen Familientherapeutin, über meine Situation sprach, begann ich den Zusammenhang zwischen meiner Wut auf die Kinder und meinem Besuch bei meinen Eltern zu sehen. Die schönen Tage bei meinen Eltern hatten mir nicht nur die große geographische Entfernung zwischen uns in Erinnerung gerufen, sondern mir auch bewußt gemacht, wie sehr sie mir fehlen würden, wenn sie einmal nicht mehr dasein würden. Bei diesem Besuch konnte ich nicht mehr übersehen, wie alt sie geworden waren. Mein Vater wirkte erschöpft, war in seinen Bewegungen wesentlich langsamer als früher und geriet leicht außer Atem. Meine Mutter, die mit großem Lebensmut zwei Krebserkrankungen und erst kürzlich eine Operation durchgestanden hatte, schien so lebendig wie immer; dennoch war ich mir ihrer Sterblichkeit nur allzu bewußt. Kay schlug mir vor, die neue bestürzende Erfahrung meinen Kindern und meinen Eltern gegenüber offen auszusprechen – und das tat ich auch. Am nächsten Tag, beim Abendessen, entschuldigte ich mich bei meiner ganzen Familie für meine schlechte Laune und meine Reizbarkeit; ich erklärte Matt und Ben, wie traurig ich nach meinem Besuch in Phoenix war, weil die Großeltern so gealtert waren, weil Großvaters Herzanfall mir bewußt gemacht hatte, daß sie nicht ewig leben würden und daß einer von ihnen vielleicht bald sterben würde. »Deswegen war ich so wütend«, erklärte ich. Dann schrieb ich meinen Eltern einen Brief, in dem ich ihnen sagte, wie sehr ich die Zeit mit ihnen genossen hatte und daß ich nach meiner Rückkehr mit meiner Sorge über ihr Älterwerden und mit meiner Angst und Trauer über eine mögliche Zukunft ohne sie in Berührung gekommen war.

Das Resultat meiner Entscheidung war ziemlich verblüffend. Beide Jungen beruhigten sich erheblich, und die ständigen Streitereien ließen nach. Sie begannen beide, Fragen über den Tod zu stellen, und interessierten sich zum ersten Mal für die Einzelheiten von Großvaters Herzanfall und Großmutters Krebserkrankung. Ich war nicht mehr wütend, und das Leben kehrte in seine normalen Bahnen zurück.

In der Woche darauf erhielt ich einen Brief von meinem Vater. Auf die Enthüllung meiner Gefühle ging er nicht näher ein, sondern schrieb nur, ich solle mich nicht mit düsteren Vorstellungen quälen. Dem Brief an mich hatte er jedoch Briefe an beide Jungen beigelegt, in denen er ihnen die Funktion des Herzens erklärte und genau beschrieb, was in seinem Fall geschehen war. In seinem Brief an Matthew hatte er zum Schluß das Thema Tod direkt angesprochen. Mit diesen Briefen, die sachlich, aber auch warmherzig waren, begann erstmalig eine Korrespondenz zwischen Großvater und Enkeln.

Verdrängte oder verdeckte Probleme, die wir in einer Beziehung haben, wirken sich grundsätzlich als Spannungsherd in einer anderen Beziehung aus. Wenn wir uns solcher Prozesse bewußt sind, können wir uns bei dem, den wir zur Zielscheibe eigentlich nicht an ihn gerichteter Aggressionen machen, entschuldigen und uns auf die wahren Ursachen besinnen: »Es tut mir leid, daß ich dich so angefahren habe; ich hatte heute furchtbaren Ärger mit dem Leiter meiner Abteilung.« – »Ich mache mir Sorgen wegen meiner Gesundheit, entschuldige, wahrscheinlich bin ich deshalb so aus der Haut gefahren.« – »Ich habe mich heute über jeden und über alles geärgert, bis mir einfiel, daß heute der Todestag meines Bruders ist.«

Manchmal sind wir uns jedoch nicht darüber im klaren, daß wir heftige Wutgefühle von einer Person auf die andere übertragen – oder daß unterschwellige Ängste aus einem Bereich in einem anderen in Form von Wut hervorbrechen. Dabei verschieben wir nicht einfach Gefühle von einer Person auf die andere; eher ist es so, daß wir unsere Ängste in einer Beziehung reduzieren, indem wir uns auf einen Dritten konzentrieren, den wir unbewußt in die Situation hineinziehen. Dadurch wird die Spannung in der ursprünglichen Zweierkonstellation geringer. Wenn ich zum Beispiel meine Aggressionen weiterhin auf meine Söhne gerichtet hätte (die dadurch natürlich immer aufsässiger geworden wären), hätte ich die Ängste über den Altersprozeß und den nahenden Tod meiner Eltern weniger unmittelbar empfunden. Aller Wahrscheinlichkeit nach hätte ich dann mein wirkliches emotionales Problem gar nicht erkannt und nicht ausgesprochen.

Dieses Beziehungsmuster, das wir als »Dreieckskonstellation« bezeichnen wollen, kann alle erdenklichen Formen annehmen. In allen zwischenmenschlichen Bereichen tauchen vorübergehend Dreieckskonstellationen auf, in der Familie, im Freundeskreis, im Beruf; sie laufen automatisch und unbewußt ab und bilden einen normalen Bestandteil der Alltagskommunikation. Dreieckskonstellationen können sich aber auch verfestigen und starr werden; dann blockieren sie die Persönlichkeitsentwicklung und hindern uns daran, die wirklichen Konfliktursachen in unseren Beziehungen zu erkennen. Die folgenden Beispiele zeigen verschiedene Dreieckskonstellationen, die vorübergehend und »gutartig«, aber auch rigide und problematisch sein können.

Ein konfliktreiches Dreieck in der Familie

Judy ist Grundstücksmaklerin, und Victor, ihr Mann, arbeitet als Handelsvertreter für die Telefongesellschaft. Victor hat abends noch eine Arbeitsbesprechung, er ruft Judy an und sagt ihr, er werde nicht vor sieben Uhr zu Hause sein. Judy hat den ganzen Nachmittag mit den Kindern verbracht und fühlt sich, als es allmählich Zeit zum Abendessen wird, angespannt und erschöpft. Sie bereitet das Essen vor; die Kinder, die ihre Stimmung spüren, sind lauter und unruhiger als sonst. Nach dem Essen räumt sie auf; sie wartet, daß Victor nach Hause kommt, und sieht dauernd auf die Uhr. Um halb acht kommt Victor zur

Tür herein. »Tut mir leid, daß ich mich verspätet habe«, sagt er, »es gab einen Unfall auf der Straße, und ich bin im Verkehr steckengeblieben.« Victor hat einen ganz sachlichen Grund für seine Verspätung – trotzdem ist Judy wütend. Es geht ihr jedoch – so wie sie es im Augenblick erlebt – nicht um ihre eigenen Bedürfnisse. Die einzugestehen ist sie nicht in der Lage.

»Ich bin wirklich sauer auf dich«, sagt sie mit wutbebender Stimme. »Johnny und Mary (die Kinder) haben den ganzen Nachmittag auf dich gewartet; jetzt ist es fast Zeit zum Schlafengehen für sie. Für Johnny ist es besonders schlimm, die ganze Woche hast du dich kaum um ihn gekümmert, und er hat dich furchtbar vermißt! Ich frage mich, ob die Kinder überhaupt einen Vater haben!«

Was ist hier geschehen? Victors Verhalten als Vater mag durchaus ein lohnendes Diskussionsthema sein, aber darum geht es an dieser Stelle nicht. Im Augenblick benutzt Judy die Kinder, um einem wichtigen Problem zwischen Victor und ihr auszuweichen. Auch Victor mag seine guten Gründe haben, auf dieses Ausweichmanöver einzugehen.

Vielleicht hat Judy das Gefühl, sie habe kein Recht, über Victors spätes Heimkommen wütend zu sein. Die Besprechung war schließlich beruflich wichtig für ihn, und an der Verkehrsstauung ist er auch nicht schuld. Wenn sie überzeugt ist, daß ihre Aggressionen irrational, ungerechtfertigt oder »unreif« sind, wird sie sich selbst daran hindern, sie offen zu zeigen, ja, sie sich selbst einzugestehen. Oder das aktuelle Thema ist aus anderen Gründen mit Spannung geladen. Vielleicht hat Victors spätes Heimkommen bei Judy an lange unterdrückte Aggressionen gerührt, die damit zu tun haben, daß Victor dem Ehe- und Familienleben nicht genügend Interesse entgegenbringt.

Wenn die Beziehung zwischen Judy und Victor flexibel und relativ angstfrei ist, wird die Dreieckskonstellation vorübergehend sein und keine negativen Konsequenzen haben. Wenn Judy sich etwas beruhigt hat, wird sie in der Lage sein, Victor ihre Gefühle verständlich zu machen; sie wird ihm erklären, wie anstrengend der Tag für sie war und wie wütend und frustriert sie war, als er nicht früher nach Haus kam, um ihr Gesellschaft zu leisten und sie zu entlasten.

Was wäre aber, wenn Judy nicht den Mut hätte, völlig offen mit Victor zu reden, oder wenn beide, Judy und Victor, sich dagegen wehrten, die unterschwelligen Konflikte in ihrer Ehe wahrzunehmen? Dann könnte sich im Laufe der Zeit eine Dreieckskonstellation zwischen Judy, Victor und einem der Kinder etablieren. Vielleicht würde Judy ihre Aggressionen ständig an einem der Kinder auslassen, oder ihre Beziehung zu den Kindern intensivieren, um ihren Ehekonflikten mit Victor auszuweichen. Dafür gibt es unterschiedliche Möglichkeiten: Mutter und Sohn könnten eine symbiotische Beziehung zueinander entwickeln; für Judy wäre das die Kompensation für eine allzu distanzierte Ehe. Oder Judy könnte sich bei ihrer Tochter über ihren Mann beklagen, statt die Konflikte da auszutragen, wo sie hingehören: in der Ehe. Eins der Kinder könnte zum »Problemfall« der Familie werden, vielleicht durch die Entwicklung einer psychischen oder einer Verhaltensstörung; dadurch würde Judys Aufmerksamkeit von ihrer Unzufriedenheit in der Ehe abgelenkt. Judy und Victor würden dann vielleicht eine scheinbare Verbundenheit erleben, als Eltern, die durch die gemeinsame Sorge um ein problematisches Kind vereint sind.

Es muß nicht unbedingt ein Kind sein, das den dritten Punkt des Dreiecks bildet; es könnten andere Verwandte, Eltern oder Schwiegereltern sein, oder jemand außerhalb der Familie – ein Mann, mit dem Judy, eine Frau, mit der Victor eine Liebschaft hätte. Es gibt unendlich viele Kombinationsmöglichkeiten für Dreieckskonstellationen, das Prinzip bleibt aber in jedem Fall das gleiche: Die unausgesprochenen Eheprobleme würden in der Beziehung zwischen Judy und dem »Dritten« ständig Spannungen erzeugen – und die Beziehung zwischen Judy und Victor würde immer rigider, ihre Probleme würden immer schwerer zu lösen sein, je mehr sich die Dreieckskonstellation verfestigt. Natürlich könnte es auch sein, daß Victor selbst der »Dritte« in einem Dreieck ist, daß unbewältigte Probleme, die Judy mit einem anderen, zum Beispiel einem Elternteil, hat, zu ihrer Wut auf ihren Mann beitragen.

Beide Geschlechter und alle Altersstufen sind an den unterschiedlichsten, ineinander verflochtenen Dreieckskonstellationen beteiligt, die mehrere Generationen umfassen können. Wie wir feststellen konnten, haben Frauen jedoch oft stärkere, ja übermäßige Ängste, in einer wichtigen Beziehung zu einem Mann Konflikte aufkommen zu lassen. Daher neigen wir Frauen besonders dazu, die direkte Konfrontation zu meiden und unsere Aggressionen auf die Beziehung mit einer weniger »be-drohlichen«, schwächeren Person zu verschieben, mit einem Kind etwa oder einer anderen Frau. Wie könnte sich eine solche Dreieckskonstellation auswirken?

Ein schwieriges Dreieck im Beruf

Melissa, eine intelligente junge Frau, hatte die Oberaufsicht über das Pflegepersonal eines kleinen Privatkrankenhauses, das sonst ausschließlich von Männern geleitet wurde. Wie sich bald herausstellte, war ihre nominell recht hohe Position (sie trug den Titel einer »Direktorin«) mit wenig wirklichem Einfluß verbunden. Monatelang nahm Melissa an Sitzungen teil, bei denen ihre Diskussionsbeiträge ignoriert wurden; sie hatte ein zunehmendes Gefühl der Machtlosigkeit, was ihren Einfluß auf institutionelle Entscheidungen über den pflegerischen Bereich anging.

Melissas Gefühl von Dankbarkeit, zu den wenigen »Auserwählten« zu gehören, ihre Furcht vor ihren eigenen Aggressionen gegenüber männlichen Autoritätspersonen, ihre unbewußte Angst, größere Offenheit könnte zu Konfrontationen führen, durch die sie das Wohlwollen der Mächtigen in der Hierarchie verlieren würde – die Kombination all dieser Faktoren hinderte sie daran, ihre Wut überhaupt wahrzunehmen und die Konflikte dort auszutragen, wo sie hingehörten. Melissa hatte sich angewöhnt, gegenüber Männern in leitenden Positionen eine respektvolle Haltung einzunehmen und männliche Autoritäten vor der Kritik anderer Frauen zu schützen. Vielleicht hatte dieser Verhaltensstil schon eine Rolle dabei gespielt, daß sie überhaupt in die leitende Position aufgestiegen war.

Melissa begann, ihre unterschwelligen Ängste umzuleiten und ihre Aggressionen an »Dritten« auszuagieren. Zunächst begann sie das Pflegepersonal strikt zu überwachen; beim kleinsten Anzeichen eines Problems war sie zur Stelle. Im Lauf der Zeit reagierte sie mit wachsender Empfindlichkeit auf das Verhalten einer bestimmten Krankenschwester, Suzanne, die schließlich zum auserwählten Scheitelpunkt des Dreiecks werden sollte. Suzanne war eine sehr tüchtige, kompetente junge Frau, die kein Blatt vor den Mund nahm, sich wenig um Vorschriften und Termine für Verwaltungsarbeiten kümmerte und ihrer Wut auf männliche Autoritäten freien Lauf ließ – also genau das tat, wozu

Melissa nicht in der Lage war. Bei jeder kleinen Schlamperei, die Suzanne unterlief, bei jedem Termin für Berichte oder Verwaltungsarbeiten, den Suzanne überschritt, zeigte Melissa Überreaktionen. Sie begann, Suzanne als »Problemfall« zu behandeln, der überwacht werden mußte. Melissa schrieb zum Beispiel lange Berichte an einen anderen Vorgesetzten über Suzannes Nachlässigkeiten in Verwaltungsarbeiten, statt Suzanne selbst auf das Problem anzusprechen. Suzanne fühlte sich unter Druck gesetzt; als sie die Spannungen nicht mehr ertragen konnte, eskalierte sie unbewußt die Lage weiter, indem sie im ganzen Krankenhaus herumlief und unter ihren Kolleginnen Verbündete in ihrer Kritik an Melissa suchte. Die Spannungen zwischen den beiden Frauen stiegen ständig weiter an. Suzannes Nachlässigkeit in Verwaltungsarbeiten wurde nun wirklich zum Problem, und sechs Monate später wurde sie von Melissa, im Einverständnis mit ihren männlichen Vorgesetzten, gefeuert.

Melissa und Suzanne waren in eine Dreieckskonstellation verstrickt, die ihren Ursprung auf der höchsten Stufe der Krankenhaushierarchie hatte. Die Beziehung zwischen Melissa und ihren männlichen Vorgesetzten konnte ruhig und konfliktfrei bleiben, weil die unterschwelligen Ängste auf einer niedrigeren Stufe der Hierarchie ausagiert wurden, auf Suzannes Kosten. Melissa machte keinen Versuch, innerhalb der Institution mehr Macht und Einfluß für das Pflegepersonal zu erkämpfen; diese Frage war und blieb aber das uneingestandene Konfliktpotential zwischen ihr und den männlichen Autoritäten.

War Melissa also an den Ereignissen schuld, hatte sie alles ins Rollen gebracht? Natürlich nicht! Wäre Melissa in einer Institution angestellt gewesen, die Frauen wirklichen Einfluß einräumte, wäre sie nicht nur eine »Alibifrau« in einer männlichen Hierarchie, hätte sie sich wahrscheinlich völlig anders verhalten. Tatsächlich zeigen Untersuchungen zu diesem Problem, daß Frauen, die in Männer-Domänen Spitzenpositionen einnehmen, sich selbst und ihre Rollen in der Hierarchie nicht klar definieren können; sie sind so lange nicht in der Lage, auf frauenspezifische Probleme adäquat zu reagieren, bis die Verteilung von Männern und Frauen an der Spitze der Hierarchie ausgewogener geworden ist. Daran, daß Suzanne zum Sündenbock gemacht wurde, war mehr als nur eine Person beteiligt. Außerdem war Suzanne kein hilfloses Opfer ohne Einfluß auf sein Schicksal.

Vielleicht haben wir alle die Vision einer besseren Welt, in der alle zwischenmenschlichen Beziehungen, sei es im Beruf, unter Freunden oder in der Familie, frei und offen sind und unbelastet durch die Einflüsse anderer Beziehungen. Vielleicht wären unsere Beziehungen zu Mutter und Vater dann nicht dadurch geprägt und belastet, daß die beiden einen lebenslangen Kampf miteinander austrugen, in dem wir die Sekundanten waren. Wir würden uns, in dieser besseren Welt, aus den Konflikten zweier anderer Parteien heraushalten und andere auch nicht in unsere Kämpfe hineinziehen. Wenn ich wütend auf Sue wäre, würde ich nicht zu Sally gehen und mich über Sue beschweren. Wir würden Spannungen und Aggressionen nicht von einer Beziehung auf die andere verschieben. Das ist ein Ideal, das wir immer nur annähernd erreichen können. Dreieckskonstellationen aller Art sind Bestandteil aller zwischenmenschlichen Beziehungen. Wenn sich zwischen zwei Menschen Ängste und Konflikte entwickeln, wird automatisch und unbewußt eine dritte Partei mit hineingezogen. Wir alle sind in ein ganzes System von Dreieckskonstellationen eingebunden und sind uns dessen nicht einmal bewußt. Die meisten dieser Konstellationen sind nicht besonders problematisch; aber es gibt immer eine oder mehrere Dreiecksbeziehungen, die sehr wohl Konfliktstoff in sich tragen können. Wie kommen wir aus etwas heraus, wovon wir nicht einmal wissen, daß wir darin stecken?

Um Dreieckskonstellationen zu erkennen, müssen wir zwei Dinge ganz besonders beachten: Erstens, welche ungelösten und unausgesprochenen Probleme mit einem wichtigen Menschen (nicht selten aus der vorangegangenen Generation) leben wir in einer unserer gegenwärtigen Beziehungen aus? Intensive Wut auf einen uns nahestehenden Menschen kann uns signalisieren, daß wir starke, verdrängte Gefühle, die aus einer anderen wichtigen Beziehung stammen, mit uns herumtragen. Zweitens, was tragen wir selbst zu Dreieckskonstellationen bei, in denen wir feststecken?

Dreieckskonstellationen sind äußerst komplex; das macht es so schwierig, sie zu erkennen und ihre typischen Abläufe zu beobachten. Betrachten wir das »Schlüsseldreieck« in einer Familie, die an allen Fronten von Ängsten und Aggressionen belastet war.

Ein Generationen-Dreieck

»Ich komme zu Ihnen, weil ich mir große Sorgen um meinen Sohn Billy mache«, sagte Frau Kesler bei unserer ersten Begegnung. »Eigentlich gab es nie besondere Schwierigkeiten mit Billy, aber jetzt, seit er in der dritten Klasse ist, läßt er plötzlich in der Schule nach. Mein Mann und Billy liegen sich deswegen ständig in den Haaren, und die Beziehung zwischen den beiden verschlechtert sich immer mehr. Ich habe getan, was ich nur konnte, um die Atmosphäre zwischen Billy und meinem Mann zu entspannen, und ich habe versucht, Billy zu helfen, daß er sich mehr um die Schule kümmert. Aber es nützt alles nichts. Ich bin wütend auf Billy und auch auf John, meinen Mann, der nur mit Strafen an das Problem herangeht. Ich habe auch versucht, John dazu zu bewegen, daß er mit mir hierherkommt, aber er hat kein Interesse. Für ihn sind Therapeuten Quacksalber, und er hält Therapie für Blödsinn.«

Schon in den ersten Minuten unseres Gesprächs wurde mir klar, wie Frau Kesler das Problem sah: Billy und Billys Vater waren das Problem der Familie. Wenn man Herrn Kesler hätte fragen können, hätte er vielleicht Billy und Billys Mutter zum Familienproblem erklärt. Bei Familienkonflikten ist es normal, geradezu zu erwarten, daß ein Problem so definiert wird. Besonders wenn wir wütend sind, neigen wir dazu, die beteiligten Personen und nicht die Beziehungsstrukturen als »das Problem« zu deklarieren.

Weiter unten ist die Kernfamilie der Keslers im Diagramm dargestellt. Quadrate stehen für männliche, Kreise für weibliche Familienmitglieder. Die horizontale Verbindungslinie zwischen Quadrat und Kreis steht für die Ehe, die Kinder erscheinen darunter in der chronologischen Reihenfolge ihrer Geburt. Billy ist das älteste Kind, gefolgt von einem jüngeren Bruder, Joe, und einer jüngeren Schwester, Ann.

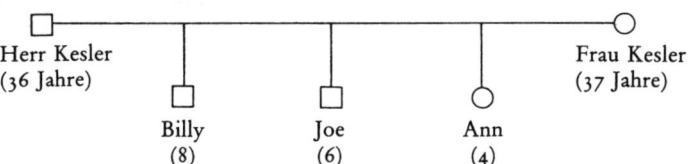

Herr Kesler (36 Jahre) — Frau Kesler (37 Jahre)

Billy (8)   Joe (6)   Ann (4)

Welche Interaktionsmuster wurden durch Billys schulische Probleme in der Familie Kesler ausgelöst? Wir alle – Individuen und Familien – reagieren auf emotionalen Streß innerhalb voraussagbarer Strukturen. Wenn Frau Kesler ihre Aggressionen einsetzen will, um ihre Position in der Familie zu verändern, muß sie lernen, die eingefahrenen Beziehungsstrukturen zu beobachten. Als ich Frau Kesler nach Einzelheiten des Familienkonflikts fragte, schilderte sie den folgenden Ablauf, der sich vorangegangenen Abend ereignet hatte:

Nach dem Essen saß Billy vor dem Fernseher, statt, wie vereinbart, seine Mathematikaufgaben zu machen. Der Vater wurde als erster darauf aufmerksam und tadelte Billy mit scharfen Worten, er verhalte sich »unverantwortlich« und habe die Vereinbarung gebrochen. Billy wand sich und versuchte ein Ausweichmanöver (»Nach dieser Sendung mache ich die Aufgaben.«); Vater wurde noch wütender. Mutter, die beim Abwaschen war und den Wortwechsel hörte, rief aus der Küche herüber: »John, du brauchst nicht so hart mit dem Jungen zu sein, die Sendung ist in einer Viertelstunde zu Ende.« – »Du hältst dich da heraus!« schrie Vater zurück. »Wenn du Billy nicht so verzogen hättest, wäre es gar nicht dazu gekommen, daß er so schlecht in der Schule ist!« Mutter und Vater debattierten weiter, während Billy sich auf sein Zimmer zurückzog und sich aufs Bett legte. Vater schwieg nun abweisend, Mutter versuchte erfolglos, ihn wieder ins Gespräch zu ziehen, und zog sich dann ebenfalls gekränkt zurück.

Ehe Frau Kesler sich einmischte, bestand das Dreieck aus zwei ruhigen Seiten und einer konfliktgeladenen Seite, der zwischen Vater und Sohn:

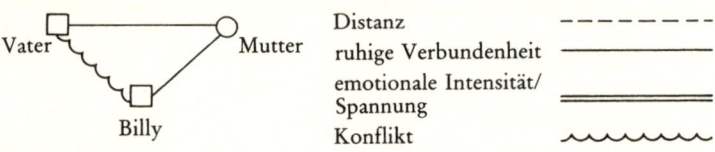

Als Frau Kesler in der Rolle von Billys »Retterin« in die Situation eingriff, wurde sie selbst zum Ziel der Kritik ihres Mannes; die Spannungsverhältnisse innerhalb des Dreiecks verschoben sich:

Vater   Mutter

Billy

1. Szene

Wenn die Dreieckskonstellation nur eine vorübergehende Erscheinung und die Beziehungen flexibel sind, muß nicht notwendigerweise ein Konflikt entstehen. Stellen wir uns vor, daß sich später am Abend folgendes ereignet hätte:

Als Billy zu Bett gegangen war, unterhielten sich Herr und Frau Kesler darüber, wie sie Billys schulische Probleme einschätzten. Sie stellten fest, daß sie unterschiedlicher Meinung darüber waren, wo die Ursachen lagen; in der Frage, wie sie sich Billy gegenüber nun verhalten sollten, kamen sie trotzdem zur Übereinstimmung und fanden einen Weg, den sie beide vertreten konnten. Dann erzählte Herr Kesler seiner Frau von einem Vorfall bei der Arbeit, über den er sich sehr geärgert hatte; vielleicht, meinte er, hatte er deshalb so jähzornig auf Billy reagiert. Frau Kesler fiel nun auch ein, daß ihr eigener Vater und ihr älterer Bruder sich früher ständig gestritten hatten und daß sie Streit zwischen Billy und ihrem Mann vielleicht deshalb so schwer ertragen konnte, weil sie als Kind so sehr unter der Situation gelitten hatte. Schließlich ließen Herr und Frau Kesler das Thema Billy fallen und unterhielten sich über andere Fragen ihres Berufslebens oder ihrer Ehe.

2. Szene

Die Beziehungsstrukturen in der Familie Kesler waren jedoch nicht so flexibel und offen. In unseren Gesprächen beschrieb Frau Kesler vielmehr ein Wiederholungsmuster, das zyklisch, in immer kürzeren Zeitabständen und mit immer größeren Spannungen, auftrat. Wenn es in der Familie zu Streßsituationen kam, geschah folgendes:

Der Vater war auf eine vorwurfsvolle Haltung Billy gegenüber fixiert. Beim geringsten Zeichen von Faulheit, Nachlässigkeit oder schlechtem Benehmen bei seinem Sohn reagierte er mit Heftigkeit und Zorn (»Du wirst noch was erleben, wenn du dich nicht besserst!«). Die Mutter nahm Billy gegenüber eine Retterhaltung ein und reagierte vorwurfsvoll auf ihren Mann (»John, der Junge braucht Liebe und Verständnis und keine eiserne Faust.«). Manchmal übernahm sie die Mittlerrolle und versuchte, die Dinge »in Ordnung zu bringen«. Meistens gab sie dann beiden, Vater und Sohn, gute Ratschläge, wie sie besser miteinander und mit der Situation umgehen könnten. Billy saß in der Rolle des »Unfähigen« in der Familie fest. Zu Hause und in der Schule war er bereits mit dem Etikett »Problemkind« versehen worden; er war das Zentrum der elterlichen Ängste und Sorgen. Herr und Frau Kesler steckten in einem Dauerstreit über das »richtige« Erziehungsverhalten, wobei Herr Kesler die Position »Disziplin und Ordnung« und Frau Kesler die Position von »Liebe und Verständnis« vertrat. Die emotionale Intensität dieser Streitigkeiten verdeckte andere wichtige Probleme in ihrer Ehe und in der persönlichen Entwicklung beider Ehepartner.

Was nun, Frau Kesler?

In den folgenden Wochen lernte Frau Kesler, ihre eigenen Aggressionen und das familiäre Interaktionsmuster zu beobachten, das sich um Billys problematisches Verhalten drehte. Sie konnte ihre eigene charakteristische Art, mit Streß umzugehen, jetzt klarer erkennen, ihren Wechsel zwischen der Retterrolle Billy gegenüber, der Vorwurfshaltung ihrem Mann gegenüber und ihrer gelegentlichen Friedensstifter- oder Mittlerposition zwischen beiden.

Frau Kesler sah auch ein, daß ihre Aktionen innerhalb der festgefahrenen Struktur völlig wirkungslos waren. Jedesmal, wenn sie Billy zu verteidigen versuchte, erlebte ihr Mann das als einseitige Parteinahme für Billy und richtete seine Kritik gegen sie. Jetzt war Frau Kesler bereit, über wirkliche Alternativen nachzudenken.

Aus dem Dreieck herauskommen

Wenn wir uns ständig erfolglos bemühen, in eine Beziehung zwischen anderen einzugreifen, sind wir Teil einer Dreieckskonstellation. Die schwierigste Aufgabe, die sich Frau Kesler nun stellte, war die: Sie mußte zulassen, daß sich ihr Mann und ihr Sohn allein, ohne sie, mit ihren Problemen und ihrer Beziehung herumschlugen. Und so ging sie an die Aufgabe heran:

Zunächst entschuldigte sie sich bei ihrem Mann dafür, daß sie sich dauernd in seine Beziehung zu Billy eingemischt hatte. Sie gab zu, daß sie durch ihre allzu schnelle Bereitschaft zu Ratschlägen und fertigen Antworten der Sache vielleicht einen schlechten Dienst geleistet hatte. Sie betonte, daß sie die Besorgnis ihres Mannes verstehe, lobte sein Engagement als Vater und seine Bemühungen, seinen Sohn zu einem verantwortungsbewußten Menschen zu erziehen. Dann drückte sie ihr Vertrauen aus, daß er und Billy ihren Konflikt allein beilegen würden.

Zu ihrem Sohn sagte sie: »Billy, ich habe einfach keine Lust mehr, bei dem Streit zwischen dir und Vater ständig die Feuerwehr zu spielen. Du bist ein kluger Junge und weißt genau, was deinen Vater auf die Palme bringt. Ich bin ganz sicher, ihr seid in der Lage, euch selbst um eure Probleme zu kümmern; von jetzt an bist du also auf dich selbst angewiesen.«

Frau Kesler gab sich große Mühe, ruhig zu bleiben und sich herauszuhalten, als die Gegenmanöver begannen. Wie es zu erwarten war, erhöhten die beiden anderen »Mitspieler« ihre Einsätze, um die alte Dreieckskonstellation wieder zu etablieren. Während Vater vorher nur harte Worte gebraucht hatte, wurde er nun handgreiflich; Billy kam weinend zu seiner Mutter gerannt und beklagte sich über Vaters Grausamkeit. Sogar die jüngeren Geschwister wirkten nun in dem Drama mit (»Mama, Papa ist schon wieder hinter Billy her!«). Ein typischer »Test« von Billys Seite verlief etwa so:

Billy: »Papa sagt, ich darf morgen nicht zum Baseballspiel gehen, aber das geht nicht, ich bin doch der Fänger! Kannst du nicht mit ihm reden?«

Mutter: »Das ist eine Sache zwischen Vater und dir, Billy. Sprich selbst mit ihm darüber und versuch ihn zu überzeugen.«

Billy (weinerlich): »Aber auf mich hört er ja nicht!«

Mutter: »Trotzdem mußt du es mit Vater abmachen. Ihr seid beide klug genug. Mach es so gut, wie du kannst.«

Billy: »Papa ist unfair. Du würdest mir nicht verbieten, zu dem Spiel zu gehen.«

Mutter: »Vater und ich sind manchmal verschiedener Meinung, und wir erlauben oder verbieten vielleicht auch nicht dasselbe. Das hier ist Vaters Sache, und du mußt mit ihm ausmachen, ob du zu dem Spiel gehen kannst oder nicht.«

Billy versuchte zwar, seine Mutter wieder in das Dreieck hineinzuziehen, dennoch gewann er durch ihre neue Haltung ein hohes Maß von Sicherheit. Unbewußt probierte Billy aus, ob er wirklich Mutters »Erlaubnis« hatte, eine eigenständige Beziehung zu seinem Vater zu entwickeln, oder ob die Mutter ihn als loyalen Verbündeten brauchte, in einer subtilen Allianz gegen einen Vater, der dann als »unfair« oder »inkompetent« eingestuft wurde. Durch ihr neues Verhalten gab Frau Kesler Billy zu verstehen, daß sie selbst die Dreieckskonstellation, in der der Vater die Randposition einnahm, nicht mehr brauchte. Billy konnte sich auf seine Art mit seinem Vater auseinandersetzen, ohne daß er dabei ständig an seine Mutter denken mußte.

Für Frau Kesler war es alles andere als einfach, ihre neue Position aufrechtzuerhalten. »Ich gerate furchtbar unter Druck, wenn John und Billy sich in die Haare kriegen«, erzählte sie mir. »Wenn ich höre, wie John seine Tiraden losläßt, werde ich wütend und bin kurz davor zu platzen. Manchmal gehe ich ins Badezimmer, damit ich die beiden nicht hören muß, oder ich gehe aus dem Haus und mache einen Spaziergang.« Frau Kesler war fähig, auf Abstand zu gehen, wenn sie Abstand brauchte, ohne ihren Mann zu kritisieren. Ruhig und ohne Vorwurf erklärte sie ihm: »Manchmal werde ich furchtbar gereizt, wenn ihr aufeinander losgeht. Ich bin mir nicht ganz im klaren darüber, warum ich so reagiere, aber es hilft mir in solchen Situationen, wenn ich aus dem Zimmer gehe oder einen Spaziergang mache.« Damit machte sie ihrem Mann klar, daß sie selbst die Verantwortung für ihre Gefühle übernahm und ihm nicht die Schuld an ihrem Unbehagen zuschob. Frau Kesler sprach auch immer wieder ihre Zuversicht aus, daß ihr Mann und ihr Sohn ohne ihre Hilfe mit ihrer Beziehung zurechtkommen würden.

Was soll Frau Kesler aber tun, wenn sie befürchtet, daß Herr

Kesler Billy mißhandeln könnte? In dieser Frage muß sie natürlich eine konsequente Haltung einnehmen und Billy, so gut sie kann, vor Gewalt schützen, selbst wenn das bedeutet, daß sie die Polizei rufen muß. Es wird aber vermutlich nicht zu Gewalttätigkeiten kommen, wenn sie eine konsequente Haltung zeigen kann, ohne wieder in die Dreieckskonstellation einzutreten, denn gerade die Spannungen innerhalb einer Dreieckskonstellation erhöhen das Risiko einer Eskalation von Aggressionen. Sie könnte zum Beispiel so mit ihrem Mann sprechen: »Ich muß dir etwas sagen – ich hab' wirklich Angst davor, der Konflikt zwischen dir und Billy könnte sich so weit aufheizen, daß der Junge irgendwann verletzt wird. Ich weiß, daß ich die Probleme zwischen euch nicht lösen kann, aber ich bin nicht bereit, Gewalt zu tolerieren. Sollte es je dahin kommen, werde ich alles in meiner Macht Stehende tun, um euch auseinanderzubringen.« Zu Billy könnte sie etwas ganz Ähnliches sagen: »Ich weiß, daß ihr, du und Vater, eure Probleme selbst lösen müßt. Aber, wie ich gestern auch schon zu Vater gesagt habe, ich werde eingreifen, wenn es zu turbulent wird und ich befürchten muß, daß jemand verletzt wird.« Wenn man in einem Dreier-Konflikt den beiden anderen Beteiligten gegenüber eine konsequente und verantwortungsbewußte Haltung einnimmt, muß man nicht unbedingt in die alten Mechanismen zurückfallen.

Was war das Resultat von Frau Keslers Ausstieg aus der Dreieckskonstellation? Herr Kesler reagierte weniger empfindlich auf Billys Probleme und Provokationen, er fuhr nicht mehr so schnell und nicht mehr so heftig aus der Haut. Billy begann seinerseits, sich um ein anderes Verhalten zu bemühen, und seine schulischen Probleme verschwanden. Die Beziehung zwischen Vater und Sohn verbesserte sich erheblich... und wenn sie nicht gestorben sind, dann leben sie heute noch?

Ganz so wie im Märchen war es natürlich nicht. Zunächst kam es zu einem offenen Konflikt in der Beziehung zwischen Billy und seiner Mutter. Dann kamen Eheprobleme zwischen Herrn und Frau Kesler an die Oberfläche, wobei es vor allem um die Frage von Nähe und Distanz ging. Herr Kesler wurde depressiv und vereinbarte, trotz seiner Abneigung gegen Psychotherapie, einen Termin mit mir.

Wieso kam es zu diesen Ereignissen? Dreieckskonstellationen sind dazu da, Ängste und bedrohliche Probleme unbewußt zu halten, deshalb sind wir alle mehr oder weniger in solche Konstellationen verstrickt. Wenn eine Dreieckskonstellation durchbrochen wird und individuelle Beziehungen zwischen Familienmitgliedern entstehen, ohne die Einmischung einer dritten Partei, kommen verdrängte Probleme an die Oberfläche. Das ist emotional sehr schwer zu ertragen, aber es gibt uns auch die Möglichkeit, uns weniger auf andere zu konzentrieren und uns dann selbst besser einzuschätzen.

Ein Blick in die Vergangenheit

Als sich die Probleme mit Billy allmählich lösten, war der nächste Schritt für Herrn und Frau Kesler, ihren eigenen Herkunftsfamilien mehr Aufmerksamkeit zuzuwenden und Informationen über die familiäre Vergangenheit zu sammeln. Wenn ein Kind oder ein Ehepartner sich problematisch zu verhalten beginnt und über einen längeren Zeitraum zum Hauptgegenstand des Kummers, der Besorgnis und der Aggressionen in der Familie wird, ist es hilfreich, einen Blick auf den weiteren familiären Hintergrund zu werfen. Das Heranziehen weiterer Aspekte aus der Familiengeschichte wird Licht auf eine Anzahl ungeklärter Fragen werfen: Warum wurde gerade Billy zum »Problemkind« der Familie und nicht eines seiner jüngeren Geschwister? Was hatte Billys Alter mit dem Ansteigen der Spannungen in der Familie zu tun? Warum reagierte Herr Kesler so heftig auf die Nachlässigkeit seines Sohnes in schulischen Dingen, seine »Verantwortungslosigkeit«? Warum konnte Frau Kesler den Streit zwischen ihrem Mann und ihrem Sohn so schlecht ertragen? Warum bekam Herr Kesler Depressionen, nachdem der Konflikt zwischen ihm und Billy gelöst war? Und – die wichtigste Frage – was können Herr und Frau Kesler tun, um zu vermeiden, daß ein anderes Familienmitglied, wie vorher Billy, zum »Problemfall« wird?

Sehen wir uns ein ausführliches Diagramm der Familie Kesler an, um mehr Informatinen über den familiären Hintergrund zu erhalten. Das Diagramm ist nur unvollständig wiedergegeben, um die Übersichtlichkeit zu wahren und bestimmte Schlüsselpositionen klar hervortreten zu lassen. Ein komplettes Diagramm würde die Geburts- und Todesdaten, Heiraten, Scheidungen,

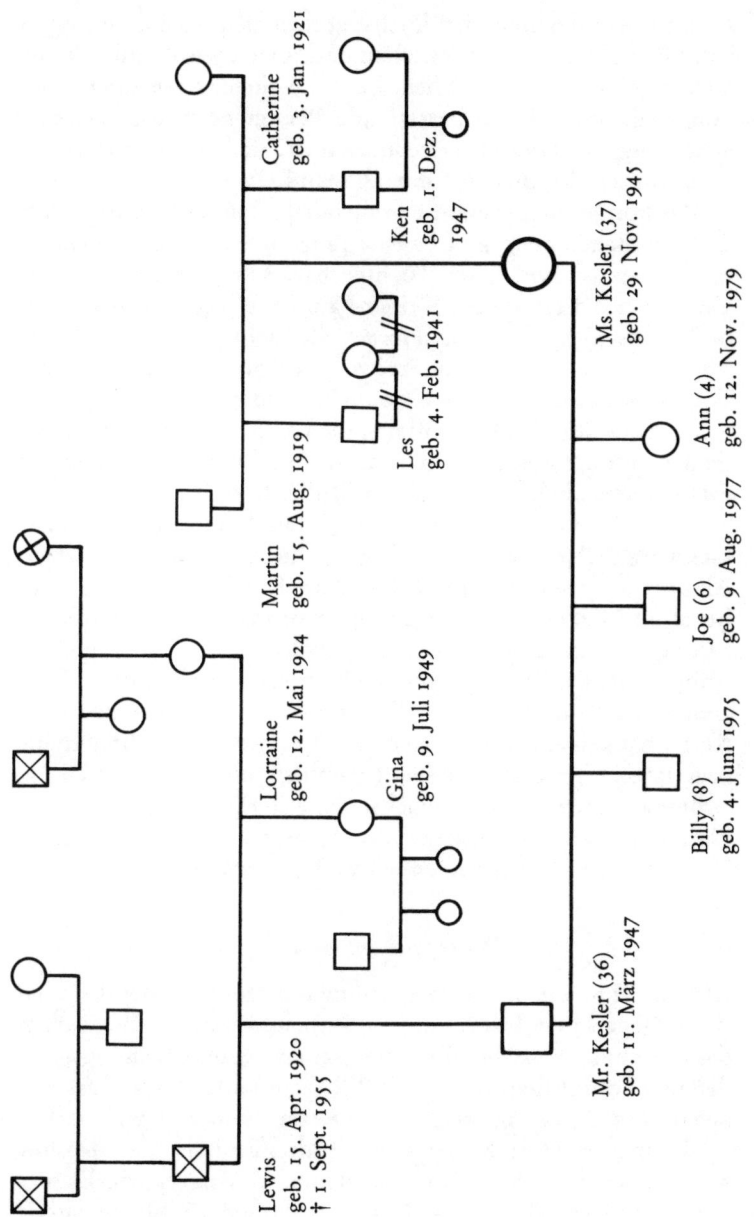

Catherine
geb. 3. Jan. 1921

Ken
geb. 1. Dez. 1947

Ms. Kesler (37)
geb. 29. Nov. 1945

Ann (4)
geb. 12. Nov. 1979

Martin
geb. 15. Aug. 1919

Les
geb. 4. Feb. 1941

Joe (6)
geb. 9. Aug. 1977

Lorraine
geb. 12. Mai 1924

Gina
geb. 9. Juli 1949

Billy (8)
geb. 4. Juni 1975

Lewis
geb. 15. Apr. 1920
† 1. Sept. 1955

Mr. Kesler (36)
geb. 11. März 1947

161

schwere Krankheiten, den höchsten formalen Ausbildungsgrad jedes Familienmitglieds enthalten und soweit wie möglich in die Vergangenheit zurückreichen. Ein X in einem Kreis oder Quadrat zeigt an, daß die betreffende Person gestorben ist; eine Scheidung ist dadurch gekennzeichnet, daß die Ehelinie von zwei kurzen diagonalen Linien geschnitten wird.

Was können wir diesem Familiendiagramm entnehmen? Auf der väterlichen Seite gibt es eine jüngere Schwester, Gina, die verheiratet ist und zwei Töchter hat. Lewis, Herrn Keslers Vater, war der älteste Sohn einer Familie; er starb im Alter von fünfunddreißig Jahren, als Herr Kesler acht Jahre alt war. Die Mutter, Lorraine, ist die jüngere von zwei Schwestern; nach dem Tod ihres Mannes heiratete sie nicht wieder.

Ein Blick auf die Herkunftsfamilie von Frau Kesler zeigt, daß sie das mittlere von drei Kindern ist. Les, ihr älterer Bruder, ist zweimal geschieden; ihr jüngerer Bruder Ken ist verheiratet und hat eine Tochter. Ich erfuhr von Frau Kesler, daß Les das »schwarze Schaf« in der Familie ist. In ihren Worten: »Les ist ein Alkoholiker. Man kann sich fest darauf verlassen, daß er, was Beruf und Beziehungen angeht, alles vermasselt.« Frau Keslers Eltern, Martin und Catherine, verhalten sich Les gegenüber ambivalent; sie distanzieren sich emotional von ihm, helfen ihm andererseits immer wieder finanziell aus der Klemme. Frau Kesler hat keinen Kontakt zu ihrem Bruder; sie sieht ihn nur alle paar Jahre einmal auf größeren Familienzusammenkünften.

Betrachten wir nun zunächst die väterliche Seite des Diagramms unter dem Aspekt des Zusammenhangs von Beziehungsmustern in Vergangenheit und Gegenwart.

Trauer um einen Vater

Als ich bei meiner ersten Begegnung mit Herrn Kesler die oben wiedergegebenen Informationen erhielt, verstand ich, warum die Beziehung zwischen Billy und seinem Vater spannungsgeladen und konflikthaft wurde, als Billy acht Jahre alt war. Das war genau das Alter, in dem Herr Kesler seinen Vater verlor. Außerdem ist Herr Kesler sechsunddreißig Jahre alt, also nur wenig über das Alter hinaus, in dem sein Vater starb. Es war vorauszusehen, daß Herr Kesler auf diese »Schlüsseldaten« reagieren würde; verdrängte und halbvergessene Emotionen, die mit dem Tod seines Vaters zusammenhingen, wurden zu diesem Zeitpunkt reaktiviert. Herr Kesler hatte um seinen Vater nicht bewußt getrauert und erlebte auch die ineinander verflochtenen Aggressionen, Ängste und Verlustgefühle, die in dieser »Schlüsselzeit« auftraten, nicht bewußt. Ganz typischerweise richtete er statt dessen seine emotionale Energie auf eine dritte Partei – seinen Sohn – und wurde übermäßig empfänglich für das geringste Anzeichen von Schwierigkeiten bei Billy. Gerade die Intensität unserer Reaktionen auf das Problem eines anderen Menschen sorgt nicht nur für eine Eskalation, sondern auch für den Fortbestand des Problems. Billys »Unfähigkeit« steigerte sich in direkter Proportion zum Anwachsen der emotionalen Spannung bei seinem Vater (und der heftigen Reaktion der Mutter auf den Vater); dadurch wurde ein negativer Verhaltenszyklus in Gang gesetzt. Warum agierte Herr Kesler seine Ängste durch die Fixierung auf ein Kind aus? Gewöhnlich finden wir solche Reaktionen auf emotionale Spannungszustände und Streß eher bei Müttern; Frauen neigen aufgrund ihrer Sozialisation zu dieser Form der Übertragung – aber auch Männer sind nicht dagegen immun. Es hätte natürlich auch zur Bildung anderer Dreieckskonstellationen kommen können. Unter anderen Bedingungen hätte Herr Kesler vielleicht als Reaktion auf dieses »Schlüsseldatum« eine Beziehung zu einer anderen Frau aufgenommen oder seine Frau verlassen. Oder er hätte sich durch zunehmende Konzentration auf seine Berufswelt von seiner Frau distanziert; in unserer Gesellschaft ist das ein typisch männliches Muster für den Umgang mit unbewußten Ängsten. Herr Kesler hätte auch selbst in eine Phase der Regression eintreten und eine psychische oder physische Störung entwickeln können. Oder er hätte ständig Fehler und Mängel bei seiner Frau finden und so die Kinder aus seiner emotionalen Spannung heraushalten können. Wir alle reagieren auf psychischen Streß in einer oder mehreren der obengenannten Arten. Wenn es der emotionalen »Familientradition« entspricht, emotionale Spannungen ausschließlich durch die Konzentration auf ein Kind abzuleiten, wird, als Resultat davon, das erwählte »Problemkind« schließlich wirklich schwer gestört sein. Wenn eine Familie nur den Ehestreit als Mittel des Umgangs mit psychischem Streß kennt, wird das Resultat eine schwer gestörte Ehe sein.

Warum Billy?

Herr Kesler und Billy nehmen beide dieselbe Position in der Geschwisterreihe ein, beide sind die ältesten Söhne ihrer Familien. Daher ist es naheliegend, daß der Vater sich eher mit Billy als mit den anderen Kindern identifiziert, Billy mit sich selbst verwechselt und intensiver auf die Stärken und Schwächen reagiert, die er an seinem ältesten Sohn wahrnimmt. Erklärlicherweise ist die Beziehung zu Billy für Herrn Kesler am schwierigsten und am intensivsten, und in Streßsituationen kann es leicht zu Spannungen zwischen ihnen kommen. Die Tatsache, daß auch Herrn Keslers Vater ein ältester Sohn war, verstärkt die emotionale Geladenheit der Beziehung zwischen ihm und Billy. Die Geburtenfolge ist ein außerordentlich wichtiger Faktor, der determiniert, wie unsere Eltern uns wahrnehmen und einschätzen und wie wir, gleichermaßen, unsere Kinder wahrnehmen und beurteilen.

»Gib dir Mühe, Junge!«

Nichts konnte Herrn Kesler so zur Weißglut bringen wie Faulheit und Nachlässigkeit bei Billy. Warum? Allein das Familiendiagramm gibt darauf wichtige Hinweise. Im Alter von acht Jahren verlor Herr Kesler seinen Vater. Seine Mutter war die jüngere von zwei Schwestern. Als Erwachsene, als Mütter, sind Frauen mit dieser Geschwisterposition oft unsicher darin, Dinge selbst in die Hand zu nehmen, eine Autoritätsrolle auszufüllen und bei fälligen Entscheidungen die Initiative zu ergreifen. Als ältester Sohn kam Herr Kesler offenbar schon in jungen Jahren in die Lage, »Verantwortlichkeit« und »Initiative« entwickeln zu müssen, also die Züge, die für ihn als Erwachsenen typisch werden sollten. Vielleicht versuchte er schon als Kind, an die Stelle seines Vaters zu treten und seiner Mutter zu helfen.

Als ich mit Herrn Kesler sprach, bestätigte er meine Vermutungen. Er war schon früh ein »richtiger kleiner Mann« gewesen; seine eigenen Bedürfnisse, herumzualbern, sich um nichts zu kümmern und andere für sich sorgen zu lassen, waren tief verschüttet, da er sein Leben lang »erwachsen« sein und sich um die anderen Familienmitglieder kümmern mußte. Er reagierte übermäßig heftig auf das erste Zeichen von »Verantwortungslosigkeit« bei Billy, weil er, Herr Kesler, als Kind schon so viel Verantwortung übernehmen mußte, daß von einer Kindheit bei ihm nicht wirklich die Rede sein konnte. Später konnte er mir sagen: »Ich glaube, es bringt mich so in Rage, wenn ich sehe, wie Billy alles stehen und liegen läßt und seinen Spaß hat, weil ich ein bißchen neidisch bin. Nachdem mein Vater gestorben war, hörte ich auf, Kind zu sein, und wurde ernst und verantwortungsbewußt, lange bevor ich wirklich dazu bereit und in der Lage war. Mein Problem ist, daß ich mich immer allzusehr für alles verantwortlich fühle.«

»Ich habe ein Problem«

Einige Zeit später, als Herr Kesler spürte, daß er wieder einmal besonders empfindlich und gereizt auf Billys lässige Haltung der Schule gegenüber reagierte, zog er Billy auf seine Knie und sagte: »Billy, ich war in dieser Woche wieder furchtbar sauer, als ich gesehen habe, daß du lauter Faxen machst und dich nicht um die Schule kümmerst. Bestimmt habe ich viel mit dir geschimpft. Ich glaube, ich weiß jetzt, was mein Problem ist. Weißt du, Billy, als ich acht Jahre alt war, starb mein Vater. Ich war wütend und traurig darüber, daß ich keinen Vater mehr hatte, und ich hatte Angst. Und jetzt, wo du genauso alt bist, wie ich damals war, kommt eine ganze Menge von diesen alten Gefühlen wieder hoch. Und manchmal hacke ich dann auf dir herum und streite mich mit dir, damit ich nicht so traurig sein muß, wegen meines eigenen Vaters.«

Billy sah ihn mit großen Augen an. Dann sagte er: »Das finde ich aber ungerecht! Und außerdem kapiere ich's nicht.«

»Du hast recht, Billy«, sagte Herr Kesler. »Väter machen manchmal ganz komische, unverständliche Sachen. Ich muß mich wohl bei dir entschuldigen; es ist ja eigentlich meine Sache, mit meinen Gefühlen über den Tod meines Vaters fertig zu werden. Und es ist deine Sache, zu entscheiden, ob du ein guter oder ein schlechter Schüler sein willst. Ich werde also versuchen, mich um meine Angelegenheiten zu kümmern und mich aus deinen herauszuhalten. Das werde ich wohl nicht immer schaffen, aber ich werde mich bemühen.«

»Ich kann also mit meinen Freunden spielen und muß keine Schulaufgaben machen?« fragte Billy mit einer Mischung von

Angst und übermütiger Hoffnung. »O nein, mein Junge, das nicht!« sagte Herr Kesler und gab Billy einen spielerischen Knuff. »Du kennst die Regeln, und dabei bleibt es auch. Aber wie gut du in der Schule abschneiden willst, das kann ich nicht für dich entscheiden, wenn ich es auch manchmal versuche.«

Billy sagte zunächst nichts weiter, aber einige Wochen später begann er, alle möglichen Fragen über seinen Großvater Lewis zu stellen.

Als Herr Kesler sich aus seiner emotionalen Fixierung auf Billy löste, hieß das nicht, daß er in der Erziehung nun eine Laissez-faire-Haltung einnahm. Strikte Regeln und Konsequenzen bei deren Übertretung gehörten zu Herrn Keslers Erziehungsstil. Der Grad von Strenge oder Freizügigkeit in der Erziehung variiert von Familie zu Familie, und der Erziehungsstil als solcher ist nicht das Problem. Wichtig ist, daß Herr Kesler seine Erziehungsregeln ohne emotionalen Druck und ohne Vorwurfshaltung geltend machte und daß er Billy erklärte, daß er, der Vater, auch seine eigenen Probleme hat und sich mit ihnen auseinandersetzen muß. Es ist auch ganz entscheidend, daß jeder Elternteil die Regeln des anderen unterstützt und nicht unterminiert, selbst wenn beide nicht in allen Punkten übereinstimmen.

Den meisten von uns würde es vermutlich nicht in den Sinn kommen, den Kindern etwas über unsere persönlichen Probleme zu erzählen, wie Herr Kesler es tat oder wie ich nach dem Besuch bei meinen Eltern in Phoenix. Dennoch gibt es kaum eine wirkungsvollere Art, aus einem negativen Verhaltenszyklus herauszukommen. Wir vergrößern die Entwicklungschancen für alle Familienmitglieder, wenn wir aufhören, die Hauptenergie unserer Aggressionen und Sorgen auf das »unfähige« Familienmitglied zu richten, und beginnen, etwas über unsere eigenen Probleme mit der Situation zu vermitteln. Das beinhaltet auch den Wechsel von der Aussage »Du hast ein Problem« zu der Aussage »Ich habe ein Problem«. Im Laufe der Zeit, nachdem er »Trauerarbeit« um seinen Vater geleistet hatte, war Herr Kesler mehr und mehr in der Lage, diese Haltung einzunehmen.

Wenden wir uns nun Frau Kesler zu. Welche Voraussagen über ihre Beziehung zu Billy können wir machen, wenn wir uns ihre Seite des Familiendiagramms ansehen?

Das schwarze Schaf

Billy hat als ältester Sohn dieselbe Geschwisterposition wie Les, Frau Keslers älterer Bruder – das »schwarze Schaf« in der Familie –, der im Berufsleben und mit Frauen unzählige Male »Mist gebaut« hat. Im Schlüsseldreieck der Herkunftsfamilie von Frau Kesler nimmt Les die Position des außenstehenden »Unfähigen« ein. Beide Eltern haben Les gegenüber eine Vorwurfshaltung, während seine Schwester, Frau Kesler, sich von ihm distanziert hat und ihren Eltern gegenüber in der Helferrolle auftritt. In Phasen, in denen keine nennenswerten Spannungen auftreten, klatscht sie mit anderen Familienmitgliedern über Les und seine Probleme. Wenn es zu Schwierigkeiten kommt, gibt sie ihren Eltern Ratschläge, wie sie Les behandeln sollen, und wird wütend, wenn die Eltern ihren Rat nicht befolgen. In der Beziehung zwischen Les und Frau Kesler kommen kaum Ängste auf, da sie den emotionalen Kontakt abgebrochen haben; in Frau Keslers Beziehung zu Billy werden jedoch alte Ängste reaktiviert, zum Teil, weil Billy in derselben Geschwisterposition ist wie Les, zum Teil deshalb, weil er einige körperliche und Persönlichkeitsmerkmale besitzt, die Frau Kesler an ihren älteren Bruder erinnern. Oft werden die unbewußten Ängste aus einer abgebrochenen Beziehung erst dann reaktiviert, wenn ein »Schlüsseldatum« wiederkehrt; in Frau Keslers Fall könnte das sein, wenn Billy zwölf Jahre alt wird, das Alter, in dem Les' Verhalten problematisch zu werden begann; oder dreiundzwanzig – Les war dreiundzwanzig, als Frau Kesler mit ihm brach. In der veränderten Situation der Familie Kesler kamen die Spannungen zwischen Mutter und Sohn an die Oberfläche, als Frau Kesler nicht mehr die Mittlerrolle in der Beziehung zwischen ihrem Mann und ihrem Sohn einnahm und als sich die Lage auf dieser Seite beruhigt hatte. Bis zu einem gewissen Grad sind wir alle anfällig dafür, unsere Kinder mit uns selbst und mit anderen Familienmitgliedern zu verwechseln. Wir projizieren unsere eigenen Persönlichkeitsmerkmale, unsere unbewußten Wünsche, Ängste und Bedürfnisse auf unsere Kinder. Dieser Projektionsprozeß erhält weitere Nahrung aus unseren ungelösten und ungeklärten Problemen mit Eltern und Geschwistern. Wenn die Mutter, Frau Kesler, in der Beziehung zu ihrer eigenen Herkunftsfamilie keine Veränderungen vollzieht, sind ihre Projek-

tionen auf Mitglieder ihrer eigenen Familie vermutlich besonders stark. Sie könnte zum Beispiel Billy dazu ermutigen, der
»Star« der Familie zu werden, ein Musterkind, das keins der
Merkmale eines »schwarzen Schafes« zeigt, die sie in ihrem
Bruder sieht oder die sie in sich selbst fürchtet. Oder sie könnte
ängstlich und besorgt sein, daß Billy sich zu einem gestörten und
problematischen Kind entwickelt, wie Les es war – und gerade
durch die Intensität ihrer ängstlichen Besorgnis diese Entwicklung unterstützen. Billy spürt vielleicht, daß seine Mutter, um
ihrer selbst willen, ein bestimmtes So-Sein von ihm braucht, und
beginnt, sich ihren Bedürfnissen entweder anzupassen oder
dagegen zu rebellieren. Im einen wie im anderen Fall vermindert
sich bei beiden, bei Billy und Frau Kesler, die Fähigkeit, sich den
Anforderungen ihrer eigenen Persönlichkeitsentwicklung direkt
zu stellen.

Genau wie ihr Mann mußte auch Frau Kesler in bezug auf ihre
eigene Herkunftsfamilie »Hausaufgaben« machen. Im Lauf der
Zeit brachte sie mehr über ihren familiären Hintergrund in
Erfahrung und verstand allmählich, warum es näher lag, daß Les
(und nicht sie selbst) die Rolle des »Unfähigen« in der Familie
auslebte. Sie lernte, die Beziehungsstrukturen und Dreieckskonstellationen in ihrer Herkunftsfamilie genauso zu beobachten,
wie sie es in ihrer eigenen Kernfamilie getan hatte, und unternahm Schritte, aus der Zwischenträgerrolle herauszukommen,
die sie in der Beziehung zwischen Les und den Eltern einnahm.
Sie erreichte das dadurch, daß sie zu allen Beteiligten emotionalen Kontakt hielt, ohne Ratschläge zu geben, Partei zu ergreifen
oder mit ihren Eltern über Les' Probleme zu reden. Das setzte
voraus, daß sie mit ihrem Bruder engeren Kontakt hatte; nach
und nach teilte sie ihm mehr über ihr Leben mit, ihre eigene
untüchtige Seite inbegriffen. Schließlich konzentrierte sie sich
weitaus weniger auf das Verhalten ihres Mannes und ihres
Sohnes, reagierte viel gelassener und fühlte sich nicht mehr wie
vorher von Aggressionen und Sorgen beherrscht.

Herr und Frau Kesler konnten feststellen, daß Kinder eine
erstaunliche Fähigkeit haben, mit ihren Problemen fertig zu
werden, wenn die Eltern anfangen, sich um ihre eigenen Probleme zu kümmern. Die Arbeit, die jeder von ihnen in seiner
eigenen Herkunftsfamilie leistete, kam Billy und seinen Geschwistern in hohem Maß zugute, denn Kinder sind immer die

Träger der ungelösten Konflikte der vorangegangenen Generation.

Die Auseinandersetzung mit dem Tod von Herrn Keslers Vater und dem Bruch zwischen Frau Kesler und ihrem Bruder scheint vom Thema Frauen und Aggression weit wegzuführen. Das scheint nur so. Wir alle neigen zu intensiven und unproduktiven Aggressionen in unseren gegenwärtigen Beziehungen, wenn wir emotionale Probleme aus unseren Herkunftsfamilien verdrängen, insbesondere Erfahrungen von Verlust und Trennung. Wenn wir solche Prozesse nicht wieder aufrollen und verstehen, können unsere Aggressionen uns in der Vergangenheit festhalten, statt uns als Ansporn und Wegweiser zur Bildung produktiverer Beziehungen in der Zukunft zu dienen.

Als nächstes werden wir eine leichter überschaubare familiäre Dreieckskonstellation betrachten, um die Hauptaspekte der Beobachtung und Veränderung einer konflikthaften Dreier-Beziehung noch einmal hervorzuheben.

Warum kann er nicht ein nettes jüdisches Mädchen heiraten?

An dem Tag, als ihr Sohn Jerry vierunddreißig Jahre alt wurde, kam Sarah zum ersten Mal zu mir.

»Mein Sohn Jerry hat seit drei Jahren eine nicht-jüdische Freundin«, erzählte sie mir. »Dieses Mädchen – Julie heißt sie – tut ihm nicht gut; sie hat selbst furchtbare Probleme. Mein Mann und ich wissen, daß er unglücklich wird, wenn er sie heiratet, aber man kann ja nicht vernünftig mit ihm reden!« Sarah sagte mir, daß sie sehr in Sorge um Jerry sei, aber selbst ein flüchtiger Beobachter hätte erkannt, daß sie auch sehr wütend war. Tatsächlich war die Beziehung zwischen ihr und ihrem Sohn von einem Klima ständiger Aggressionen und Spannungen erfüllt.

Jerry war, wie ich erfuhr, der jüngere von zwei Söhnen und lebte noch zu Hause. Trotz seines hervorragenden Hochschulabschlusses hatte er ständig die Jobs gewechselt, und seine Orientierungslosigkeit war eine Quelle dauernder Besorgnis in der Familie. Jerry hatte also die Rolle des »unfähigen«, problematischen Familienmitglieds.

Sarahs Problem ist uns jetzt schon sehr vertraut: Sie bemüht sich mit wachsender Intensität, ihren Sohn zu ändern, und erreicht dadurch nur, daß das alte Muster erhalten bleibt. Was sind die typischen Züge des Beziehungsmusters? Nach Sarahs Schilderung macht sie selbst Vorwürfe und distanziert sich dann, wenn sie unter Spannung steht. Manchmal schiebt sie Julie die Schuld an den Schwierigkeiten zu und manchmal Jerry. Wenn Jerry seine Freundin oder sich selbst verteidigt, streitet Sarah erst mit ihm und zieht sich dann gekränkt zurück. Jerrys Vater wendet sich in solchen Situationen sowohl von seiner Frau als auch von seinem Sohn ab; später ist er wieder mit seiner Frau einig in der gemeinsamen Sorge um Jerry.

Nach Sarahs Beschreibungen nimmt sie selbst in der zentralen Dreieckskonstellation zwischen ihr, Jerry und Julie die Randposition ein.

Wenn Sarah Jerry gegenüber Kritik an Julie äußert, ist darin die stillschweigende Aufforderung enthalten, er solle sich mit ihr gegen seine Freundin verbünden. Falls Jerry sich darauf einließe, hätten er und seine Mutter eine engere Beziehung – auf Julies Kosten –, und die Freundin nähme zeitweilig die Randposition in dem Dreieck ein.

Der typische Fall ist jedoch, daß Jerry Julie verteidigt, was Sarah als eine gegen sie gerichtete Parteinahme erlebt. An diesem Punkt bricht zwischen Mutter und Sohn meistens der Konflikt aus.

Warum sollte Sarah ihrem Sohn nicht zu verstehen geben, daß sie seine Verbindung mit einer nicht-jüdischen Frau nicht schätzt? Sie sollte es durchaus. Sarah sollte die Freiheit haben, Jerry ihre Gedanken und Gefühle über eine so wichtige Frage offen zu sagen. Sie könnte ihrem Sohn erklären, welche Probleme sie mit der Situation hat. Statt dessen übt sie Kritik, gibt Ratschläge, macht Vorwürfe. Das wäre auch noch in Ordnung, wenn Sarah sich damit wohl fühlte, aber das tut sie nicht. So wie Sarah es beschreibt, enden ihre Gespräche mit ihrem Sohn häufig im Konflikt und/oder der Distanz zwischen ihnen. Diese Struktur herrscht schon lange in der Beziehung, und Sarah ist wütend und unzufrieden.

Was wären die Folgen für die Familie, wenn der gegenwärtige Zustand aufrechterhalten bliebe? Das eingespielte Muster garantiert Nähe (wenn auch negative Nähe) zwischen Mutter und Sohn – ähnlich wie bei Maggie und ihrer Mutter, die sich um Maggies Kind stritten, um ihren Abgrenzungs- und Unabhängigkeitsproblemen auszuweichen. Die Dreieckskonstellation zwischen Mutter, Sohn und Freundin dient dazu, Ängste innerhalb der Familie zu reduzieren und andere wichtige Probleme zwischen Familienmitgliedern unbewußt zu halten. Außerdem schützt diese Konstellation Jerry und Julie davor, sich Fragen und Konflikten in ihrer eigenen Beziehung stellen zu müssen.

Was kann Sarah tun, um aus dem Dreieck herauszukommen? Die drei entscheidenden Elemente beim Ausstieg aus einem Dreieck sind: Ruhe bewahren – sich heraushalten – in Kontakt bleiben.

Ruhe bewahren heißt, daß Sarah sich bewußt zurückhalten und in ihren Reaktionen zurücknehmen kann, wenn Spannungen auftreten. Ängste und emotionaler Druck sind in der Dynamik von Dreieckskonstellationen die treibenden Kräfte.

Heraushalten bedeutet, daß Sarah es Jerry und Julie allein überläßt, mit ihrer Beziehung zurechtzukommen. Deshalb: keine Ratschläge, kein »Helfen«, keine Kritik, keine Vorwürfe oder Vorträge, kein In-Ordnung-Bringen oder Analysieren und keine Parteinahme bei ihren Problemen.

In Kontakt bleiben heißt, daß Sarah die emotionale Nähe zu ihrem Sohn aufrechterhält und versucht, auch zu Julie eine Beziehung zu entwickeln. Vielleicht muß Sarah zeitweilig auf Distanz gehen, wenn die Spannungen zu stark werden, jedoch ohne die Beziehungen abzubrechen. Wenn Heraushalten mit Trennung gleichgesetzt wird, werden die Beziehungsstrukturen zwar stillgelegt, aber sie ändern sich nicht.

Die Spielregeln ändern

Als Sarah bereit war, sich aus der Dreieckskonstellation zu lösen, kam es zu folgendem Gespräch:

»Jerry, ich muß mich bei dir entschuldigen, weil ich dir wegen Julie solche Schwierigkeiten gemacht habe. Es war schlimm für mich, mir vorzustellen, daß mein Sohn eine Frau heiratet, die keine Jüdin ist – und es ist immer noch nicht einfach für mich. Manchmal reagiere ich mit furchtbarer Wut und Verletztheit, und du bist die Zielscheibe dafür gewesen. Aber ich fange an, mir klarzumachen, daß ich für meine Gefühle selbst verantwortlich bin und daß es nicht deine Sache ist, für das Glück deiner Mutter zu sorgen. Die richtige Frau für dich zu finden ist einzig und allein deine Sache – und nur du kannst entscheiden, ob Julie diese Frau ist. Ich bin sicher nicht in der Lage, diese Entscheidung für dich zu treffen oder auch nur zu beurteilen, was für dich das Beste ist. Ich habe Julie überhaupt keine Chance gegeben.«

Jerry starrte seine Mutter an, als sei sie soeben von einem anderen Planeten herabgestiegen.

»Wenn ich auch ständig an dir herumgenörgelt habe«, fuhr Sarah fort, »weiß ich doch sehr genau, daß du deine Entscheidungen auch ohne meine Hilfe treffen kannst. Weißt du, neulich ist mir etwas eingefallen. Bevor ich deinem Vater begegnete, hatte ich einen Freund, den meine Eltern ablehnten. Ich habe mich nie richtig gegen meine Mutter durchgesetzt, obwohl ich erwachsen war und mein eigenes Geld verdiente. Weißt du, was ich gemacht habe? Ich schlich mich aus dem Haus und traf ihn heimlich. Später, mit deinem Vater, war es ganz ähnlich; ihn lehnten sie genauso heftig ab. Wir sind dann zusammen durchgebrannt und haben uns aus dem Staub gemacht.« Sarah lachte laut auf, und Jerry saß mit offenem Mund da und staunte. Er betrachtete seine Mutter mit Verwunderung und Neugier. Das war das erste Mal, daß sie mit ihm über ihre eigenen Erfahrungen mit dem Generationenkonflikt gesprochen hatte. »Hast du je einen nicht-jüdischen Freund gehabt?« fragte er und wußte nicht, was er nun zu erwarten hatte.

»Nein, das wäre mir überhaupt nicht in den Sinn gekommen. Ich glaube, das wäre gar nicht möglich gewesen, die Alternative existierte überhaupt nicht für mich. Aber das war ich, und es war auch eine andere Zeit. Und du bist nicht ich.«

Nach diesem Gespräch fühlte Sarah sich sehr wohl – aber nachts, als sie schlafen gehen wollte, war sie plötzlich niedergeschlagen. Sie ärgerte sich über Paul, ihren Mann, und provozierte einen Streit mit ihm, wodurch sich die Spannung, die durch die Veränderungsprozesse in der Beziehung zu ihrem Sohn entstanden war, ein wenig löste. Was Sarah fühlte, war das Unbehagen, das immer auftritt, wenn wir eine alte Struktur durchbrechen und mit einem wichtigen Familienmitglied oder Partner in eine reifere und unabhängigere Beziehung eintreten. Der Druck, das alte Beziehungsmuster wieder zu etablieren, kommt sowohl von innen wie von außen.

Zwei Wochen später wurde Sarahs Entschluß, sich anders zu verhalten, einigen »Härtetests« unterworfen. Jerry ließ Bemerkungen fallen, die andeuteten, daß er und Julie an Heirat dachten. Es gelang Sarah, sich zurückzunehmen und gelassen zu bleiben. Sie verbarg nicht, daß sie sich immer eine jüdische Schwiegertochter gewünscht hatte, ihre Haltung ließ jedoch erkennen, daß sie Jerrys Urteilsfähigkeit respektierte und anerkannte, daß es seine und nicht ihre Sache war, eine Ehefrau zu wählen.

Dann ließ Jerry sich eine Reihe neuer Gegenzüge einfallen; er begann Julie zu kritisieren. »Weißt du, Mutter, Julies Vater hatte heute Geburtstag – und ich konnte Julie nicht dazu bewegen, ihn anzurufen oder bei ihm vorbeizugehen.« Immer häufiger und mit großem Einfallsreichtum lud Jerry seine Mutter ein, in die Kritik an Julie einzustimmen. Sarah biß sich auf die Zunge, um nicht in die Falle zu laufen. »Du kennst Julie viel besser als ich«, sagte sie, »wenn dich etwas an ihr stört, kannst du vielleicht mit ihr darüber reden.« Oder: »Ja, das ist sicher ein Problem, da müßt ihr eine Lösung suchen.« Sarah nahm auch von sich aus mehr Kontakt zu Julie auf und entdeckte Eigenschaften an ihr, die sie wirklich mochte und respektierte.

Wenn Sarah in die Kritik an Julie eingestimmt hätte, wäre die alte Dreieckskonstellation wieder dagewesen, mit dem einzigen Unterschied, daß nun Julie und nicht Sarah die Randposition eingenommen hätte. Man kann in einer Dreieckskonstellation die Positionen tauschen, das Dreieck selbst aber unangetastet lassen. Dadurch werden im Augenblick zwar die Ängste reduziert, aber auf Kosten der Fähigkeit aller Beteiligten, Konflikte zu erkennen und offen auszutragen.

Wenn Dreieckskonstellationen dazu dienen, die Probleme, die je zwei der Beteiligten miteinander haben, unbewußt zu halten, was geschieht dann, wenn ein Dreieck auseinanderbricht? Schauen wir die Veränderungen an, die sich nach acht Monaten in der Familie vollzogen hatten:

Jerry und Julie

Jerry und Julie waren sich über einige grundlegende Schwierigkeiten in ihrer Beziehung klar geworden, und Jerry war tief verunsichert, ob Julie wirklich die Frau war, die er heiraten wollte. Seine Kritik an Julie und seine eigene Ambivalenz in der Frage einer Ehe außerhalb seiner Religionsgemeinschaft waren durch die alten Beziehungsstrukturen verdeckt gewesen; vorher kritisierte seine Mutter Julie, und er konnte sie verteidigen. Es war zu erwarten, daß die wirklichen Probleme zwischen Jerry und Julie an die Oberfläche kommen würden, wenn Sarah sich aus der Beziehung heraushielt und Jerry ihren Segen gab, selbst herauszufinden, was das Beste für ihn war. Wenn die Beziehung zwischen Jerry und Julie eine gute Basis gehabt hätte, wäre sie durch diese Entwicklung vermutlich gefestigt worden. Das war aber offensichtlich nicht der Fall.

Sarah und Jerry

Die Beziehung zwischen Mutter und Sohn wurde ruhiger und offener, als Sarah ihre Aufmerksamkeit von Jerrys Beziehung zu Julie abzog und weniger heftig darauf reagierte. Als das Hauptinteresse von der »dritten Partei« abgelöst war, wurde die Frage von Eigenständigkeit und Unabhängigkeit zwischen ihr und Jerry aktuell. Während einer unserer Sitzungen sagte Sarah mir zum ersten Mal: »Julie hin, Julie her, ich denke jetzt, daß Jerry Schwierigkeiten hat, sich aus dem Elternhaus zu lösen. Wieso lebt ein erwachsener Mann noch bei seinen Eltern? Ich überlege, ob da nicht ein Zusammenhang besteht, zwischen seinen Schwierigkeiten, sich von zu Hause zu lösen, und meinen

Schwierigkeiten, ihn gehen zu lassen. Wissen Sie, ich war nie wirklich unabhängig von meiner eigenen Mutter. Als sie gegen meine Heirat mit Paul opponierte, brannten wir einfach durch, und ich schrieb ihr mehrere Monate lang nicht. Ich hatte nicht den Mut, ihr zu sagen: ›Ich liebe dich, Mutter, aber Paul liebe ich auch, und es geht um mein Leben.‹ Ich trennte mich einfach von ihr und ging dem Problem aus dem Weg.«

Sarah und Paul

Paul war ein ruhiger, verschlossener Mann, der sich bei zu großer Nähe unwohl fühlte. Die Dreieckskonstellation zwischen Sarah, Jerry und Julie kam ihm sehr gelegen, weil er dadurch der Familiendynamik im Grunde fernbleiben konnte und weil er und seine Frau eher mit Elternproblemen als mit Eheproblemen beschäftigt waren. Als Sarah aufhörte, ihre Hauptaufmerksamkeit und ihre Besorgnis auf ihren Sohn zu richten, waren sie und Paul plötzlich mit der Distanziertheit und der Unzufriedenheit konfrontiert, die sie beide in ihrer Ehe erlebten; sie waren gezwungen, ihrer eigenen Beziehung mehr Aufmerksamkeit zu widmen. Eine der Konsequenzen war, daß sie Jerry sagten, er müsse nun ausziehen, da sie älter würden und mehr Zeit und Platz für sich selbst haben und genießen wollten. Jerry fand auch eine eigene Wohnung, aber er suchte noch hartnäckiger die Gesellschaft seiner Eltern, um herauszufinden, ob es ihnen mit ihrer Entscheidung wirklich ernst war. Als er feststellte, daß sie nicht vorhatten, ihn in die Wohnung zurückzuholen, und daß sie ohne ihn sehr gut zurechtkamen, richtete er seine Energie darauf, seine zahlreichen Schwierigkeiten im Beruf und in Beziehungen in den Griff zu bekommen.

Die Konzentration auf ein »Problemkind« kann Wunder wirken, wenn es darum geht, das Bewußtsein von einer potentiell gestörten Ehe abzulenken oder von Problemen, die wir mit unseren eigenen Eltern oder Großeltern haben. Kinder haben eine Sensibilität, die wie ein Radarschirm alle Stimmungen im Leben der Eltern auffängt; unbewußt übernehmen sie die abhängige und »unfähige« Rolle, um die Familie zu entlasten. Das »schwierige Kind« tut oft, was es nur kann, um ein Problem für die Familie zu lösen und furchterregende Konflikte am Ausbrechen zu hindern.

Sarah

Sarahs Konzentration auf Julie und Jerry bewahrte sie auch davor, über ihre eigenen Lebensziele nachzudenken. Als sie sich aus der Dreieckskonstellation herausnahm, war Sarah plötzlich mit einigen grundlegenden Fragen konfrontiert: Was war ihr jetzt wirklich wichtig? Welche Ziele wollte sie an diesem Punkt ihres Lebens verfolgen? Sarah wurde mit ihrem eigenen Selbst konfrontiert. Es ist so leicht, der Herausforderung unseres Selbst aus dem Weg zu gehen, wenn wir unsere emotionale Energie ausschließlich auf Mann und Kinder konzentrieren, wie es uns von der Gesellschaft nahegelegt wird. Was geschieht mit all der emotionalen Energie, die auf ein schwaches, abhängiges Familienmitglied gerichtet wird, wenn der »Abhängige« plötzlich unabhängig wird und aus dem Feld geht? Als Jerry sich selbst um sein Leben kümmerte, begann Sarah, sich um ihr eigenes Leben Sorgen zu machen.

Anleitungen für Wagemutige

Einmal um den Block laufen, meditieren, tief durchatmen, sich zusammennehmen, leise bis zehn zählen...: an guten Ratschlägen, wie man kurzfristig mit seiner Wut umgehen kann, herrscht kein Mangel. Manche Psychotherapeuten werden Ihnen sagen, es sei gut, Aggressionen so schnell wie möglich nach außen abzuleiten – andere raten zu anderen Methoden. Auf lange Sicht jedoch ist es unwichtig, wie Sie in einem bestimmten Augenblick mit Ihrer Wut umgehen. Die wesentliche Frage ist die, ob Sie langfristig Ihre Aggressionen als Ansporn für größere Selbsteinsicht und für die Entdeckung neuer Wege in alten Beziehungen nutzen können. Wir haben gesehen, wie nutzlos unsere Wutausbrüche sind, wenn wir unbewußt gerade jene Beziehungsmuster am Leben erhalten, die unsere Aggressionen hervorrufen.

Wenn Sie ernsthafte Veränderungen in Ihren Beziehungen anstreben, werden Sie dieses Buch vielleicht nicht nur einmal lesen. In der Geschichte jeder Frau, die ich hier als Beispiel angeführt habe, sind wichtige Hinweise zur Selbsthilfe enthalten. Vielleicht können Sie diese Beispiele mit Ihrem eigenen Leben in Verbindung bringen. Die Verhaltensmuster, die ich beschrieben habe, sind unter Frauen geradezu universell verbreitet, und sicherlich haben Sie sich häufig wiedererkannt. Trotzdem kann es sein, daß Sie sich anfangs entmutigt fühlen, wenn Sie versuchen, in Ihren eigenen Beziehungen neue Wege zu gehen. Wenn man mitten in einem Wiederholungszyklus steckt, ist es besonders schwierig, Beziehungsstrukturen in ihren größeren Zusammenhängen wahrzunehmen und den eigenen Anteil zu erkennen und zu verändern. In diesem Kapitel werde ich einige »Übungen« vorschlagen, die Ihnen helfen können, das Gelernte zu rekapitulieren, Ihr Verständnis von Wiederholungszyklen und Dreieckskonstellationen zu erweitern und Ihre Fähigkeiten zu einem veränderten Umgang mit Beziehungen zu erproben. Es kann auch sehr hilfreich sein, mit anderen Frauen zusammenzukommen und Erfahrungen und neue Einsichten auszutauschen.

Beobachten lernen

Versuchen Sie herauszufinden, welche Art des Umgangs mit Aggressionen für Sie charakteristisch ist. Wandeln Sie Ihre Wut in Tränen, Verletztheit und Selbstzweifel um, wie Karen in der Konfrontation mit ihrem Chef? Schwanken Sie zwischen zähneknirschendem Schweigen und ineffektiven Vorwürfen, wie Maggie im Umgang mit ihrer Mutter? Wir alle folgen in unserem Umgang mit Aggressionen und Konflikten eingefahrenen Mustern, die jedoch in verschiedenen Beziehungen unterschiedliche Formen annehmen können. Wenn sich ein Konflikt zusammenbraut, kann es sein, daß Sie zum Beispiel mit Ihrer Mutter streiten, sich von Ihrem Vater abwenden, im Beruf »unterfunktionieren« und Ihren Freund mit Nähebedürfnissen verfolgen. Denken Sie darüber nach, wie Sie sich in Beziehungen normalerweise verhalten, wenn Sie von Ängsten und psychischem Streß belastet sind. Mein eigenes Verhaltensmuster sieht etwa so aus: Wenn ich unter Druck gerate, neige ich in meiner Herkunftsfamilie zum »Unterfunktionieren« (ich vergesse Geburtstage, verhalte mich »unfähig«, bekomme Kopfschmerzen, Durchfall, eine Erkältung – oder eine Kombination von allem Genannten). In meinem Berufsleben neige ich zum Überkompensieren (ich gebe jedem gute Ratschläge und bin felsenfest davon überzeugt, daß meine Art, mit den Dingen umzugehen, die einzig richtige ist). Ich ziehe mich von meinem Mann zurück (sowohl physisch wie emotional) und verhalte mich meinen Kindern gegenüber wütend und vorwurfsvoll.

Falls Sie Schwierigkeiten haben, Ihr eigenes Muster zu definieren, betrachten Sie die folgenden Kategorien als Hinweise:

Nähe-Sucher
○ reagieren auf Ängste durch verstärkte Bedürfnisse nach Zusammengehörigkeit und Bindung;

O legen großen Wert darauf, sich über Probleme auszusprechen und Gefühle auszudrücken – und meinen, daß andere das auch tun sollten;

O fühlen sich zurückgewiesen und nehmen es als persönliche Kränkung, wenn jemand, der ihnen nahesteht, Zeit und Spielraum für sich und außerhalb der Beziehung beansprucht;

O neigen dazu, den Partner zu bedrängen und sich dann, wenn er Distanz sucht, kühl zurückzuziehen;

O bewerten sich selbst negativ als »zu abhängig« und »zu fordernd« in Beziehungen;

O haben die Neigung, dem Partner vorzuwerfen, er könne nicht mit Gefühlen umgehen und keine Nähe ertragen.

Distanz-Sucher

O suchen bei starken seelischen Belastungen emotionale oder physische Distanz;

O betrachten sich als unabhängige, eigenständige Persönlichkeiten, die sich eher selbst helfen, als die Hilfe anderer in Anspruch nehmen;

O haben Schwierigkeiten, ihre abhängige, bedürftige, verletzliche Seite zu zeigen;

O werden von wichtigen Partnern oft als »emotional unansprechbar«, »verschlossen«, »unfähig, mit Gefühlen umzugehen« bezeichnet;

O kompensieren Ängste in persönlichen Beziehungen durch stärkere Konzentration auf den Berufsbereich;

O tendieren dazu, eine Beziehung abzubrechen, wenn sie problematisch wird, statt »dranzubleiben« und den Konflikt auszutragen;

O können sich am leichtesten öffnen, wenn sie sich nicht unter Druck gesetzt fühlen.

»Unterfunktionierende«

O haben meistens einige Lebensbereiche, mit denen sie einfach nicht zurechtkommen;

O werden, wenn sie unter Spannung stehen, noch »unfähiger« und fordern dadurch andere auf, sich um sie zu kümmern;

O neigen bei beruflichen oder familiären Streßsituationen dazu, Symptome physischer oder psychischer Störungen zu entwickkeln;

○ werden leicht zum Konzentrationspunkt familiärer Ängste und Sorgen und zum Hauptgegenstand des Familienklatsches;
○ ziehen Klassifizierungen wie »neurotisch«, »krank«, »gestört«, »das Problem«, »der Patient« auf sich;
○ haben Schwierigkeiten, nahestehenden Menschen ihre starke, kompetente Seite zu zeigen.

»Überfunktionierende«

○ wissen immer, was »richtig« ist, nicht nur für sich selbst, sondern auch für andere;
○ neigen in Streßsituationen dazu, die Ratgeber-, Retter- oder Anführerrolle zu übernehmen;
○ haben Schwierigkeiten, sich herauszuhalten und andere selbst mit ihren Problemen fertig werden zu lassen;
○ vermeiden ihre eigenen Ängste und Probleme, indem sie sich auf andere konzentrieren;
○ haben Schwierigkeiten, ihre eigene verletzliche, abhängige Seite zu zeigen, besonders den Menschen gegenüber, die als »Problemfälle« angesehen werden;
○ werden oft als »äußerst zuverlässig« bezeichnet oder als Menschen angesehen, die »alles im Griff« haben.

Schuldzuweisende

○ reagieren auf Ängste mit emotionaler Aufladung und Streit;
○ fahren leicht aus der Haut;
○ verbrauchen viel Energie bei dem Versuch, jemanden zu ändern, der sich nicht ändern will;
○ neigen zu zyklisch wiederkehrenden Streitigkeiten, die kurzfristig die Spannung lösen, aber das alte Beziehungsmuster erhalten;
○ machen andere für die eigenen Gefühle und Handlungen verantwortlich;
○ sehen andere als das Hindernis an, das den eigenen Veränderungen entgegensteht.

Wie wir gesehen haben, werden Frauen dazu erzogen, Männern gegenüber die Rolle der Nähesuchenden und der »Unterfunktionierenden« einzunehmen, außer in den Bereichen Haushalt, Kindererziehung und »Gefühlsarbeit«, wo sie mit Besessenheit »überfunktionieren«. Für Männer ist es charakteristisch, daß sie sich in Spannungssituationen aus der Beziehung zurückziehen; dieser Verhaltensstil wird gesellschaftlich mit Nachsicht betrachtet, wenn nicht gar belohnt. Vorwürfe und Schuldzuweisungen sind bei beiden Geschlechtern verbreitet, aber bei Frauen ist die Vorwurfshaltung vielleicht auffälliger. Dafür gibt es gute Gründe: unter anderem unsere tiefsitzende Wut über unsere kulturell vorgeschriebene Selbstverleugnung und Unterlegenheitshaltung, verbunden mit den Tabus, denen die Erkenntnis und der offene Widerstand gegen unseren zweitrangigen Status unterliegen – und unsere Angst- und Schuldgefühle über den möglichen Verlust einer Beziehung. Barbaras vorwurfsvolle, abhängige Haltung ihrem Mann gegenüber, der ihr nicht »erlauben« wollte, an einem Workshop teilzunehmen, führte ich als erstes von vielen Beispielen an, um zu zeigen, daß Vorwürfe und Schuldzuweisungen den Status quo in einer Beziehung gleichzeitig angreifen und bewahren – und um darzustellen, wie sehr sich diese Haltung von einer echten Stellungnahme unterscheidet.

Wenn Sie über Ihre eigenen Reaktionsmuster nachdenken, behalten Sie im Auge, daß keine der obengenannten Kategorien Wertungen – gut oder schlecht, richtig oder falsch – enthält. Sie beschreiben nur unterschiedliche Arten, mit Ängsten umzugehen. Falls Sie in extremer Weise auf eine der Kategorien festgelegt sind, werden Sie allerdings Schwierigkeiten haben, Beziehungsmuster zu beobachten, zu erkennen und zu verändern.

Beobachten Sie, wie andere Menschen in Spannungssituationen mit ihren Aggressionen und mit Beziehungen umgehen. In welcher Wechselwirkung steht der Verhaltensstil anderer mit Ihrem eigenen? Wenn Sie zum Beispiel zu den »Überfunktionierenden« gehören und mit einem anderen »Überfunktionierenden« eng zusammenleben oder zusammenarbeiten, werden Sie vielleicht gegenseitig Ihre Fähigkeiten bewundern, wenn keine Ängste und Spannungen auftreten. Wenn ein Konflikt auftaucht, kann es jedoch leicht geschehen, daß Sie aufeinander losgehen und darum kämpfen, wer das Sagen hat, wer bestimmt und wer die richtige Lösung parat hat (»Wie kommst du dazu, einfach Entscheidungen zu treffen, ohne mich zu fragen!?!«). Vielversprechende Kandidaten für ein solches Beziehungsmuster wären höchstwahrscheinlich zwei Erstgeborene, besonders dann, wenn sie mit jüngeren Geschwistern desselben Geschlechts aufgewachsen sind. Wenn Sie in einer Liebes- oder einer Arbeitsbeziehung als »Unterfunktionierender« mit einem anderen »Unterfunktionierenden« zusammentreffen, wird bei Konflikten vermutlich jeder den anderen erbost beschuldigen, er scheue Verantwortung, tue zuwenig, sei zu faul. Die Rechnungen werden nicht bezahlt, und keiner hat Lust, aufzustehen, wenn das Baby schreit. Wenn Über- und Unterfunktionierende, Nähe- und Distanzsuchende Paare bilden, kommt es in Streßsituationen zu den typischen zyklischen Konfliktmustern, die ständig eskalieren.

Widmen Sie den Interaktionssequenzen, in denen Ihre Aggressionen mit Regelmäßigkeit auftreten, soviel Aufmerksamkeit wie Sie können, das heißt, treten Sie einen Schritt zurück, wenn die Spannungen ansteigen, und versuchen Sie im Auge zu behalten, wer was tut und mit welchem Resultat. Es ist wichtig, gute Wahrnehmungsfähigkeiten zu entwickeln, ehe Sie das Wagnis einer entscheidenden Veränderung eingehen.

Wir machen einen Anfang – mit kleinen Schritten

Machen Sie einen Plan, wie Sie mit Ihrer Wut in einer Beziehung anders umgehen könnten – in einer Weise, die nicht zu Ihren üblichen Verhaltensmustern gehört. Benutzen Sie die vorangegangenen Kapitel als Wegweiser und fassen Sie einen kleinen, überschaubaren Vorsatz, den Sie mit Gelassenheit durchführen – und auch aufrechterhalten können, wenn die Abwehrmechanismen beginnen und Ihre Ängste ansteigen. Versuchen Sie, sich eine realistische Vorstellung davon zu machen, wie der andere reagieren wird und was Sie dann tun werden. Selbst wenn Sie Ihrem Vorsatz nicht treu bleiben können – ein anderer Ansatz im eigenen Verhalten ist der beste Weg, etwas über sich selbst und über Beziehungen zu lernen. Erst wenn Sie eine Beziehung zu verändern beginnen, erkennen Sie ihre wirkliche Struktur. Dazu noch einige Hinweise:

Ausbruch aus der Wiederholung

Wenn Sie Nähe suchen und einen distanzierten Liebes- oder Ehepartner haben, kehren Sie zu dem Beispiel von Sandra und Larry zurück. Wenn Sie mit übermäßiger Besorgnis auf ein

»Problemkind« fixiert sind, betrachten Sie noch einmal die Veränderungen, die Herr und Frau Kesler in der Beziehung zu Billy vollzogen. Wenn Sie in einer Partnerbeziehung in der Rolle des Abhängigen sind, erinnern Sie sich an Stephanie und Jane oder an Barbara und ihren Mann.

Wer bin ich?

Denken Sie sich ein oder zwei Möglichkeiten aus, wie Sie in der Beziehung zu Familienmitgliedern klarstellen können, wer Sie sind und wo Sie stehen, ohne die anderen zu kritisieren, ohne sie »ändern« zu wollen und ohne defensiv zu werden, wenn Ihre Ängste ansteigen. Einige von uns müssen ihre kompetente und starke Seite zeigen, um ein ausgeglicheneres, vollständiges Selbst auszubilden; für andere mag es ein mutiger Schritt sein, Depressionen und Verletzlichkeit, Schwierigkeiten im Beruf und in Beziehungen einzugestehen. Für jemand, der sich in einer Beziehung dem Partner immer angepaßt hat, ist es ein Schritt zum eigenen Selbst, eine abweichende Meinung zu vertreten und dahinterzustehen. Wenn wir ernsthaft an uns arbeiten, wird es uns immer besser gelingen, mit unseren Aggressionen produktiv umzugehen und sie in den Dienst unserer Persönlichkeitsentwicklung zu stellen.

Abgebrochene Beziehungen kann man wieder aufnehmen

Wenn Sie mit einem wichtigen Familienangehörigen jeden emotionalen Kontakt abgebrochen haben, kann es ein mutiger Schritt sein, einfach eine Geburtstags- oder Urlaubskarte zu schicken. Halten Sie sich vor Augen, daß Menschen – wie alle Geschöpfe, deren Wesen das Wachstum ist – auf lange Sicht nicht gedeihen, wenn sie von ihren Wurzeln abgeschnitten sind. Wenn Sie von jedem emotionalen Kontakt mit Ihrer Familie abgeschnitten sind, werden Sie in anderen Beziehungen verletzlicher, heftiger, mit größeren Spannungen reagieren. Ein emotionaler Bruch mit einem wichtigen Familienmitglied löst unbewußte Ängste aus, die in anderen Zusammenhängen als Wut hervorbrechen können. Seien Sie mutig und bleiben Sie in Kontakt.

Wenn Sie wütend sind, denken Sie sorgfältig darüber nach, welche neue Haltung Sie einnehmen wollen, bevor Sie zu irgendwelchen Aktionen schreiten. Aggressionen treiben uns, ihrem dynamischen Charakter entsprechend, zu raschen Handlungen; wappnen Sie sich dagegen. Wenn Sie sich überstürzt für eine neue Haltung entscheiden, zu der Sie innerlich noch nicht wirklich bereit sind oder deren Konsequenzen Sie nicht richtig durchdacht haben, werden Sie damit nur auf die Nase fallen. Dazu ein weiteres Beispiel:

Alice ärgerte sich über eine ehemalige Mitbewohnerin, die bereits ein Jahr zuvor nach Denver gezogen war, aber ihre Habseligkeiten immer noch in Alices Keller aufbewahrte. Der Keller war zwar groß genug, aber Alice wollte die Sachen aus persönlichen Gründen loswerden und wurde immer wütender, als aus Denver nur Ausflüchte kamen. (»Im Augenblick habe ich keine Zeit, mich darum zu kümmern.« – »In dieser Jahreszeit ist es mir zu kalt für eine Räumaktion.«) Für Alice war die Situation nicht neu, denn sie hatte lange Zeit alles für ihre ehemalige Mitbewohnerin geregelt und ihr immer wieder aus der Patsche geholfen. Nachdem sie an einem meiner Aggressions-Workshops teilgenommen hatte, lief Alice begeistert nach Hause und schrieb ihrer Exwohngenossin folgenden Brief:

»Liebe Leslie,
ich habe große Probleme damit, daß Deine Sachen immer noch in meinem Keller herumstehen. Es mag egoistisch oder irrational von mir sein – aber wie auch immer, ich kann und will nicht mehr damit leben. Wenn Du Deine Sachen nicht innerhalb von drei Wochen abholst, werde ich alles der Heilsarmee überlassen.

Tut mir leid
Alice«

Leslie holte ihre Sachen nicht ab, und Alice übergab alles der Heilsarmee. Leslie war außer sich vor Wut und Verzweiflung; Alice hatte daraufhin Schuldgefühle und Depressionen.

Nicht, daß Alice das Falsche getan hätte. Das Problem war, daß sie sich zu rasch und unüberlegt zu einer Haltung entschloß, die sie innerlich noch nicht füllen konnte und mit der sie sich letztlich nicht wohl fühlte. Auch Katys Schwierigkeiten, in der Beziehung zu ihrem Vater neue Grenzen zu setzen, zeigte, daß es oft viel Zeit und Mühe kostet, zu einer Haltung zu finden, die mit unseren Überzeugungen und Wertvorstellungen im Einklang sind – einer Haltung, zu der wir stehen können, ohne ein Übermaß an Ängsten und Schuldgefühlen zu empfinden, wenn wir mit den Gegenreaktionen anderer konfrontiert sind.

Wir Frauen müssen uns immer wieder daran erinnern, daß wir aus einer generationenlangen »Frauenerbschaft« heraus die Verantwortung für die Gefühle anderer übernehmen und, auf Kosten unseres eigenen Selbst, für andere sorgen. Die Fürsorglichkeit mancher Frauen äußert sich im Aufheben schmutziger Socken, die andere fallen ließen, oder in »Gefühlsarbeit« für andere; manche Frauen sind weniger stark, selbstbewußt und kompetent, als sie sein könnten, um zu vermeiden, daß sie für wichtige andere Menschen bedrohlich werden. Es ist möglich, dieses »Frauenerbe« abzulegen – aber es ist nicht einfach.

Vorbereitung auf den Widerstand

Wenn Sie Beziehungsstrukturen verändern wollen, bereiten Sie sich nicht nur auf heftige Gegenreaktionen von anderen, sondern auch auf Ihre eigenen inneren Widerstände vor.

Elizabeth, eine junge Rechtsanwältin, war wütend auf ihre Eltern, die sich stets weigerten, ihre Gäste zu sein, wodurch sie sich in der Kind-Rolle festgehalten fühlte. Jedesmal, wenn sie Elizabeth in ihrer Wohnung besuchten, bestanden sie darauf, sie ins Restaurant einzuladen und auch die Rechnung zu bezahlen. Als Elizabeth selbst zu einer Veränderung bereit war, fand sie einen Weg, ihren Eltern klarzumachen, wie wichtig es für sie war, auf ihrem eigenen Terrain die Rolle der Gastgeberin zu übernehmen. Sie lud sie zu sich ein und kochte ihnen ein erlesenes Menü, das ein unanzweifelbarer Beweis ihrer Kochkunst, ihrer gastgeberischen Fähigkeiten und ihres Erwachsenseins war. Zu ihrer Überraschung wurde sie von beiden Eltern überschwenglich gelobt.

Am nächsten Tag wachte Elizabeth deprimiert und mit Kopfschmerzen auf. Sie begann, um die alte, kindlich-enge Beziehung mit ihren Eltern zu trauern, die sie vorher vor dem Gefühl der Getrenntheit und Einsamkeit geschützt hatte. Dieser Schmerz tritt unweigerlich auf, wenn wir uns aus einer symbiotischen Verschmelzung lösen und in eine reifere Beziehung eintreten. In derselben Woche hatte ihr Vater einen Sportunfall auf dem Golfplatz und brach sich ein Bein. Auf die Macht von Abwehrreaktionen kann man sich gar nicht gründlich genug vorbereiten!

Wenn Sie vorhaben, mit einem wichtigen Familienmitglied eine reifere, individuelle Beziehung aufzubauen, erinnern Sie sich an das Beispiel mit Maggie und ihrer Mutter. Sicher kommen Ihnen auch kühne Veränderungsideen, wenn Sie über das Gelesene nachdenken. Vielleicht beginnen Sie, an einer flexibleren und weniger spannungsgeladenen Beziehung zu arbeiten, mit einem Freund oder Arbeitskollegen, wenn in Ihrer Familie oder in einer engen Partnerschaft die Angst vor Veränderungen sehr groß ist. Wo Sie auch ansetzen und welche Aufgabe Sie auch wählen, behalten Sie einige grundlegende Richtlinien im Auge, wenn Sie wütend sind:

1. Sprechen Sie offen, wenn es sich um ein Problem handelt, das wichtig für Sie ist. Natürlich kann es ein Zeichen von Reife sein, wenn man Ärger und Ungerechtigkeiten einmal übergeht. Schweigen ist jedoch dann ein Fehler, wenn der Preis dafür Bitterkeit, Resignation und Leiden ist. Wenn wir zu einer Frage, die bedeutsam für uns ist, keinen klaren Standpunkt einnehmen, geben wir uns selbst auf.

2. Nehmen Sie sich in spannungsgeladenen Situationen zurück. Ein ordentlicher Streit kann manchmal dazu beitragen, die Atmosphäre zu reinigen; wenn es aber Ihr Ziel ist, ein festgefahrenes Beziehungsmuster zu verändern, ist der Augenblick, in dem Sie wütend oder voller innerer Spannung sind, der ungünstigste, um Ihre Meinung zu sagen. Wenn Sie mitten im Gespräch merken, daß Sie anfangen zu kochen, können Sie immer noch sagen: »Ich brauche Zeit zum Nachdenken. Sprechen wir ein anderes Mal weiter darüber!« Eine zeitweilige Distanzierung ist nicht dasselbe wie kalter Rückzug oder Abbrechen des emotionalen Kontaktes.

3. Nehmen Sie sich Zeit, über das Problem nachzudenken und Ihren Standort zu finden. Ehe Sie Ihre Meinung sagen, stellen Sie sich selbst folgende Fragen: Was ist hier das wirkliche Problem? Wo stehe ich? Was will ich erreichen? Wer ist für welche Dinge verantwortlich? Was genau will ich verändern? Was werde ich von jetzt an tun beziehungsweise lassen?

4. Vermeiden Sie »Schläge unter die Gürtellinie«. Dazu gehören: Schuldzuweisungen, Diagnosen, Etikettierungen, Moralpredigten und Belehrungen, Befehle, Warnungen, Verhöre, Lächerlich-Machen. Setzen Sie den anderen nicht herab.

5. Sagen Sie »ich«; ich glaube..., ich habe das Gefühl..., ich fürchte..., ich möchte... So sagen wir etwas über unser eigenes Selbst aus, ohne andere zu kritisieren, schuldig zu sprechen oder sie für unsere Gefühle und Reaktionen verantwortlich zu machen. Hüten Sie sich vor alten Taktiken im modischen Gewand und vor Pseudo-Offenheit (»Ich glaube, du bist herrschsüchtig und selbstbezogen.«).

6. Stellen Sie keine vagen Forderungen (»Ich möchte, daß du mehr Sensibilität für meine Bedürfnisse entwickelst.«). Sagen Sie dem anderen genau, was Sie wollen (»Du kannst mir am besten helfen, wenn du einfach zuhörst. Im Augenblick will ich keine Ratschläge.«). Erwarten Sie nicht, daß andere Ihre Bedürfnisse ahnen und Dinge tun, um die Sie nicht gebeten haben. Selbst die Menschen, die Sie lieben, verfügen nicht über telepathische Kräfte.

7. Versuchen Sie der Tatsache ins Auge zu sehen, daß Menschen verschieden sind. Wenn wir erkennen, daß es so viele Arten gibt, die Welt zu sehen, wie es Menschen gibt, sind wir bereit, uns aus Symbiosen und Verschmelzungen zu lösen. Wenn Sie um den Besitz der »Wahrheit« kämpfen, gehen Sie wahrscheinlich am Wesentlichen vorbei. Unterschiedliche Ansichten und Reaktionsweisen lassen nicht unbedingt darauf schließen, daß der eine »recht« und der andere »unrecht« hat.

8. Lassen Sie sich nicht auf intellektuelle Debatten ein, die zu nichts führen. Machen Sie keinen Zirkus, um andere von der »Richtigkeit« Ihrer Ansichten zu überzeugen. Wenn der andere Ihnen nicht zuhören will, sagen Sie einfach: »Es mag dir unverständlich erscheinen, aber so sind meine Gefühle.« Oder: »Da erzielen wir wohl keine Übereinstimmung; wir sehen die Dinge eben unterschiedlich.«

9. Erkennen Sie, daß jeder Mensch selbst für sein Verhalten verantwortlich ist. Werfen Sie der neuen Frau Ihres Vaters nicht vor, daß sie ihn »daran hindert«, Ihnen nahe zu sein. Wenn Sie über die distanzierte Beziehung zwischen Ihnen und Ihrem Vater wütend sind, ist es an Ihnen, einen neuen Zugang zu der

Situation zu finden. Das Verhalten Ihres Vaters ist seine Sache und nicht die seiner Frau.

10. Erklären Sie dem anderen nicht, was er denkt oder fühlt – oder was er denken und fühlen sollte. Wenn der andere über die Veränderung, die Sie vollziehen, wütend ist, üben Sie keine Kritik an seinen Gefühlen; sagen Sie nicht, er (oder sie) habe kein Recht, wütend zu sein. Eher sollten Sie sagen: »Ich verstehe, daß du wütend bist, und ich wäre es an deiner Stelle vielleicht auch; aber ich habe nachgedacht, und das hier ist meine Entscheidung.« Denken Sie daran: Wenn der eine das Recht hat, wütend zu sein, heißt das noch lange nicht, daß der andere schuld ist.

11. Vermeiden Sie, eine dritte Partei ins Spiel zu bringen. Wenn Sie sich über das Verhalten Ihres Bruders ärgern, sagen Sie nicht: »Ich glaube, es war schlimm für meine Tochter, daß du dir nicht die Zeit genommen hast, zu ihrer Schultheateraufführung zu kommen.« Versuchen Sie es lieber so: »Ich habe mich geärgert, weil du nicht gekommen bist. Es war mir so wichtig, daß du kommst.«

12. Erwarten Sie keine Veränderungen von Aktionen nach dem Motto »Zuschlagen und Wegrennen«. In engen Beziehungen vollziehen sich Veränderungen nur langsam. Selbst wenn Sie nur eine kleine Veränderung vornehmen, wird der andere Sie häufig auf die Probe stellen, um zu sehen, ob es Ihnen wirklich ernst ist. Verlieren Sie nicht den Mut, wenn Sie bei Ihrem Versuch, Theorie in Praxis umzusetzen, mehrfach auf die Nase fallen. Vielleicht gelingt Ihnen ein guter Anfang – und wenn die Situation dann spannungsgeladen wird, fahren Sie doch aus der Haut. Es ist ein Bestandteil des Veränderungsprozesses, daß wir immer wieder aus der Bahn geworfen werden; seien Sie also geduldig mit sich selbst. Sie werden viele Möglichkeiten finden, wieder auf Kurs zu gehen. Versuchen Sie es immer wieder.

Das Wichtigste bei alldem ist natürlich unsere Fähigkeit, Verantwortung für unseren eigenen Anteil an der Aufrechterhaltung von Beziehungsmustern zu übernehmen, die unsere Aggressionen auslösen. Besonders schwierig ist es, mit der Komplexität von Dreieckskonstellationen umzugehen; nehmen wir also dieses Thema noch einmal auf:

Kein Klatsch mehr

Wenn Sie wütend auf Sue sind – ist Sue die erste oder die letzte, die davon erfährt? Wenn Sie sich über das Verhalten Ihres Vaters ärgern – tragen Sie das direkt mit ihm aus, oder gehen Sie zu Ihrer Mutter? Rufen Sie Ihre Tochter an, wenn Sie über Ihren Exmann oder Ihren Sohn wütend sind? Sprechen Sie eine Kollegin, über die Sie sich ärgern, weil sie ihre Arbeit nicht tut, direkt an, oder reden Sie hinter ihrem Rücken mit einem Vorgesetzten und geben Ihrer »Besorgnis« Ausdruck?

Wenn zwei Leute klatschen, kommen sie sich näher – auf Kosten einer dritten Partei. Auch das ist eine Variante von Dreieckskonstellationen. Die Funktion von Dreiecken ist es, Ängste zu reduzieren; sie müssen nicht unbedingt problematisch sein, solange sie vorübergehend existieren und flexibel sind. Wenn sich jedoch in einer Familie, in Freundschafts- oder Arbeitsbeziehungen eine Dreieckskonstellation verfestigt, rigide wird und als Störfaktor in individuelle Beziehungen zwischen zwei Menschen eingreift, müssen die Verbindungen zum »dritten Punkt« durchbrochen und verändert werden.

Dreieckskonstellationen im Beruf

Nehmen wir einmal an, Sie haben im Büro eine Kollegin, Sue, über die Sie sich ärgern, weil sie zu viele und zu lange Kaffeepausen macht; Ihnen wird dadurch zusätzliche Arbeit aufgebürdet. Sie versuchen, mit Sue darüber zu reden, aber Sue wird gleich wütend und defensiv. In der Eingangshalle treffen Sie Sally; Sie sprechen sie auf das Problem an und erwarten, daß sie mit Ihnen einer Meinung ist, Sue sei egoistisch und unfair. Wenn Sally verständnisvoll zuhört, lassen Ihre Ängste nach. Vielleicht hilft Ihnen das, ruhiger zu werden und darüber nachzudenken, wie Sie mit Sue besser zurechtkommen könnten. Das wäre ein Beispiel für eine vorübergehende Dreieckskonstellation, die keinen Schaden anrichtet.

Stellen Sie sich nun vor, Sie und Sally würden weiterhin über Sue reden, hinter ihrem Rücken. Dadurch vermeiden Sie, den Konflikt mit Sue direkt auszutragen. Sie werden sich Sally näher fühlen, denn Sue ist nun in einer Randposition; auf diese Weise leiten Sie Ihre Aggressionen um, statt sich mit ihnen auseinanderzusetzen. Wenn diese Dreieckskonstellation über einen längeren Zeitraum bestehen bleibt, wird es vermutlich zu den folgenden Komplikationen kommen:

O Sallys Beziehung zu Sue wird durch die ungelösten Konflikte zwischen Ihnen und Sue beeinflußt.

O Sue wird Ängste entwickeln und sich vielleicht bei der Arbeit noch »unfähiger« verhalten. Je mehr zwei Leute über einen »inkompetenten«, schwachen Dritten reden (statt sich jeweils individuell mit dieser Person auseinanderzusetzen), desto schwieriger wird es für den »Unfähigen«, Kompetenz und Stärke zu entwickeln.

O Sie werden zunehmende Schwierigkeiten haben, Ihre Differenzen mit Sue offen und ruhig auszutragen; dadurch schwinden für beide, Sie und Sue, die Chancen, eine möglichst gute, reibungslose Arbeitsbeziehung zu entwickeln.

Ist es denn nicht hilfreich, wenn Sie mit Sally über Ihre Wut auf Sue reden? Wenn Sie nur Sallys Meinung hören wollen und wenn Sally ihre Meinung sagen kann, ohne Partei zu ergreifen, Diagnosen zu stellen, Sie oder Sue zu verurteilen, dann kommt es nicht zu einer Dreieckskonstellation. Häufiger ist es aber so, daß wir zwar mit der rechtschaffenen Absicht antreten, das Problem zu klären und zu verstehen, warum jemand sich nachlässig oder »unfähig« verhält; daß dann aber unsere Bemühungen umschlagen in Kritik und Schuldzuweisungen, mit denen eine Dreieckskonstellation beginnt. Es hilft keinem Menschen, wenn man nicht mit ihm, sondern über ihn redet. Je stärker Sie Dritte in Ihren Konflikt mit einem anderen Menschen hineinziehen, desto geringer werden Ihre Chancen, den Konflikt mit einem Minimum an Ängsten und einem Maximum an Klarheit zu bewältigen.

Noch einmal möchte ich ein paar Hinweise geben, die helfen können, schwierige Dreieckskonstellationen im Berufsleben zu vermeiden:

1. Wenden Sie sich mit Ihren Aggressionen an die richtige Adresse, das heißt, sprechen Sie über Ihre Wut mit demjenigen, auf den Sie wütend sind. Selbst wenn Sue abweisend, trotzig oder unhöflich ist, bleibt sie doch die Person, mit der Sie sich auseinandersetzen müssen. Auseinandersetzen heißt nicht unbedingt, der Wut freien Lauf lassen. Wenden Sie an, was Sie aus diesem Buch gelernt haben – und nicht mit einem Dritten, sondern unmittelbar mit Sue.

2. Wenn Sie Konflikte innerhalb einer beruflichen Hierarchie austragen (und von unten nach oben gehen müssen), achten Sie darauf, daß Sie die richtigen Kanäle benutzen, und gehen Sie offen vor. Versetzen Sie sich noch einmal in die Situation von Karen, die von ihrem Chef eine bessere Beurteilung wünschte und mit seiner Ablehnung konfrontiert war. Wenn Karen einen Dritten heranziehen will, um die Beurteilung zu überprüfen, sollte sie herausfinden, welche offiziell akzeptierten Möglichkeiten es dafür gibt – und sie sollte ihren Chef informieren, daß und warum sie eine andere Meinung hören will. Wenn Sie die hierarchischen Strukturen im Auge behalten und Ihren Kampf offen führen, vermeiden Sie die Bildung von Dreieckskonstellationen, die auf lange Sicht dazu führen, daß Aggressionen und Streß eskalieren.

3. Sprechen Sie in Ihrem eigenen Namen, wenn Sie wütend sind. Ob Sie nun mit einem Untergebenen oder mit einem Vorgesetzten zu tun haben, bringen Sie keine anonyme dritte Partei ins Spiel, indem Sie etwa sagen: »Es hat Klagen über Ihre Arbeitseinstellung gegeben.« Oder: »Einige Kollegen sind der Meinung, daß es schwierig ist, mit Ihnen zu arbeiten.« Anonyme Kritik trägt zur Steigerung von Ängsten bei; sie ist unfair und keinesfalls hilfreich. Wenn Sie mit Arbeitskollegen Probleme haben, sagen Sie »ich...« und lassen Sie andere für sich selbst sprechen.

4. Vermeiden Sie Geheimniskrämerei. Wenn Sie meinen, anderen mitteilen zu müssen, daß über sie geklatscht wird (»Esther, ich muß dir einfach sagen, Tom erzählt überall herum, daß du die Kunden vergraulst.«), müssen Sie auch damit rechnen, daß der Betroffene vielleicht die »Klatschbase« direkt anspricht, um das Problem zu klären. Falls Sie vorhaben, jemanden zur Geheimhaltung zu verpflichten (»Esther, erwähne Tom gegenüber nicht, daß ich etwas gesagt habe.«), ist es besser, von vornherein den Mund zu halten.

5. Lassen Sie sich nicht als dritte Partei in den Konflikt anderer hineinziehen. Wenn jemand sich bei Ihnen beklagt, können Sie Sie verständnisvoll zuhören, ohne Partei zu ergreifen oder Kritik zu äußern. Oft denken wir gar nicht darüber nach, wenn wir uns einmischen, aber mit etwas Aufmerksamkeit kann man leicht lernen, das zu vermeiden. Es gibt einen guten Grund, nicht der emotionale Verbündete anderer zu werden: Die streitenden

Parteien haben die besseren Chancen, mit ihren Aggressionen und ihren Differenzen fertig zu werden, wenn Sie gelassen bleiben, sich heraushalten und emotional in Kontakt bleiben. Diese verständnisvolle, aber neutrale Position ist auf lange Sicht die beste Unterstützung für andere, weil sie ihnen Raum läßt, ihre eigenen kreativen Problemlösungen zu entwickeln. Stellen Sie sich vor, Sie wären Esthers Vorgesetzte und Tom beschwerte sich bei Ihnen, daß Esther unhöflich mit den Kunden umgeht. Zunächst könnten Sie Tom ermutigen, selbst mit Esther über das Problem zu sprechen. Wenn Tom sagt: »Ich habe es ihr schon zweimal gesagt, aber auf mich hört sie ja nicht«, können Sie ihn humorvoll auffordern, sich ein Herz zu fassen, Esther am Kragen zu packen und es ihr ein drittes Mal zu sagen. Oder, wenn Sie Esther sehen, können Sie ihr freundlich sagen: »Hör mal, ich glaube, Tom ist ganz schön sauer auf dich. Warum setzt ihr euch nicht mal zusammen und klärt die Sache?« Wenn Sie eine gelassene Haltung aufrechterhalten können, ohne Reizbarkeit und Kritik, wenn Sie zu erkennen geben, daß Sie den beiden anderen Parteien zutrauen, ihre Differenzen selbst beizulegen, werden Esther und Tom vermutlich überraschend gut zurechtkommen.

Familiäre Dreieckskonstellationen

Sie sind gerade mit dem Abwasch fertig, als das Telefon klingelt. Es ist Ihre Mutter; sie hört sich an, als sei sie ziemlich mit den Nerven herunter. »Also, kannst du dir vorstellen, was Joe (Ihrem Bruder) als Neuestes eingefallen ist? Er hat wieder angefangen zu trinken, und seinen Job wird er vermutlich auch wieder verlieren! Ich weiß wirklich nicht mehr, wie das mit ihm weitergehen soll. Wird er denn nie erwachsen!?« Oder: »Ich habe eine Wut auf deinen Vater! Er weigert sich, auch nur einen Pfennig für das Studium deiner Schwester zu zahlen. Er hat sich schon immer schäbig benommen, und seit er Debbie geheiratet hat, ist es noch viel schlimmer geworden.«

Was tun Sie?
A   Sie stimmen sofort in die Wut und die Beschwerden Ihrer Mutter ein; oder Sie hören verständnisvoll zu und reden dann die nächsten zehn Minuten mit ihr über Joes Probleme oder Vaters Pfennigfuchserei.

B   Sie verteidigen die anderen: »Weißt du, Mutter, wenn du Joe nicht ständig aus der Patsche helfen würdest, hätte er es vielleicht schon geschafft, mit seinem Leben selbst zurechtzukommen.« Oder: »Ich glaube wirklich nicht, daß du Vaters finanzielle Situation richtig einschätzen kannst.«

C   Sie geben gute Ratschläge und tun Ihr Bestes, neutral zu bleiben. Vielleicht versuchen Sie, das Verhalten beider Seiten zu analysieren und zu erklären oder Ihrer Mutter zu helfen, »objektiv« und »vernünftig« zu sein.

D   Sie nehmen eine innere Abwehrhaltung ein und ärgern sich furchtbar, daß Ihre Mutter Sie in eine solche Situation bringt. Im stillen beschließen Sie, Ihrer Mutter auszuweichen, soweit Sie können, weil es so schwierig ist, mit ihr auszukommen. Vielleicht machen Sie Pläne für einen Umzug nach Alaska.

Können Sie sich in einer oder mehreren der geschilderten Reaktionsweisen wiedererkennen? Sehen wir uns jede Position genauer an:

Bei A haben Sie eine engere Verbindung zu Ihrer Mutter auf Kosten Ihres Bruders (oder Ihres Vaters), der dann in der Dreieckskonstellation die Randposition einnimmt. Sie verbünden sich mit Ihrer Mutter in einer schuldzuweisenden Haltung einem anderen Familienmitglied gegenüber.

Bei B wird sich Ihre Mutter in die Außenseiterposition gedrängt sehen und vielleicht ihre Aggressionen nun gegen Sie richten, weil Sie sie nicht unterstützen oder weil Sie »die Wahrheit« über Ihren Bruder (oder Vater) nicht erkennen. Sie nehmen Ihrer Mutter gegenüber eine Vorwurfshaltung und der anderen Seite gegenüber eine Retterhaltung ein.

Bei C versuchen Sie, beiden Seiten zu helfen und psychologische Beratung in der eigenen Familie zu machen – was unmöglich ist. Ihre Mutter wird Ihre Ratschläge entweder ignorieren oder alles widerlegen, was Sie vorbringen. Sie nehmen innerhalb des Dreiecks eine Friedensstifter- oder Mittlerhaltung ein.

Bei D versuchen Sie, die Spannungen abzubauen, indem Sie Ihre Mutter meiden; auf lange Sicht wird dadurch nichts gelöst, sondern nur gewährleistet, daß die Aggressionen an einer anderen Stelle hervorbrechen werden. Ihre Haltung Ihrer Mutter gegenüber ist vorwurfsvoll und distanziert.

Keine der geschilderten Reaktionsweisen ist problematisch, solange sie eine vorübergehende Erscheinung bleibt. Wie das

Beispiel der Familie Kesler zeigt, können sich die Positionen in einer familiären Dreieckskonstellation jedoch leicht verfestigen und rigide werden. Gerade Töchter verstricken sich leicht in Dreieckskonstellationen mit ihren Müttern und irgendeinem anderen Familienmitglied; mit dem Vater, wenn die Eltern zwar dem Gesetz nach, aber nicht emotional geschieden sind, mit der mütterlichen Großmutter oder mit einem der Geschwister. Jede Beziehung innerhalb des Dreiecks ist von den Problemen einer anderen Beziehung tangiert. Wenn die Spannungen ansteigen, werden vermutlich heftige Aggressionen freigesetzt, aber die eigentlichen Probleme werden nicht geklärt oder gelöst. Denken Sie daran, daß eine Dreieckskonstellation nichts ist, was Ihnen angetan wird, sondern wozu Sie, wozu alle Beteiligten beitragen. Jeder der Beteiligten kann aus dem Dreieck aussteigen, vorausgesetzt, er kann die damit verbundenen Ängste ertragen.

Wenn es Ihnen gelingt, ein »Schlüsseldreieck« in Ihrer Herkunftsfamilie aufzuarbeiten, wird das nicht nur Ihren Umgang mit Aggressionen verändern, sondern auch Ihr Verhalten in Beziehungen ganz allgemein. Der erste Schritt ist immer die Beobachtung.

Die Entwicklung der Wahrnehmungsfähigkeit

Vielleicht hilft es Ihnen, Ihre eigene Beteiligung an einer familiären Dreieckskonstellation wahrzunehmen, wenn Sie ein Diagramm zeichnen. Kehren wir zu dem Beispiel der Dreieckskonstellation zwischen Ihnen, Mutter und Joe (dem »unfähigen« Bruder) zurück:

Wenn die familiäre Situation entspannt ist, sprechen Sie und Ihre Mutter über Joes Probleme (Position A). Die Beziehung zwischen Ihrer Mutter und Joe bleibt ruhig und distanziert, weil die Mutter ihre Ängste im Gespräch mit Ihnen ableitet, statt sich direkt mit ihrem Sohn auseinanderzusetzen. Die Beziehung zwischen Ihnen und Ihrer Mutter bleibt ruhig und verbindlich, weil Sie Ihre Aufmerksamkeit auf die Probleme Ihres Bruders konzentrieren, statt Konflikte in der Beziehung zu Ihrer Mutter zu erkennen und anzusprechen. Das Dreieck sieht dann so aus:

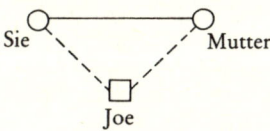

Wenn Spannungen auftreten, kommt es vermutlich zwischen Mutter und Bruder zum offenen Konflikt. Vielleicht übernehmen Sie jetzt die Mittlerrolle und versuchen, beiden Seiten zu helfen (Position C). Sie sagen zu Ihrem Bruder: »Im Grunde liebt Mutter dich doch wirklich.« Ihrer Mutter geben Sie den Rat: »Du mußt mit Joe einfach konsequenter sein. Er ist nicht eigentlich schlecht, er probiert nur die Grenzen aus.« Ihre Beziehungen zu beiden werden nun intensiver; zwischen Mutter und Bruder liegt die »Konfliktseite« des Dreiecks.

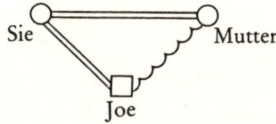

Wenn der Konflikt weiter eskaliert, können sich die Kräfteverhältnisse innerhalb des Dreiecks wieder verschieben. Vielleicht wird Ihre Mutter wütend auf Sie, weil Sie nicht erkennen, was mit Ihrem Bruder »wirklich los ist«; Joe wird aggressiv gegen Sie, weil Sie nicht Partei für ihn ergreifen. Sie ärgern sich über Mutter, Joe oder beide, weil Sie sich schlecht behandelt fühlen und weil Sie finden, daß die beiden unmöglich miteinander umgehen. Nun stecken alle Beteiligten in einer Vorwurfshaltung, und der Konflikt hat sich auf alle Seiten des Dreiecks ausgedehnt.

Können Sie nun Ihre Position in einem familiären Schlüsseldreieck erkennen? »Joe« kann Ihr Vater sein, Ihre Großmutter, Ihr Cousin, Ihre Tante. Falls Sie finden, daß diese Modellsituation auf Ihre Familie nicht paßt, sehen Sie noch einmal genauer hin.

Wie würden Sie auf den Anruf Ihrer Mutter in unserem Beispiel reagieren, wenn es Ihr Ziel wäre, aus dem Dreieck auszusteigen?

Die Auflösung von Dreieckskonstellationen

Wenn Ihre Mutter anruft, um über Joe zu reden (oder wenn Joe anruft, um über Ihre Mutter zu reden), können Sie ein unaggressives Desinteresse zeigen. Denken Sie daran, daß Dreieckskonstellationen von unklaren Gefühlen und Ängsten in Bewegung gehalten werden (Ihre eigenen Ängste eingeschlossen); je zurückhaltender Sie reagieren, desto besser. Sie könnten sagen: »Ich habe keine Ahnung, was mit Joe los ist, da kann ich gar nichts dazu sagen. – Aber was machst du denn so in letzter Zeit, Mutter?« Wenn Sie gedrängt werden, Ihre Meinung zu sagen oder Partei zu ergreifen, vermeiden Sie beides, und drücken Sie statt dessen Ihr Vertrauen in die Fähigkeiten beider Seiten aus: »Ich habe überhaupt keine Ahnung, worum es geht, aber ich mag euch beide, und ich bin überzeugt, daß ihr die Sache zwischen euch schon klären könnt.« Wenn Ihre Mutter sich aus der Fixierung auf Joes Probleme nicht lösen kann, können Sie direkter werden, ohne in eine Vorwurfshaltung zu verfallen: »Weißt du, Mutter, wir haben gar nicht so oft Gelegenheit, miteinander zu reden, und da bin ich einfach egoistisch. Ich habe mehr Lust, über uns zu sprechen, und nicht über Joe. Ich weiß, daß du Schwierigkeiten mit ihm hast, aber ich weiß wirklich nicht, was ich dabei tun könnte. Mit dir möchte ich über dich und mich reden – und mit Joe über ihn.«

In extrem festgefahrenen Dreieckskonstellationen ist vielleicht noch größere Direktheit angezeigt: »Mutter, ich kann es einfach nicht mehr hören, wenn du dich über Joe (Vater usw.) beschwerst. Ich habe euch beide gern. Ich weiß keine Möglichkeit, die Probleme zwischen euch zu lösen; ich merke nur, daß ich mich jedesmal ärgere, wenn du über ihn redest.«

Welche Worte Sie wählen, ist unwichtig; es kommt darauf an, daß Sie nicht plötzlich kalt und abweisend werden, nicht urteilen und sich nicht von den emotionalen Spannungen mitreißen lassen. Sie können ruhig bleiben und klarstellen, daß Ihre Beziehung zu beiden Beteiligten wichtig für Sie ist und daß Sie sich in den Konflikt der beiden nicht einmischen werden.

Nicht nur das Heraushalten aus den Konflikten anderer ist eine schwere Aufgabe – es erfordert auch Mut, andere daran zu hindern, sich in die eigenen Konflikte einzumischen. Die folgenden Vorschläge sind auf alle Beziehungsmuster anwendbar:

1. Wenn Sie auf jemanden wütend sind, setzen Sie Ihre emotionale Energie dafür ein, sich direkt mit dieser Person auseinanderzusetzen. Falls Sie der Meinung sind, daß Sie »alles probiert« haben und daß »alles nichts nützt«, erinnern Sie sich an die entsprechenden Beispiele dieses Buches und überlegen Sie sich, welche völlig neuen Schritte Sie unternehmen könnten. Wenn Sie das Gefühl haben, sich mit einem anderen Menschen über eine unbefriedigende Beziehung aussprechen zu müssen, wählen Sie jemanden, der zu dem Menschen, auf den Sie wütend sind, keine enge Beziehung hat. Es kann sehr hilfreich sein, mit einer Frau, einer Verwandten, die vielleicht ähnliche Erfahrungen gemacht hat, über Ihren Konflikt zu sprechen, vorausgesetzt, Sie selbst nehmen keine Vorwurfshaltung ein und hören sich lediglich an, wie diese Frau mit ihrem Konflikt umgegangen ist.

2. Vermeiden Sie es, ein Kind (selbst ein erwachsenes Kind) zum Vertrauten oder zum Ehetherapeuten zu machen. Versuchen Sie nicht, Ihre Kinder dadurch auf das Leben vorzubereiten, indem Sie ihnen erzählen, was mit ihrem Vater nicht in Ordnung ist. Kinder müssen ihre eigene Wahrheit entdecken und ihre Beziehungen selbst gestalten lernen.

3. Unterscheiden Sie zwischen Privatsphäre und Geheimhaltung. Jede Generation braucht ihren eigenen Spielraum; Kinder brauchen eine von den Eltern unangetastete Privatsphäre, und Eltern brauchen ebenfalls ihren abgegrenzten Bereich. Geheimhaltung ist jedoch eins der Hauptmerkmale von Dreieckskonstellationen, die zwei Generationen umfassen. (»Sag deinem Vater bloß nichts von deiner Abtreibung, das würde ihn viel zu sehr aufregen.« – »Deine Schwester darf nicht erfahren, daß Vater seinen Job verloren hat, sie würde es in der ganzen Nachbarschaft herumerzählen.« – »Vater, ich lebe jetzt mit Alex zusammen, du darfst Mutter gegenüber aber nichts davon erwähnen.«) An der Oberfläche haben wir oft die edelsten Motive für unsere Geheimniskrämerei (»Der und der könnte die

Information einfach nicht verkraften.«), aber im Grunde fordern wir damit nur jemanden auf, uns näher zu sein, auf Kosten eines anderen. Wenn Ihnen ein Geheimnis dieser Art anvertraut wird, können Sie deutlich machen, daß Sie sich mit einer bestimmten Art von Geheimhaltung einfach nicht wohl fühlen.

4. Bemühen Sie sich um einen offenen Kommunikationsstil in der Familie, ohne andere zur Parteinahme zu drängen. Es ist völlig in Ordnung, wenn Sie zu Ihrer Mutter oder Ihren Kindern sagen: »Ja, Frank und ich haben im Augenblick wirklich Schwierigkeiten miteinander – und wir bemühen uns sehr, mit unseren Problemen klarzukommen.« Damit fordern Sie niemanden auf, Ihr Verbündeter zu werden oder Ihre Partei zu ergreifen. Bemühen Sie sich, andere von Einmischungen in Ihre Konflikte abzuhalten. Wenn die kleine Susie sagt: »Es ist gemein von Papa, daß er sich von dir scheiden läßt«, können Sie antworten: »Susie, ich bin im Augenblick sehr wütend auf Vater, aber das ist meine Sache und nicht deine. Du mußt deine eigene Beziehung zu Papa finden.«

Alles oben Gesagte soll Sie daran erinnern, daß jedes Mitglied Ihrer Familie zu jedem anderen seine individuelle Beziehung entwickeln muß, unabhängig von Ihren Aggressionen und Ihren Beziehungsproblemen mit einer bestimmten Person. Vielleicht kochen Sie vor Wut auf Ihren Exehemann oder auf Ihre chaotische Schwester; trotzdem sollten Sie nicht versuchen, andere daran zu hindern, die bestmöglichen Beziehungen mit diesen Menschen zu gestalten. Auf lange Sicht werden andere, wenn Sie sich so verhalten, Ihren Problemen viel verständnisvoller gegenüberstehen, und Sie selbst geraten nicht so leicht in Gefahr, eine bittere und resignierte Haltung einzunehmen, in der Ihre Aggressionen nur immer in die alten Kreisläufe einmünden.

Die Familiengeschichte erforschen

Katys Geschichte ist ein gutes Beispiel dafür, wie nützlich es sein kann, mit anderen Familienmitgliedern über unsere Probleme zu sprechen – und sie zu fragen, wie sie selbst mit ähnlichen Problemen umgegangen sind. Falls Sie es noch nicht getan haben, als Sie über die Familie Kesler lasen, stellen Sie jetzt Ihr eigenes Familiendiagramm zusammen! Sie werden überrascht sein, was Sie alles nicht wissen. Vielleicht werden Sie auch überraschende Zusammenhänge entdecken, wenn Sie das Diagramm betrachten. Sie könnten zum Beispiel herausfinden, daß gerade in dem Jahr, als Sie sich ständig mit Ihrem Bruder stritten, der Gesundheitszustand Ihrer Großmutter sich bedenklich verschlechterte. In dem ständigen Kampf zwischen Ihnen und Ihrem Bruder spiegelte sich vielleicht das Niveau von Angst und Spannung, das damals in der Familie herrschte. Wenn Sie einen größeren Überblick über das Generationenbild erlangen, wird Ihre Neigung, sich selbst oder anderen Schuld zuzuweisen oder Diagnosen zu stellen, vermutlich stark zurückgehen. Viele Menschen meinen, sie wüßten alles über ihren familiären Hintergrund. Sicher haben wir alle unsere Familien-Geschichten zu erzählen, die bei anderen Bewunderung auslösen (»Deine Mutter muß eine außergewöhnliche Frau sein!«) oder Aggressionen (»Das ist ja grauenhaft, wie dein Vater dich behandelt hat.«) oder Mitleid (»Deine Kindheit muß furchtbar gewesen sein.«). Vielleicht erzählen wir diese Geschichten unser Leben lang immer und immer wieder und konstruieren damit Erklärungen für Dinge, die wir gern verstehen möchten (»Meine Mutter hat immer nur an mir herumgenörgelt und mich heruntergemacht – darum habe ich so ein geringes Selbstwertgefühl.«). Diese Geschichten, verbunden mit den psychologischen Interpretationen, die wir auf uns selbst und andere anzuwenden gelernt haben, können jedoch eine wirkliche Kenntnis des familiären Hintergrunds nicht ersetzen. Familiengeschichte statt Familien-Geschichten erfahren wir erst, wenn wir unseren Eltern, Großeltern und anderen Verwandten Fragen stellen und sie auffordern, von ihren eigenen Erfahrungen zu erzählen. Meistens reagieren wir nur auf Familienmitglieder – ohne sie wirklich zu kennen.

Wenn Sie ein Diagramm Ihrer eigenen Familie zeichnen wollen, benutzen Sie das Diagramm der Familie Kesler als Modell. Zu den wichtigen Informationen in einem Familiendiagramm gehören Geburts- und Todesdaten, die Daten von Heiraten und Scheidungen, die Jahre, in denen bei Familienmitgliedern schwere Krankheiten auftraten, und der höchste formale Ausbildungsgrad aller Familienmitglieder. Dehnen Sie das Diagramm auf so viele Generationen aus, wie Sie können. Das mag Ihnen zunächst als mühselige, langweilige Übung erscheinen, aber vielleicht werden Sie erstaunt sein, wie viel Sie bei dieser Übung über Ihre Familie erfahren, vor allem, wenn Sie mit entfernteren Familienmitgliedern Kontakt aufnehmen müssen, um Informationen zu erhalten. Schreiben Sie Ihre »verrückte« Tante oder Ihren »chaotischen« Cousin nicht als Informationsquellen ab, weil sie die Rollen der »Unfähigen« haben. Jedes Familienmitglied hat seine eigene interessante Perspektive, und manche werden vielleicht eine überraschende Bereitschaft zeigen, sich mitzuteilen, wenn sie echtes Interesse und Respekt vor ihrer Persönlichkeit spüren.

Gehört denn wirklich Mut dazu, mehr über die eigene Familie herauszufinden? Ja, unbedingt! Es ist schwierig, die festen Meinungen aufzugeben, die wir uns über unsere Familie gebildet haben. Ob wir nun bestimmte Verwandte in Grund und Boden verdammen oder andere auf ein Podest heben (was nur die beiden Seiten der Medaille sind) – wir wollen uns das einheitliche Bild der Familie nicht durch wirkliche Tatsachen über wirkliche Menschen vermiesen lassen. Vielleicht scheuen wir uns sehr vor Fragen, die familiäre Tabus berühren – den Selbstmord der Tante, die Alkoholabhängigkeit des Großvaters... Tabu-Themen stellen eine besondere Schwierigkeit dar: Wenn wir bei verdrängten oder totgeschwiegenen Problemen nur wenig Fakten kennen, neigen wir um so mehr zu Phantasien und zu heftigen emotionalen Reaktionen, Aggressionen eingeschlossen.

Das alte Sprichwort »Was ich nicht weiß, macht mich nicht heiß« wird durch Untersuchungen über Familienstrukturen widerlegt. Im Gegenteil, gerade das Wissen um »heiße« Themen, das Mitteilen der eigenen und das Kennenlernen der Erfahrungen der anderen ist es, was uns von Ängsten befreit und unsere Identität stärkt. Damit schaffen wir uns die Voraussetzungen, auch in allen anderen Beziehungen klarer und gelassener zu handeln. Das Sammeln von Informationen über die eigene Familie ist eine Fähigkeit, die man üben und lernen kann; was Sie in Erfahrung bringen, hängt davon ab, wie Sie vorgehen.

Der Mut, Fragen zu stellen

Suchen Sie sich ein emotionsgeladenes Thema in Ihrer Familie aus. Das »heiße Eisen« kann Sex sein, Heirat, Krebskrankheiten, Erfolg, Übergewicht, Alkohol oder Onkel Charly. Wenn das spannungsgeladene Thema zum Beispiel mit Ihrer Mutter zu tun hat, werden Sie vielleicht jedesmal, wenn es zur Sprache kommt, wütend und haben das Gefühl, daß sich innerlich alles in Ihnen zusammenzieht. Vielleicht kommt das Thema aber auch selten zur Sprache, weil sich in Ihrer ganzen Haltung Abwehr ausdrückt. Mut kann hier bedeuten, daß Sie so lange aufhören, Ihre Aggressionen einfach abzureagieren, bis Sie ein wirkliches Gespräch über das Thema eröffnen können, indem Sie etwas über sich selbst mitteilen und anderen Fragen stellen. Das Ziel der Fragen und der Gespräche ist es, herauszufinden, durch welche Ereignisse in der familiären Vergangenheit das Thema »heiß« geworden ist. Nur durch einen größeren Überblick über Ereignisse und Zusammenhänge in der familiären Vergangenheit können Sie wütende Reaktionen auf Familienmitglieder durch Verständnis und Mitgefühl ersetzen. Greifen wir einige Beispiele heraus:

Nehmen wir an, Ihr Status als unverheiratete Frau ist das »heiße Eisen« in der Familie. Jedesmal, wenn Sie Ihre Eltern besuchen, macht Ihre Mutter eine spitze Bemerkung darüber, daß Sie nicht verheiratet sind. Was ist Ihre Aufgabe?

Der erste Schritt wäre, Ihren Standpunkt in dieser Frage ruhig klarzustellen, zum Beispiel: »Mutter, es beunruhigt dich sehr, daß ich nicht verheiratet bin, nicht wahr? Ehrlich gesagt, manchmal beunruhigt es mich auch. Im Augenblick weiß ich nicht genau, ob ich Angst vor einer festen Bindung habe, ob ich ›den Mann meines Lebens‹ noch nicht gefunden habe oder ob die Ehe einfach nicht die richtige Lebensform für mich ist. Ich weiß es noch nicht, aber ich versuche, es herauszufinden.« Falls Sie in der Familie die »unfähige« Rolle innehaben, hüten Sie sich davor, Ihr Problem so darzustellen, als seien Sie nur ein Häufchen Elend. Falls Sie »überfunktionieren«, stellen Sie es nicht so dar, als hätten Sie alles im Griff und seien auf nichts und niemanden angewiesen.

Als nächstes könnten Sie mit Ihrer Mutter ein Gespräch darüber anknüpfen, wie die Frage von Heirat beziehungsweise

Ledigbleiben von Frauen in Ihrer Familie erlebt und behandelt wurde. Ratschläge und andere »Hilfsangebote« können Sie abwehren, indem Sie klarstellen, daß Sie im Augenblick nicht an fertigen Lösungen, sondern an den Erfahrungen und Ansichten Ihrer Mutter interessiert sind. Dann könnten Sie Ihrer Mutter Fragen stellen, zum Beispiel: »Hast du dir eigentlich je die Frage gestellt, ob die Ehe das Richtige für dich ist?« Und wenn sie mit ja antwortet: »Wie bist du zu deiner Entscheidung gekommen?«

»Was macht dir Angst an der Vorstellung, ich könnte ledig bleiben?«

»Was glaubst du, wie dein Leben verlaufen wäre, wenn du nicht geheiratet hättest? Welchen Beruf hättest du am liebsten gehabt?«

»Welche Einstellung hatte deine Mutter zur Ehe – und wie hätte sie reagiert, wenn du unverheiratet geblieben wärest?«

»Wie haben deine Eltern eigentlich reagiert, als Tante Ruth sich entschloß, nicht zu heiraten und lieber Karriere zu machen?«

»Gibt es in deiner Verwandtschaft noch andere Frauen, die nicht geheiratet haben – und wie sind sie deiner Meinung nach damit gefahren?«

Mit solchen Fragen können Sie eingefahrene Kommunikationsmuster durchbrechen, in eine reifere und unabhängigere Beziehung mit Ihrer Mutter eintreten und die Heiratsfrage »entschärfen«, indem Sie die Karten offen auf den Tisch legen und auch selbst mehr über die Familiengeschichte erfahren. Vielleicht lernen Sie Alternativen kennen, die in der Vergangenheit von der Familie akzeptiert wurden, und bereiten Ihre Mutter darauf vor, daß es in Zukunft noch andere Alternativen geben wird.

Stellen Sie sich vor, das »heiße Eisen« in der Familie sei die Frage von Intelligenz und Leistung bei Frauen; Ihre Mutter ignoriert Ihre Tätigkeit und Ihre Qualifikationen und konzentriert sich völlig auf die Erfolge Ihres Bruders. Ihre Aufgabe wäre wieder, einige Probleme anzusprechen, die Sie in diesem Bereich haben, und dann Ihre Mutter nach ihren eigenen Erfahrungen zu fragen. Es ist sehr nützlich, Fragen zu stellen, die Ihnen Aufschluß darüber geben können, wie das »heiße Eisen« in der vorangegangenen Generation von Ihrer Mutter und deren Familie durchgespielt wurde. Sie könnten damit beginnen, Ihrer Mutter von Ihren eigenen Problemen mit dem Erfolg und Ihrer Abhängigkeit von Reaktionen und Meinungen anderer zu erzählen. Fragen Sie dann:

»Wie haben deine Mutter und dein Vater auf deine Talente und deine Leistungen reagiert?«

»Welche deiner Brüder und Schwestern wurden als intelligent beziehungsweise nicht intelligent betrachtet?«

»Hast du je an ein Studium gedacht? Wie war die Einstellung deiner Eltern dazu? Welche Berufslaufbahn hättest du am liebsten gewählt, wenn du in die Lage gekommen wärest, früh berufstätig zu sein?«

»Glaubst du, du hättest Erfolg gehabt? Welche Hindernisse hätte es gegeben?«

»Nach welchen Gesichtspunkten wurde entschieden, daß dein Bruder studieren sollte und du nicht? Wie hast du dich dabei gefühlt?«

»Wie war es für dich, daß du schon so früh soviel Verantwortung in der Familie tragen mußtest?«

»Wie haben deine Eltern sich selbst gesehen? Haben sie sich beide für intelligent und kompetent gehalten? Wie haben sie sich gegenseitig eingeschätzt?«

Wenn es Ihnen gelingt, eine gute »Fragetechnik« zu entwikkeln, und wenn Sie mit der Offenheit selbst den Anfang machen, werden Sie bei Ihren Verwandten eine große Bereitschaft feststellen, von den eigenen Erfahrungen zu erzählen. Eltern und Großeltern beginnen nicht von sich aus damit, aus ihrem Leben zu berichten. Meistens sagen sie uns, was wir, ihrer Meinung nach, hören sollten oder was uns, wie sie glauben, helfen könnte. Wie sie wirklich gelebt haben und was sie wirklich empfunden haben, werden sie erst dann sagen, wenn ein guter »Interviewer« sie dazu motiviert.

Ein letzter Nachtrag über Mütter und Väter: Wenn Sie die Initiative ergreifen, einem Elternteil näherzukommen, zu dem Sie bisher eine distanzierte Beziehung hatten (meistens, wenn auch nicht immer, ist es der Vater), fühlen Sie sich dem anderen Elternteil gegenüber vielleicht etwas illoyal. Die Distanz, die so oft zwischen uns und unseren Vätern herrscht, kann eine der Hauptquellen von Aggressionen und Beschwerden sein (»Mein Vater interessiert sich überhaupt nicht für mein Leben.«); dennoch unterstützen wir vielleicht aktiv, wenn auch unbewußt, die Außenseiterposition des Vaters in einer familiären Dreiecks-konstellation.

Wenn ein Elternteil auf Ihre Versuche, in näheren Kontakt zu treten, zunächst mit noch größerer Distanziertheit reagiert, erinnern Sie sich daran, daß diese Abwehrreaktion aus Angst und nicht aus Mangel an Zuneigung zustande kommt. Halten Sie den Kontakt »auf kleiner Flamme« und mit Gelassenheit aufrecht. Behalten Sie im Auge, daß, auf lange Sicht, nicht die Reaktion anderer das Entscheidende ist, sondern das, was Sie tun, wie Sie Ihr Selbst und Ihre persönliche Basis in Beziehungen definieren.

Nachwort

Ein klares Selbst entwickeln, die eigene Identität finden – das ist eine Aufgabe, die man nur allein erfüllen kann. Manchmal fordern wir andere auf, manchmal bieten sich andere an, uns ein Selbstbild zu entwerfen, aber letztlich bestimmen nicht »Wir«, sondern nur ich bestimme darüber, wie ich fühle, denke und handle. Die anspruchsvolle und einsame Aufgabe der Identitätsfindung kann dennoch nicht in der Isolierung von anderen erfüllt werden. Die Verbundenheit mit anderen Menschen und die Lernprozesse, die unsere Beziehungen uns ermöglichen, tragen wesentlich dazu bei.

Selbsthilfe-Ratschläge können sich als schädlich für das seelische Gleichgewicht erweisen, wenn sie die Botschaft vermitteln, Veränderungen seien rasch und problemlos zu erreichen, wenn der Eindruck entsteht, man werde – wie im Märchen – das vollkommene Happy-End erreichen, wenn man nur den Anweisungen folgt.

Ich hoffe, ich konnte meinen Lesern neue Einsichten über alte Aggressionen vermitteln und auch ein wenig zu praktischen Veränderungen beisteuern. Aber meine Leser wissen so gut wie ich, daß sich dauerhafte Veränderungen nicht leicht, glatt und einfach vollziehen; viele der Frauen, deren Probleme ich hier geschildert habe, hatten den Vorteil jahrelanger Psychotherapie, die ihre Veränderungsbemühungen unterstützte.

Selbsthilfe kann sogar gefährlich sein, wenn wir uns durch unseren »Do-it-yourself«-Ansatz von anderen Menschen, anderen Frauen isolieren. Ich habe in diesem Buch immer wieder darauf hingewiesen, wie wichtig es ist, die Erfahrungen anderer Familienmitglieder kennenzulernen und unsere eigenen Erfahrungen mitzuteilen. An dieser Stelle möchte ich meine Überzeugung ausdrücken, daß es genauso wichtig für uns ist, mit dem

Weiblichen verbunden zu sein, mit der »Familie der Frauen«; daß wir mitteilen, was wir denken, empfinden und erfahren, und daß wir die Erfahrungen anderer Frauen kennenlernen. Durch diesen Prozeß der Rückbindung an das Weibliche und der Kommunikation unter Frauen, dadurch, daß wir erfahren, in welcher Weise wir anderen Frauen ähnlich sind und wodurch wir uns unterscheiden, erhalten wir die Möglichkeit, uns von den Mythen zu lösen, die vom dominierenden männlichen Bewußtsein dieser Kultur geschaffen, durch die Familie weitergegeben und von allen Mitgliedern dieser Gesellschaft – Männern und Frauen – internalisiert wurden. Ehe die Frauenbewegung wiederauflebte und eine breitere Basis fand, litten die meisten von uns isoliert und stillschweigend unter ihren Aggressionen und ihrer Unzufriedenheit und konzentrierten sich ausschließlich auf die Frage »Was stimmt mit mir nicht?«. In der Gemeinschaft mit anderen Frauen können wir unsere Selbstvorwürfe aufgeben und beginnen, die alten Rollenvorschriften und Verhaltensregeln zu hinterfragen.

Ein letzter Punkt: Selbsthilfe ist immer mit dem Risiko einer allzu ausschließlichen Konzentration auf das Persönliche verbunden, die den Blick auf die gesellschaftlichen Bedingungen verstellt, die diese Probleme hervorrufen und ihren Fortbestand sichern. In diesem Buch ging es um individuelle Aggressionen und persönliche Veränderungen; aber das Persönliche ist, wie wir durch die Frauenbewegung gelernt haben, vom Politischen nicht zu trennen. Das heißt, es besteht ein struktureller Zusammenhang zwischen den Verhältnissen in unseren privaten Beziehungen und dem geringen Grad von Beteiligung, Wertschätzung und Macht von Frauen in allen Bereichen der Gesellschaft. Die Mechanismen, die zu festgefahrenen Konfliktsituationen in unseren Beziehungen führen, leiten sich ihrer Form und ihrer Wirkungsweise nach von den Mechanismen einer festgefahrenen Gesellschaft ab. Aus diesem Grund genügt es nicht, wenn Frauen individuell lernen, sich in Beziehungen anders zu verhalten. Wenn wir nicht auch die gesellschaftlichen Institutionen ändern, die Frauen in der Öffentlichkeit in einer Position der Unterordnung und der Selbstverleugnung festhalten, wird auch das, was im Privatbereich geschieht, weiterhin für uns alle problematisch bleiben.

Ich bin der festen Überzeugung, daß Frauen heute nichts

Geringeres sind als Wegbereiterinnen persönlicher und gesellschaftlicher Veränderungen. Und es bleibt uns auch gar keine andere Wahl – wenn wir neue, brauchbarere Beziehungsstrukturen zu schaffen versuchen, stellen wir fest, daß uns keine Vorbilder zur Verfügung stehen. Ob es sich nun um eine gestörte Ehe handelt, mit der wir konfrontiert sind, oder um den eskalierenden Rüstungswettlauf – durch die Art unserer gesellschaftlichen Sozialisation verfallen wir – Männer und Frauen – immer wieder darauf, anderen die Schuld zu geben, statt die Vorgänge und Mechanismen zu begreifen. Die Herausforderung, die sich uns stellt, ist das sorgfältige Beobachten unserer Aggressionen und das Einsetzen unserer Wut im Dienst der Veränderung – während wir gleichzeitig an allem festhalten, was an unserem weiblichen Erbe und unserer weiblichen Tradition positiv und wertvoll ist. Wenn uns das gelingt, werden wir wirklich Wegbereiterinnen sein.

Danksagungen

Ich habe vielen Leuten zu danken.

Sandra Elkin, meine publizistische Beraterin, brachte mich 1979 dazu, statt wissenschaftlicher Abhandlungen populäre Bücher zu schreiben; von ihr stammt auch die Anregung zu diesem Buch. In einer ganzen Abfolge schriftstellerischer Hochs und Tiefs stand sie mir bei und demonstrierte eine erstaunliche Fähigkeit, in allen Lebenslagen ihren Sinn für Humor, Klarheit und Orientierung zu bewahren. Auch Eleanor Rawson half mir dabei, von meinem distanzierten, gelehrtenhaften Stil abzurükken, und ermutigte mich, meine Leser persönlicher und direkter anzusprechen.

In den frühen Stadien dieses Buchprojekts halfen mir viele Freunde und Kollegen bei der Menninger Foundation; sie lasen Manuskripte, gaben mir wertvolle Anregungen und übten konstruktive Kritik. Ich danke Shirley Bonney, Nancy Gordon, Arthur Herman, Maria Luisa Leichtman, Arthur Mandelbaum, Sharon Nathan, Gavin Newsom, Dale Roskos und besonders Meredith Titus. Ich danke auch Nancy Chodorow, Sally McNall und Robert Seidenberg für ihr aktives Interesse und Feedback; sie halfen mir vor allem, für die stark veränderte letzte Version dieses Buches die Form und die Zielrichtung zu finden.

Marianne Ault-Riché entwickelte die Workshops »Offen reden – offen kämpfen«, in denen wir gemeinsam arbeiteten und die mir halfen, mehr Informationen über Frauen und Aggression zusammenzutragen. Es war sehr beeindruckend für mich, Marianne in Aktion zu sehen; was ich inhaltlich von ihr gelernt habe, und auch im Hinblick auf Mut und Elan, ist in dieses Buch eingegangen.

Sehr viel verdanke ich Sherry Levy-Reiner, die kurzfristig immer wieder Kapitel las und mir großzügig Zeit zur Verfügung stellte, die sie eigentlich nicht hatte. Zusätzlich zu ihren phantasievollen Vorschlägen gab sie mir emotionale und feministische Unterstützung bei der Menninger Foundation bis zu ihrem Weggang 1982. Ebenso tief stehe ich in der Schuld von Emily Kofron, deren liebevolle, freundschaftliche Unterstützung und deren Glauben an meine Arbeit mich durch gute und schlechte Phasen trug. Katherine Glenn Kent war, wie immer, eine nie versiegende Quelle neuer Ideen, die sie mit erstaunlicher Klarsicht und Kreativität in die Praxis umsetzt. Sie führte mich in die »Theorie der Familiensysteme« von Murray Bowen ein und half mir, sie in meinem eigenen Leben in die Praxis umzusetzen. Was ich in vielen Jahren der Freundschaft von ihr lernte, ist gar nicht abzuschätzen; ich vermute, daß sie Murray Bowen so viele Verdienste zuschreiben würde, wie ich nun ihr zuschreibe.

Betty Hoppes tippte das gesamte Manuskript und leistete – abgesehen von mir selbst – die meiste Arbeit. Sie half mir bei der Durchsicht des Manuskripts und stand mir mit ihren außergewöhnlichen Fähigkeiten als Sekretärin, ihrer Intelligenz und ihrer menschlichen Großzügigkeit stets hilfreich zur Seite. Mein Dank gilt auch Mary McLin für ihre Hilfe bei der Fertigstellung des Manuskripts und Aleta Pennington, Debi Smith und Jeannine Riddle, die mit dem Word-Processor Wunder vollbrachten.

Ich hätte das Buch nicht schreiben können, wenn ich nicht von anderen beruflichen Verpflichtungen freigestellt gewesen wäre. Mein Dank gilt der Menninger Foundation, die mir eine Halbtagsstellung und damit die Weiterverfolgung meines Buchprojekts ermöglichte. Besonders danke ich Donald Colson, Leonard Horwitz und Irwin Rosen. Dank auch an Roy Menninger, den Präsidenten der Menninger Foundation, für seine Ermutigung und Unterstützung bei meinem Projekt. Unter der Leitung von Alice Brand ist die Bibliothek der Menninger Foundation zum Traum jedes Wissenschaftlers geworden. Die Angestellten der Bibliothek bearbeiteten alle meine Anfragen mit Genauigkeit und Effektivität und gaben mir zusätzlich weitere Literaturhinweise. Wenn ich Topeka nie verlassen kann, wird das vermutlich an ihnen liegen.

Janet Goldstein, meiner Lektorin bei Harper & Row, begegnete ich erst in den letzten Stadien dieses Buchprojekts, und es stellte sich heraus, daß sie alles repräsentierte, was eine Autorin sich nur wünschen kann. Ihre Kritik und ihre Vorschläge waren so einsichtig, klar und hilfreich, daß die letzte Überarbeitung des Buches (beinahe) ein Vergnügen war. Es war mein Glück, daß mein Manuskript schließlich unter ihre kompetente Obhut kam. Susan Philipson danke ich für ausgezeichnete Arbeit bei der Schlußkorrektur.

Ich weiß nicht, wie ich den Einfluß meiner Eltern auf mein Leben und meine Arbeit adäquat würdigen könnte. Ich danke meiner Mutter für ihre Wärme, ihre Intelligenz, ihre ruhige Würde und ihren Mut; ihre Lebensfreude und bemerkenswerte Überlebensenergie, ihre Fähigkeit, selbst unter den schwierigsten persönlichen Umständen für andere dazusein. Ich danke meinem Vater für seinen Humor und Witz, für seinen Sinn und seine Sensibilität für Sprache, die er seinen beiden Töchtern vermittelte, und für seine liebevollen, wenn auch erfolglosen Versuche, mich in meiner Jugend in Brooklyn von Comics und Rock 'n' Roll abzubringen. Schließlich danke ich Susan, meiner Schwester, für ihre Briefe und ihren Beistand, für ihre Unterstützung dieses Projekts und dafür, daß sie die beste aller »großen Schwestern« ist.

Außerdem möchte ich folgenden Menschen danken: Meiner Frauengruppe für Händchen-Halten und Mitgefühl; Susi Kaplow für ihren Artikel über Wut, der eine Pionierleistung war, Teresa Bernardez für ihre Anregungen zu diesem Buch und für ihre ebenso anspruchsvolle wie liebevolle Kritik; Judie Koontz für ihre wundervolle Freundschaft, Carol Tavris für ihre beruhigenden Versicherungen, dieses Buch werde noch zu meiner Lebenszeit erscheinen; Anthony Kowalski dafür, daß er eine Atmosphäre emotionaler und intellektueller Offenheit schuf; Peter Novotny für seine Ermutigungen während des gesamten Arbeitsprozesses; Susan Kraus für ihre besondere Art, mich aufzuheitern; Ann Carver, die mich durch ihren einfühlsamen Yoga-Unterricht daran erinnerte, daß ich nicht als körperloser Geist leben und arbeiten kann. Ich möchte einer großen Gemeinschaft von Frauen danken, darunter vielen Frauen, die ich nicht persönlich kenne und die über große Entfernungen hinweg meine Ideen unterstützten und mir ihre Ideen mitteilten. Ich werde immer in der Schuld dieses Netzwerks und der Frauenbewegung als solcher stehen.

Meine größte Dankbarkeit gilt Stephen Lerner. Er war, neben allen anderen, mein sensibelster Kritiker und aufmerksamster

Leser, mein bester Freund und der fürsorglichste Ehemann. Ich danke ihm für seine Geduld, den Ansporn, den er mir gab, seine Hilfsbereitschaft und seinen kompetenten Rat, seine Ernsthaftigkeit und seine nicht zu unterdrückende Albernheit. All das, zusammen mit den strahlenden Gesichtern und den liebenswerten Persönlichkeiten unserer beiden Söhne Matthew und Benjamin, hat mich wirklich sehr glücklich gemacht.

Dieses Buch ist, wie viele andere seiner Art, das Werk vieler Menschen. Ich habe in meinen Danksagungen die Beiträge anderer erwähnt, die nicht unbedingt meine Ansichten teilen. Ich habe zum Beispiel Ansätze und die Terminologie von Murray Bowens Theorie der Familiensysteme benutzt, aber in meiner eigenen Interpretation, die von meinem psychoanalytischen und feministischen Hintergrund geprägt ist. In einem Wort: Andere haben dieses Buch beeinflußt, aber letztlich spiegelt es meine Ideen und mein Konzept zwischenmenschlicher Beziehungen.

Anmerkungen

Kapitel I   Wut – eine unbequeme Herausforderung

S. 7/8   Die Psychiaterin Teresa Bernardez untersuchte als erste die mächtigen Widerstände und Hemmungen, die der Äußerung von Aggression, Protest und Rebellion bei Frauen entgegenstehen, und beschrieb die psychologischen Folgen dieser Aggressionshemmung, s. Teresa Bernardez-Bonesatti: *Women and Anger: Conflicts with Aggression in Contemporary Women; Journal of the American Medical Women's Association* 33 (1978), S. 215–219.
S. auch: Harriet Lerner: *Taboos Against Female Anger; Menninger Perspective* 8 (1977), S. 4–11.
S. 9   Ein bekannter Verfechter der These, Aggressionen müßten unmittelbar nach außen abgeleitet werden, ist Theodore Isaac Rubin; s. Theodore Isaac Rubin: *The Angry Book*, New York 1970.
Kritik an Rubins Theorie s. Carol Tavris: *Anger: The Misunderstood Emotion*; New York 1982.

Kapitel II   Warum ändert sich nichts?

S. 24   Begriff und Konzept des »Überfunktionierens« und »Unterfunktionierens« stammen aus der Theorie der Familiensysteme von Murray Bowen. Bowen läßt allerdings die weitreichenden Einflüsse der geschlechtsrollenspezifischen Stereotype unberücksichtigt. Einen kompetenten Überblick über Bowens Theorie gibt Michael Kerr: *Family Systems Theory and Therapy*; in: Alan S. Gurman and David P. Kniskern: *Handbook of Family Therapy*, New York 1981, S. 226–264.
S. 25   Zur Frau als Trägerin jener menschlichen Erfahrungen, die Männer in sich selbst fürchten und verleugnen, s. Jean Baker Miller: *Toward a New Psychology of Women*, Boston 1976; deutsch: *Die Stärke weiblicher Schwäche Zu einem neuen Verständnis der Frau, 1979.*
S. 25   Zum Problem der Selbstverleugnung und Abhängigkeit bei Frauen s. Harriet Lerner: *Female Dependency in Context: Some Theoretical and Technical Considerations*; in: *American Journal of Orthopsychiatry* 53 (1983) und in: P. Reiker and E. Carmen: *The Gender Gap in Psychotherapy*, New York 1984.
S. 25   Frauen sind als das »abhängige Geschlecht« bezeichnet worden; ich

habe dagegen argumentiert, daß Frauen nicht abhängig genug sind. Die meisten Frauen sind weitaus kompetenter darin, die Bedürfnisse anderer zu erkennen und zu berücksichtigen, als die Bedürfnisse ihres eigenen Selbst wahrzunehmen und einzulösen. Luise Eichenbaum und Susie Orbach zeigen, wie Frauen lernen, von emotionalen Bedürfnissen abhängig zu sein, und nicht, emotionale Bedürfnisse zu *haben.*

S. Luise Eichenbaum/Susie Orbach: *What Do Women Want?*, New York 1983; deutsch: *Was wollen die Frauen?*, Reinbek bei Hamburg, 1986.

S. 31 Zum Problem von Eigenständigkeit und Zusammengehörigkeit s. Mark Karpel: *From Fusion to Dialogue;* in: *Family Process* 15 (1976), S. 65–82.

S. 34 Jean Baker Miller (a.a.O.) beschreibt die Verlustängste von Frauen bei der Entwicklung von Eigenständigkeit und Unabhängigkeit.

S. 36 Zum Problem der Abwehrreaktionen s. Murray Bowen: *Family Therapy in Clinical Practice*, New York 1978, S. 495.

Kapitel III   Kampf und trotzdem keine Lösung

S. 45 S. Paul Watzlawick, John Weakland, Richard Fisch: *More of the Same or When the Solution Becomes the Problem*, New York 1974; deutsch: *Lösungen. Zur Theorie und Praxis menschlichen Wandels*, Bern 1974.

S. 57 Das Eheproblem von Nähe und Distanz ist in der familienpsychologischen Literatur so häufig beschrieben worden, daß es unmöglich ist, an dieser Stelle die gesamte Literatur aufzuführen. S. Philip Guerin and Katherine Buckley Guerin: *Theoretical Aspects and Clinical Relevance of the Multigenerational Model of Family Therapy;* in: Philip Guerin (Hrsg.): *Family Therapy,* S. 91–110, o. New York 1976,

S. auch: Marianne Ault-Riché: *Drowning in the Communication Gap,* in: *Menninger Perspective,* 1977, S. 10–14.

Kapitel IV   Unsere unmöglichen Mütter

S. 68 Zum Thema emotionale Distanz und Abbrechen des Kontakts in Familien s. Michael Kerr, a.a.O.

S. 69 S. E. Carter, P. Papp, O. Silverstein: *Mothers and Daughters;* in: *The Women's Project in Family Therapy*, Monograph Series, vol. 1, no. 1.

und: *Mothers and Sons, Fathers and Daughters,* a.a.O. vol. 2, no. 1, Washington o. J.

S. 78 Auf der gesellschaftlichen Ebene lassen sich dieselben Abwehrreaktionen beobachten, wenn eine unterdrückte, »unterlegene« Gruppe mehr Autonomie und Selbstbewußtsein erlangt. Feministinnen zum Beispiel sind als egoistisch, neurotisch und fehlgeleitet etikettiert worden; man verlangte von ihnen, von ihren Zielen und Aktionen abzulassen, und beschuldigte sie, Männer herabzuwürdigen, Kinder zu ruinieren und die Struktur des amerikanischen Lebensstils zu bedrohen. In familiären wie in gesellschaftlichen Zusammenhängen ist es schwierig, angesichts von Abwehrreaktionen und Provokationen den eingeschlagenen Weg beizubehalten.

S. 79 Eine vorzügliche und gut lesbare Zusammenfassung zum Thema Veränderung von Beziehungen im Familiensystem geben Elizabeth Carter/Monica

McGoldrick Orfanidis: *Family Therapy with One Person and the Family Therapist's own Family*; in: Philip Guerin: *Family Therapy*, a.a.O.

S. 83 Maggies Beispiel zeigt, wie wir Veränderungen vermeiden und auf unsere Autonomie verzichten, aus der unbewußten Furcht heraus, durch größere Selbständigkeit und stärkeres Selbstgefühl könnten wir andere Familienmitglieder verletzen. Es zeigt auch, daß unser Widerstand gegen Veränderungen aus dem Widerstand des gesamten Familiensystems heraus verstanden werden muß. S. dazu: S. Lerner and H. Lerner: *A Systemic Approach to Resistance: Theoretical and Technical Considerations*; in: *American Journal of Psychotherapy* 37 (1983), S. 387–399.

Kapitel V Aggressionen sind Wegweiser auf dem Weg zu uns selbst

S. 85 Ich danke Thomas Gordon für seine Pionierarbeit auf dem Gebiet der »Ich-Botschaften«. Sein *Parent Effectiveness Training*, deutsch: *Familienkonferenz in der Praxis*, ist als Kommunikationsmodell nicht nur für Eltern-Kind-Beziehungen, sondern auch für Beziehungen zwischen Erwachsenen zu empfehlen.

S. 87 Die Studie über Karen erschien zuerst in: *Good and Mad: How to Handle Anger on the Job*; in: *Working Mother*, März 1983, S. 43–49.

S. 90 Eine eingehendere Abhandlung über unbewußte Ängste und Phantasien von Omnipotenz und Destruktivität bei Frauen, über Verlustängste, die zur Umwandlung von Wut in Tränen und Verletztheit führen, bietet: Harriet Lerner: *Internal Prohibitions Against Female Anger*; in: *American Journal of Psychoanalysis* 40 (1980), S. 137–147.

S. auch Teresa Bernardez-Bonesatti, a.a.O.

Psychoanalytiker und Feministinnen haben eine Diskussion über die irrationale Angst vor weiblicher Aggression und weiblicher Macht angeregt, die bei beiden Geschlechtern auftritt und die auf unsere frühkindliche Abhängigkeit von einer Frau, nämlich der Mutter, zurückgeht. Übereinstimmung herrscht in der Ansicht, daß diese irrationalen Ängste anhalten werden, solange der Einfluß beider Geschlechter auf die Erziehung nicht ausgewogener wird.

S. 97 Ich hoffe, meine Äußerungen über das Aufgeben der Vorwurfshaltung dem Menschen gegenüber, den wir als Ursache unserer Probleme erleben, werden nicht mißverstanden. In diesem Buch beziehe ich mich auf unproduktive Vorwürfe, die den Status quo in einer gestörten Beziehung erhalten. Berechtigte Aggressionen müssen davon unterschieden werden. Die Fähigkeit, Aggressionen über Diskriminierungen und Ungerechtigkeiten zu äußern, ist ein notwendiger Faktor bei persönlichen und sozialen Veränderungen; außerdem dient sie der Aufrechterhaltung des Selbstwertgefühls. Teresa Bernardez hat hervorgehoben, wie wichtig es für Frauen ist, in eigener Sache Aggressionen und Protest zu äußern.

Kapitel VI Das andere Familienerbe

S. 106 Die Feststellung, daß »Katy das Problem hat«, soll nicht über die Tatsache hinwegtäuschen, daß persönliche Probleme ihre Wurzeln in gesellschaftlichen Bedingungen haben. Das Problem der Fürsorge für alte Menschen kann nicht durch einzelne Frauen oder ihre individuellen Psychotherapien gelöst werden. Hier wird das Problem berührt, wie weit unsere Gesellschaften auf die Bedürfnisse und Nöte von Menschen, insbesondere von alten Menschen, zugeschnitten sind. Soziale und politische Veränderungen sind nicht das Thema dieses Buches; persönliche Veränderungen finden jedoch innerhalb bestimmter problematischer gesellschaftlicher Bedingungen statt.

S. 107 Zum Problem der Rolle von Frauen als Fürsorgerinnen s. Jean Baker Miller, a.a.O.

S. 111 Das Kennenlernen der »emotionalen Erbschaften« durch einen genaueren Einblick in die Familiengeschichte ist ein wesentlicher Bestandteil von Murray Bowens Theorie der Familiensysteme. In der daraus abgeleiteten Familientherapie wird großer Wert darauf gelegt, erst dann ein »heißes Eisen« anzusprechen oder eine wichtige Veränderung anzuregen, wenn man einen ruhigen, objektiven Überblick über das Generationenbild und die eigene Rolle in der Familiendynamik gewonnen hat. Es soll hier noch einmal betont werden, daß Katy in einem langen psychotherapeutischen Prozeß lernte, Verhaltensmuster zu beobachten und Informationen über die Familiengeschichte zu sammeln, ehe sie das entscheidende Gespräch mit ihrem Vater führte. S. dazu auch: Carter and Orfanidis, a.a.O.

Kapitel VII   Wer ist schuld?

S. 117 Die Ski-Geschichte stammt von Meredith Titus.

S. 121 Wie die Geschwisterposition unser Leben beeinflußt, hängt von mehreren Faktoren ab, unter anderem vom Altersunterschied zwischen den Geschwistern und von der Geschwisterposition jedes Elternteils. S. dazu (trotz der Vorurteile des Autors gegen Frauen): Walter Toman: *Family Constellation*; New York 1976.

S. 125 Der Text *Wer macht die Arbeit im Haushalt?* erschien zuerst in: *Working Mother*, November 1984, S. 144–148.

S. 125–129 Lisas Problem mit der Hausarbeit ist ein weiteres Beispiel dafür, wie stark persönliche Probleme mit gesellschaftlichen Bedingungen verknüpft sind. Ohne die Frauenbewegung und den kollektiven Protest vieler Frauen wäre es Lisa vermutlich nicht in den Sinn gekommen, die Frage der Arbeitsteilung im Haushalt überhaupt aufzuwerfen. Ihre Unzufriedenheit und Erschöpfung hätte sie sonst vielleicht ihrem eigenen »Versagen« zugeschrieben und sich um größere Anpassung bemüht. Wenn wir uns bemühen, unsere Position in einer Beziehung zu definieren, sind wir immer von den kulturell dominierenden Vorstellungen darüber beeinflußt, was für unser Geschlecht »richtig« und »natürlich« ist.

S. 133–138 Ich danke Katherine Glenn Kent für ihre vorzüglichen Hinweise zur Dynamik des Über- und Unterfunktionierens.

S. 141 An dieser Stelle möchte ich nochmals auf Thomas Gordons *Familienkonferenz in der Praxis* verweisen.

Kapitel VIII   Das Problemdreieck

S. 147   Über Dreiecksbeziehungen (die auch in der Theorie der Familiensysteme von Bowen eine zentrale Bedeutung haben) lernte ich viel von Katherine Glenn Kent.

S. 152   Zum Problem von Frauen in Führungspositionen s. Rosabeth Moss Kanter: *Men and Women of the Corporation*, New York 1977, und dieselbe: *Some Effects on Group Life*; in: *American Journal of Sociology* 82 (1977), S. 965–990.

S. 153   Meine Arbeit mit Herrn und Frau Kesler zeigt einen erkenntnistheoretischen Wandel im Psychotherapiebereich. Während das alte psychotherapeutische Modell sich auf eine Person als »Problemursache« bezog, untersucht das neue familientherapeutische Modell die reziproken, zyklischen Interaktionsmuster, zu denen alle Familienmitglieder beitragen. Dieses Modell ist ein Denkansatz; es ist daher von zweitrangiger Bedeutung, ob der Therapeut mit einem einzelnen, einem Paar oder einer Familiengruppe arbeitet.

S. 169   Für die therapeutische Arbeit mit der Familie Kesler stellte das theoretische Konzept von Murray Bowen die Grundlage dar. Ich habe hier vor allem die Schlüsselaspekte der Veränderungen hervorgehoben; es muß aber darauf hingewiesen werden, daß ein solcher therapeutischer Prozeß nur mit professioneller Hilfe vollzogen werden kann, mit einem Therapeuten, der die Beziehungen seiner eigenen Herkunftsfamilie systematisch aufgearbeitet hat.

Kapitel IX   Anleitungen für Wagemutige

S. 191   Wir können uns natürlich mit einer Kollegin verbünden, um ein bestimmtes berufliches Ziel zu erreichen. Mara Selvini Palazzoli hat auf den Unterschied zwischen einer offenen, funktionalen Allianz einerseits und einer verdeckten Allianz oder Dreieckskonstellation andererseits hingewiesen. Diese Unterscheidung ist außerordentlich schwierig, weil eine Dreieckskonstellation in Beruf oder Familie sich nach außen hin immer als die Allianz zweier Menschen zu einem guten Zweck – und nicht als eine Verbündung auf Kosten anderer – darstellt.

Peter Schellenbaum
Das Nein in der Liebe
Abgrenzung und Hingabe in der erotischen Beziehung
158 Seiten, kartoniert

Die uralte Erfahrung, daß Liebe in Haß umschlagen kann und
Partner, die einst miteinander glücklich waren, sich später im
Streit trennen, gibt Anlaß, nach den psychischen Vorgängen zu
fragen, die dazu führen. Aber Schellenbaum analysiert nicht nur,
er gibt auch Auskunft, wie diese schmerzliche Entwicklung verhindert werden kann. Dem natürlichen Impuls der Liebenden,
miteinander zu verschmelzen, steht die andere Tendenz des einzelnen entgegen, ein abgegrenztes Ich zu sein. Wird der Wunsch
nach Abgrenzung zu lange verleugnet, äußert er sich als ver-
stecktes Nein in der Liebe, das sie zerstört. Um die Liebe zu
erhalten, rät der Therapeut zum offenen Nein in der Liebe, das
heißt zur Bewahrung eigener Selbständigkeit in der Beziehung,
die das Ja zum Partner einschließt. »Das glückliche Paar«, das
ständig Harmonie vorlebt, ist am meisten gefährdet, weil es die
widerstreitenden Regungen verdrängt. Die bewußt erlebte
Spannung zwischen Liebe und Abgrenzung dagegen befähigt
erst zur Hingabe an den Partner, das heißt dazu, ihm Liebe zu
geben und Freiheit zu gewähren, statt ihn nur für sich selbst
zu beanspruchen. Dabei wird das Du zu einer immer neuen
Herausforderung, die Grenzen des eigenen Ich zu erweitern und
neue Eigenschaften zu erwerben.

»Dieses Buch ist anspruchsvoll, aber gut und verständlich geschrieben, erläutert die Zusammenhänge vielfach an Beispielen
aus der griechischen Mythologie, ist frei von psychologischer
Fachsprache. Es ist ein Gewinn für Leser mit persönlichem
Interesse an philosophischen, tiefenpsychologischen und gesellschaftlichen Fragen.«
Einkaufszentrale für öffentliche Bibliotheken

Kreuz Verlag

Olga Rinne
Die Gänsemagd
Wie eine Frau sich verliert und wiederfindet
Buchreihe »Weisheit im Märchen«
110 Seiten, gebunden

Das Märchen der Brüder Grimm »Die Gänsemagd« erzählt davon, wie eine Königstochter von ihrer Dienerin aus ihrer Rolle verdrängt und zur Gänsemagd gemacht wird. Erst nach einem langen Leidensweg wird sie als die richtige Braut des Königssohns erkannt. Olga Rinne deutet die Königstochter und ihre machtgierige Dienerin als zwei Seiten in der Frau von heute. »Die Dienerin« paßt sich an die patriarchalen Spielregeln an und hat damit auch Erfolg, sie macht Karriere. Die weibliche Seite in der Frau wird in dieser Lebensphase in den Hintergrund gedrängt. Aber sie bleibt nicht passiv, sondern nimmt Verbindung auf mit archaischen Traditionen, die durch den abgeschlagenen Kopf des Pferdes Fallada dargestellt werden, sowie mit ihrer Intuition, die in ihren goldenen Flechten sichtbar wird. Damit kann sie die unbewußte Spaltung in sich selbst endlich überwinden.
So wird das Märchen zum Symbol für die innere Biographie vieler Frauen der Gegenwart, die sich intuitiv in der Gänsemagd wiedererkennen und deren mühsamen Suchweg nach weiblicher Identität als Beispiel für ihre eigene Geschichte ansehen.
Die Deutung Olga Rinnes überzeugt durch ihre sorgfältige und einleuchtende Übersetzung der Märchensprache in heutige Erlebnismuster.

Kreuz Verlag